버디 퍼트

버디 퍼트

Birdie Putt

마스터 18인의 골프 수업

양준호 지음

북콤마

골프가 없어진다 해도 사라지지 않을 이야기들

초등학생인 아들이 묻습니다.

"아빠, 골프에서 제일 좋은 점수는 몇 점이야?"

평소 아빠한테 '골프에선 100점(100타)이 꼭 좋은 점수는 아니다'라는 말을 들어선지 아들의 질문은 나름 한 발짝 나아가 있습니다.

'골프에서 제일 좋은 점수라….' 흔히 '꿈의 타수'라고 하는 58타를 떠올려 "58점쯤 될 거야"라고 답했더니 아들은 미심쩍다는 듯 눈을 굴리다가 제 할 일을 하러 들어가버립니다. 더 파고들어 물었다면 곤란해질 뻔했으니, 부끄럽지만 다행스럽기도 했습니다.

그러다 문득 몇 해 전 미국여자프로골프(LPGA) 투어 선수 리디아 고와 인터뷰할 때 들었던 얘기가 떠올랐습니다. 당시 최연소 올해의 선수상 수상에 세계 랭킹 1위를 달리며 최전성기를 구가할 때였는데도 그는 골프의 매력을 "완벽이란 게 없다는 점"이라고 하더군요.

"골프에 완벽이라는 건 없잖아요. 아무리 잘 쳐도 (모든 샷이 그대로 홀에 들어가지 않는 한) 그린에 올라가 퍼트한다는 것 자체가 완벽은 아니죠."

그래서 골프는 어쩌면 투어 프로 선수나 아마추어 주말 골퍼에게나 패배와 후회의 운동입니다. 뼈아프거나 허탈한 패배가 우승보다 훨씬 많으며 내기 골프의 경우도 크게 다르지 않죠. '그 홀에서 왜 이렇게 치지 못했지' '그 상황에서 왜 이렇게 굴리지 못했지' 오만 가지 후회가 라운드 뒤에도 꼬리에 꼬리를 뭅니다. 완벽한 라운드를 꿈꾸지만 애초에 골프에 완벽이라는 건 없을지 모르니까요.

프로 골프 투어는 4대 메이저 대회를 축으로 시즌이 돌아갑니다. 마스터스, PGA 챔피언십, US 오픈, 디 오픈 순이죠. 세계에서 가장 골프를 잘 치고 잘 안다는 사람들이 모여 메이저 트로피를 다툽니다. 초인들의 경쟁인 셈이지만 그 안도 실수와 좌절의 순간들로 빼곡합니다.

골프가 없어진다 해도 사라지지 않을 이야기들을 담았습니다. 1800년대 말부터 1910년대까지 이름을 날린 해리 바든, 1920년대를 풍미한 보비 존스부터 '영원한 골프 황제' 타이거 우즈, 오늘날 최고 스타플레이어라고 할 수 있는 로리 매킬로이의 여정을 메이저 대회 도전기를 중심으로 추렸습니다. 1940년대를 대표하는 벤 호건, 바이런 넬슨, 샘 스니드, 그리고 1960년대의 아널드 파머, 잭 니클라우스, 게리 플레이어 등 트로이카끼리의 경쟁도 물론 빼놓지 않았고요.

이른바 골프의 마스터라고 할 수 있는 이들 18인의 이야기도 마스터라는 타이틀과 달리 결코 완전무결하지 않습니다. 그 대신 패배와 후회를 밑바탕 삼아 약점을 극복하고 완벽에 가까워지려는 노력과 시도

6

를 멈추지 않은 이들입니다.

파머는 이런 말을 남겼습니다.

"골프는 말도 안 되게 간단한 동시에 끝도 없이 복잡하다. 마음에 만족을 주지만 지성을 무너뜨리기까지 한다. 울화를 불러일으키는가 하면 달콤한 보상을 안긴다. 그래서 인류가 만든 가장 위대한 게임은 골프다."

골프가 인생이라는 게임에 가장 가까운 경기라고 한 존스의 말을 빌리자면 공이 놓인 그대로 쳐야 하는 골프처럼 우리의 삶도 마찬가지일 겁니다. 그런 점에서 골프가 펜스의 스포츠가 아니라 로프의 경기라는 점도 의미심장합니다. 로프를 사이에 두고 선수와 관중이 같은 방향으로, 비슷한 속도로 걸음을 쌓아가니까요. 결국 인생이라는 게임 속의 동등한 여행자라는 뜻 아닐까요.

마스터인 동시에 마스터가 아닌 18인의 이야기 속으로 여행에 들어가기에 앞서, 치열한 고민과 치밀한 검토를 통해 책의 시작부터 마무리까지 힘을 불어넣은 출판사 북콤마에 감사드립니다. 몸과 마음의 집을 공유하는 사랑하는 가족에게도 깊은 고마움을 글로 남깁니다.

2023년, 여름 문턱의 서울에서

호건부터 트레비노

왓슨부터 매킬로이

왼쪽에서부터 해리 바든, 프랜시스 위멧, 테드 레이. 위멧의 1913년 US 오픈 우승

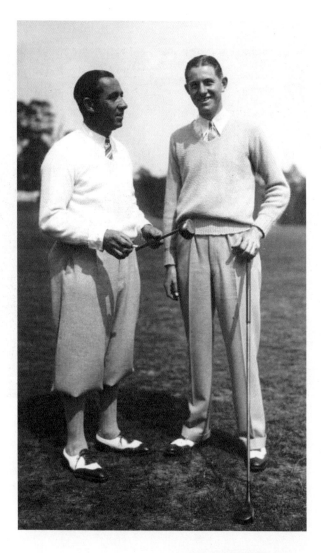

월터 헤이건(왼쪽)과 호턴 스미스.
1929년 5월 베를린

프랜시스 위멧과 보비 존스(오른쪽).
1921년 US 아마추어

1922년의 진 사라젠.
사진 National Photo Company Collection

진 사라젠과 월터 헤이건

보비 로크

벤 호건(가운데). 1950년 그린브리어 오픈에서 우승한 뒤 윈저공(에드워드 8세)과
월리스 심프슨으로부터 대회 상금을 받는 모습. **사진 The Greenbrier**

1954년의 벤 호건.
사진 Collier's Magazine, John Florea

샘 스니드(왼쪽)와 벤 호건. 1964년 5월 휴스턴 컨트리클럽. **사진 유튜브 영상**

샘 스니드. 1963년 페블 비치 골프 링크스. **사진 PGA 투어 유튜브 영상**

1944년의 바이런 넬슨.
사진 Acme Telephoto

바이런 넬슨.
사진 western golf association

아널드 파머(운전석 옆). 1961년 아이오와주 에마이스 골프 코스에서 열린 게리 플레이어와의 시범경기

게리 플레이어(오른쪽). 1978년 마스터스 우승. **사진 The Masters 유튜브 영상**

잭 니클라우스. 1980년 PGA 챔피언십 우승. **사진 PGA Championship 유튜브 영상**

왼쪽에서부터 아널드 파머, 잭 니클라우스, 게리 플레이어

왼쪽에서부터 잭 니클라우스, 게리 플레이어, 아널드 파머. 1974년 9월 파인허스트의
월드 골프 홀 오브 페임 토너먼트. 사진 **Gerald Ford White House Photographs**

리 트레비노.
사진 **Frank Keillor**

1988년의 리 트레비노.
사진 **White House Photographic Office**

바이런 넬슨이 톰 왓슨(왼쪽)의 스윙을 봐주고 있다. **사진 PGA 투어 유튜브 영상**

톰 왓슨.
2008년 7월 로열 버크데일 골프 클럽,
137회 디 오픈에서 연습 라운드.
사진 Ian Tilbrook

세베 바예스테로스.
1979년 디 오픈 우승

세베 바예스테로스. 1980년 마스터스 우승. **사진 The Masters 유튜브 영상**

1998년의 페인 스튜어트

로리 매킬로이.
2013년 PGA 챔피언십에서 연습 라운드.
사진 Tour Pro Golf Clubs

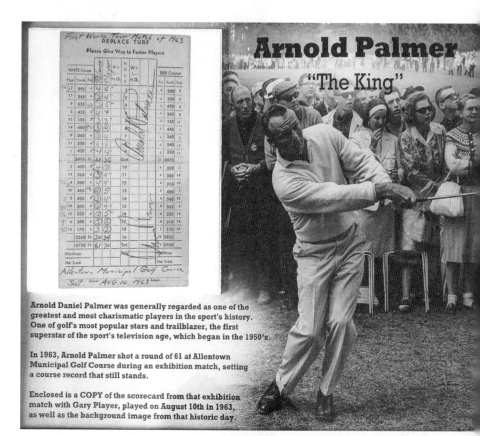

Arnold Palmer
"The King"

Arnold Daniel Palmer was generally regarded as one of the greatest and most charismatic players in the sport's history. One of golf's most popular stars and trailblazer, the first superstar of the sport's television age, which began in the 1950's.

In 1963, Arnold Palmer shot a round of 61 at Allentown Municipal Golf Course during an exhibition match, setting a course record that still stands.

Enclosed is a COPY of the scorecard from that exhibition match with Gary Player, played on August 10th in 1963, as well as the background image from that historic day.

아널드 파머. 1963년 8월 펜실베이니아주 앨런타운 뮤니시펄 골프 코스, 게리 플레이어와의 시범경기. 왼쪽은 당시 스코어 카드

웨스턴 오픈(BMW 챔피언십) 대회장에 걸린 아널드 파머의 우승(1961년, 1963년) 트로피 장면.

사진 Hajee

잭 니클라우스(왼쪽)와 아널드 파머. 1972년 7월 로럴 밸리 골프 클럽,
PGA 내셔널 팀 챔피언십에서 18번 홀 퍼트를 준비하고 있다. **사진 연합뉴스**

아널드 파머(왼쪽)와 잭 니클라우스. 1973년 4월 오거스타 내셔널 골프 클럽. **사진 연합뉴스**

타이거 우즈. 2009년 7월 컨그레셔널 컨트리클럽, 얼 우즈 메모리얼 프로암. **사진** Tim Hipps

타이거 우즈. 2018년 6월 퀴큰 론스 내셔널. **사진 KA Sports Photos**

타이거 우즈. 2020년 PNC 챔피언십. **사진 Theflowerbar**

바튼부터
로크

몸에선 물리적 힘을,
머리에선 권위를 빼라

r

해리 바든Harry Vardon (1870~1937)
우승: 디 오픈 6회, US 오픈 1회, 프로 통산 49회

1913년 US 오픈에서 해리 바든은 프랜시스 위멧Francis Ouimet의 우승을 돋보이게 하는 빛나는 조연이었다. 전혀 예상하지 않았던 상대에게 연장에서 우승을 내주고도 바든은 패배를 깨끗이 시인하는 모습으로 시선을 끌었다.

하지만 그의 골프 커리어 전체를 보면 영원한 주연에 가깝다. 그의 이름을 딴 바든 트로피는 PGA(미국프로골프) 투어에서 시즌 최소 평균 타수를 기록한 선수에게 주는 영예로운 상이다. 유러피언 투어(현 DP 월드 투어)에서는 시즌 포인트 1위 선수에게 해리 바든 트로피를 수여한다.

트로피로 빚어진 바든은 빵떡모자인 플랫 캡을 쓰고 단추를 채운

재킷을 입고 있다. 여기에 무릎길이의 품 넓은 바지를 입고 아래로 긴 양말을 신은 니커보커스 스타일로 고고하게 피니시 자세를 취하고 있다.

디 오픈의 트로피인 클라레 저그를 6번이나 받은 대회 최다 우승 기록의 전설, 골프 클럽을 잡는 방법부터 스윙과 옷차림에 이르기까지 기존 관습을 뛰어넘은 혁신가, 냉혹한 승부의 현장에서도 기품을 잃지 않는 신사의 전형으로 그는 과거를 넘어 현재를 살고 있다.

3타 열세를 3타 차 리드로

1914년 6월 19일, 스코틀랜드 프레스트윅 골프 클럽에서 열린 제 54회 디 오픈 3라운드. 1라운드와 2라운드에서 단독 선두를 달린 바든의 기세는 한풀 꺾여 있었다. 바든이 3라운드에서 78타를 적으며 주춤하는 사이 J. H. 테일러John Henry Taylor가 74타를 쳐 역전한 것이다. 마지막 4라운드에서 바든이 2타 차 열세를 극복하지 못하면 사상 최다인 디 오픈 6차례 우승 기록을 친구이자 라이벌인 테일러에게 뺏길 상황이었다.

바든과 테일러, 제임스 브레이드James Braid 세 골퍼는 19세기 말부터 20세기 초까지 필드를 주무르며 '위대한 삼총사'로 불렸다. 1894년부터 1914년까지 디 오픈 21개 대회에서 셋이 합작한 우승이 16승에 달한다. 당시 디 오픈은 바든 아니면 테일러나 브레이드가 우승하는 대회였다.

1913년까지 셋이서 디 오픈 우승을 나란히 5회씩 나눠 가졌다. 1914년 대회에서 브레이드가 3라운드에 공동 7위로 살짝 내려가면서 사람들의 관심은 온통 바든과 테일러의 결투에 모이게 됐다.

3라운드에 이어 4라운드에도 둘은 같은 조에서 맞대결을 벌였다. 3라운드에 5000명에 이르던 갤러리는 4라운드 들어 1만 명으로 두 배나 늘었다.

테일러는 첫 홀에 1타를 더 달아나 바든과의 격차를 3타로 벌리며 기분 좋게 출발했다. 전년도 우승자인 디펜딩 챔피언답게 어쩌면 쉽게 타이틀을 지킬 수도 있을 것 같았다. 하지만 오랜 시간이 걸리지 않아 전혀 예기치 못한 데서 흐름이 출렁였다. 3번 홀에서 너무 열정적인 사진사의 의도치 않은 방해에 테일러가 1타를 잃으면서 바든과의 거리가 다시 2타 차로 좁혀진 것이다.

한번 리듬이 깨진 테일러는 4번 홀에서 재앙을 맞는다. 샷을 벙커와 물에 차례로 빠뜨린 끝에 7타 만에 홀아웃한 것. 바든이 이 홀을 4타로 막아 순식간에 1타 차로 경기의 리드로 잡았다.

바든은 한번 잡은 승기를 놓치지 않았다. 5번, 8번, 10번, 11번 홀에서 각각 1타씩 더 도망갔다. 12번 홀에 들어갈 때 테일러와의 간격은 5타 차로 벌어져 있었다. 이후 테일러가 막판 집중력을 발휘해 3타 차까지 따라붙었지만 거기까지였다. 이날 78타를 친 바든은 최종 합계 306타로 1위에, 83타를 적은 테일러는 합계 309타로 2위에 올랐다. 브레이드는 316타로 공동 10위에 머물렀다.

이날 승부 뒤 한 달여 만에 제1차 세계대전이 발발했다. 그러면서 디 오픈도 5년간 열리지 못한다. 멈춘 디 오픈과 함께 바든이 남긴 6차례 우승은 넘을 수 없는 벽처럼 점점 더 높아졌다.

폐결핵 후유증

바든의 디 오픈 우승 퍼레이드는 사실 4차례로 끝날 뻔했다. 1903년 디 오픈에서 왠지 모르게 쉽게 지치는 느낌이었다. 기침을 했는데 손수건에 피가 묻어 나왔다. 불길한 예감에 아픈 몸을 이끌고도 6타 차로 우승하며 디 오픈 네 번째 타이틀을 거머쥐기는 했지만 대회 직후 폐결핵 진단을 받는다. 요양원에서 꼬박 8개월을 지내야 했다. 이때부터 누군가에게 골프를 가르치거나 가르침을 담은 책을 쓰는 데 관심을 갖기 시작했다.

이듬해 디 오픈에 출전해 5위에 오를 정도로 빠른 회복세를 보이는 것 같았다. 하지만 병은 바든의 경기 스타일만큼이나 끈질겼다. 10년간 폐결핵 후유증으로 고생해야 했다. 기침도 기침이지만 손 떨림 증상이 치명적이었다. 오른손 신경이 손상되면서 생긴 경련이었다. 예전 같으면 눈 감고도 넣을 짧은 퍼트를 놓치는 일이 많아졌다.

1911년과 1914년 디 오픈 우승은 그래서 더욱 놀랍다. 1890년대부터 1900년대 초까지 일이 년에 한 번씩 디 오픈 트로피를 들던 쌩쌩한 바든과는 사실상 다른 사람이었다. 떠나지 않는 병에 지칠 대로 지치고 마음대로 움직이지 않는 몸에 좌절했을 텐데 그는 기어이 떨치고 일어섰다. 그러고는 8년 만에 다시 디 오픈을 제패했다.

1914년 디 오픈 때도 몸이 온전치 않았다. 계속 병원 신세를 지다 대회 개막 이삼 주를 앞두고 겨우 병상에서 일어나 골프채를 들 수 있었다. 당연히 제대로 연습하지 못했는데 3라운드에서 역전을 허용하는 충격을 딛고 끝끝내 여섯 번째 우승을 완성해냈다. '단일 메이저 대회 6회 우승'은 오늘날까지도 마스터스의 잭 니클라우스와 함께 단둘만 갖고 있는 전설의 기록이다.

바든의 1914년 디 오픈 우승은 다른 의미에서도 상징적이었다. 1913년 US 오픈에서 스무 살 미국 청년 위멧에게 우승 트로피를 뺏긴 건 영국 골프에 수치스러운 일이었다. 위멧은 1914년 디 오픈에도 참가했다. 하지만 이번에는 합계 332타를 기록하며 중하위권에 그쳤다. 바든에게 26타나 뒤졌다. 44세 바든의 명예 회복이자 영국의 명예 회복이었다.

그는 1937년에 사망했는데 그해 바로 바든 트로피가 제정됐다. 타이거 우즈는 꾸준함의 상징인 이 상을 9차례나 받았다. 바든은 훨씬 이전에 죽을 운명이었다는 이야기도 전해진다. 20세기 가장 유명한 침몰선인 타이타닉과 함께 북대서양의 검은 바다 아래 가라앉을 뻔했다는 이야기. 1912년 4월, 영국 사우샘프턴을 출발해 미국 뉴욕으로 향하던 바로 그 타이타닉호의 예약자 명단에 바든도 있었다는 증언이 골프계에 전해 내려온다.

내용은 이렇다. 1911년 US 오픈에서 존 맥더멋John McDermott이 미국인으로 첫 우승에 성공하자 영국 골프의 기수 바든이 1912년 대회에 참가해 반드시 영국으로 다시 트로피를 가져와야 한다는 여론이 일었다. 미국 원정을 돕겠다는 부유한 후원자가 있어 바든은 타이타 닉 1등 칸을 예약하게 됐다. 그런데 미국으로 떠나기 2주 전쯤 갑자기 아파 눕게 됐다. 폐결핵 후유증인 듯했다. 도저히 배를 탈 몸이 아니었다. 어쩔 수 없이 승선하지 못하고 떠나보낸 그 배는 빙산에 부딪쳐 1500명이 넘는 희생자를 내고 만다. 결과적으로 폐결핵이 바든을 살린 셈이었다.

골프의 기본은 힘 빼기

바든은 키가 174센티미터로 그리 큰 편이 아니었지만 손이 엄청나게 컸다. 오늘날까지 100년 넘게 사랑받고 있는 오버래핑 그립을 대중화한 이가 바로 그다. 그래서 바든 그립이라고도 불린다. 오른손을 왼손 아래로 가져가면서 새끼손가락을 왼손의 검지와 중지 사이에 걸치게 놓는 방법. 그 큰 손으로 연습과 실험을 멈추지 않은 끝에 가장 이상적인 방법을 전파하기에 이르렀다. 바든 이전에는 야구 배트를 잡듯 하는 베이스볼 그립이 일반적이었다.

바든이 성장하고 활동하던 시절만 해도 프로 골퍼는 저임금을 받는 노동자 계급이었다. 이른바 이류 시민이라 골프장 클럽하우스 출입도 금지됐다. 하지만 어릴 적 동생과 놀기 위해 골프를 배운 그에게 프로 골퍼의 지위 같은 것은 관심 밖의 일이었다. 그의 꿈은 그저 챔피언 골퍼였다. 나고 자란 영국령 저지섬을 떠나 영국 본토로 건너간 스무 살 청년은 골프장에 코스 관리자로 취직한 뒤 골프장 프로가 되면서

꿈에 성큼 다가갔다.

그는 니커보커스 스타일로 경기한 첫 프로 골퍼다. 셔츠와 타이 위에 단추 있는 재킷까지 걸쳐야 제대로 된 골프 복장이라는 인식이 강하던 때였다. 불편함이 드레스 코드였던 셈인데 그는 이를 따르지 않고 자신만의 스타일을 고수했다. 경기를 풀어가는 방식과 골프를 대하는 태도, 복장에서 모두 뚜렷한 개성이 드러나 '더 스타일리스트'라는 별명을 얻기도 했다.

바든의 스윙은 힘들이는 느낌이 거의 없었다. 크고 가파른 아크를 그리는 과정에서 공이 자연스럽게 맞아 나가는 것 같았다. 모든 스윙이 워낙 일정해 그의 골프는 그저 단조로운 반복 행위처럼 보였다. 다른 선수들의 공보다 더 높이, 더 멀리 날아가 부드럽게 안착했다.

제1차 세계대전 때문에 중단되지만 않았어도 디 오픈을 몇 번 더 우승했으리라는 관측도 있다. 1920년 쉰 살이 돼서도 US 오픈에서 우승을 아깝게 놓쳤다. 7개 홀을 남기고 4타 차를 유지하는 선두였다. 갑자기 나빠진 날씨에 퍼트가 흔들리면서 1타 차의 공동 2위로 미끄러지기는 했지만 우승 경쟁을 벌인 것 자체가 놀라운 일이었다.

백스윙 톱에서 왼팔을 편하게 구부리는 스윙으로 메이저 대회 7승을 포함해 프로 통산 49승을 올렸다. 바든의 지론은 '골프의 기본은 힘 빼기'였다. 몸에서 물리적 힘을 빼고 정신에서는 권위를 쏙 뺀 골프로 살아생전은 물론 사후에도 가장 사랑받는 골퍼 중 한 사람으로 남았다.

타이거 우즈와 바든의 선택

오늘날 골프 선수와 일반 아마추어 골퍼가 쓰는 골프공은 고무로 속을 꽉 채운 솔리드 코어 볼이다. 타이거 우즈가 처음 들고 나온 건 아니지만 그가 쓰기 시작하면서 모두가 따라 쓰게 됐다.

그 전까지는 코어에 고무실을 칭칭 감고 커버를 씌운 와운드 볼이 일반적이었다. 우즈도 와운드 구조의 타이틀리스트 프로페셔널 볼을 썼다. 그러다 2000년 봄 투어 동료인 마크 오마라Mark O'meara와 연습 라운드를 할 때 그가 사용한 솔리드 코어 볼의 효과를 눈으로 확인한 뒤 볼 교체를 결심했다.

그냥 코어 기술만 새로운 게 아니라 모든 면에서 자신의 게임에 최적화된 볼을 우즈는 원했다. 바라는 특정 궤적이 있었고 분당 회전수 (rpm)는 2600 안팎이어야 했다. 심지어 퍼트할 때 임팩트 순간의 소리까지도 4000헤르츠쯤이어야 한다는 까다로운 기준이 있었다.

후원사인 나이키는 우즈가 볼 테스트를 할 수 있는 곳이면 어디든 날아가 프로토타입, 즉 시제품을 버전별로 건넸다. 숱한 시제품을 돌려보내던 그는 2000년 유러피언 투어 도이체방크 SAP 오픈을 앞두고 쳐본 제품에 드디어 OK 사인을 냈다. 프로페셔널 볼은 왼쪽에서 오른쪽으로 부는 바람에 영향을 받아 러프에 떨어진 반면 새 볼은 바람의 영향을 덜 받았다. 페어웨이 한가운데 떨어진 새 볼에 그는 흡족해했다.

우즈와 나이키가 9개월 협업 끝에 최종 낙점한 투어 애큐러시 볼은 솔리드 고무 코어와 우레탄 커버가 특징인 솔리드 코어 볼의 일종으로 와운드 볼보다 스핀은 적고 스피드는 높게 나왔다. 우즈는 이 프로토타입 볼로 도이체방크 대회 다음 주에 열린 PGA 투어 메모리얼 토너먼트에서 우승했다. 그리고 그다음 출전한 US 오픈에서 15타 차의 기록적인 우승을 해냈다. 투어 애큐러시 볼은 2001년 마스터스까지 이어진 '4개 메이저 대회 연속 우승'도 함께했다.

도이체방크 대회 한 달 전인 2000년 마스터스에선 95명 중 59명이 와운드 볼을 썼지만 2001년 마스터스에선 4명 빼고 전부가 솔리드 코어 볼을 썼다. 우즈는 "4개 메이저 대회 연속 우승을 새 볼로 해냈다. 그와 함께 와운드 볼의 시대는 저물었다. 거대한 혁신의 물결이었던 셈"이라고 돌아봤다.

투어 애큐러시 볼 주문이 폭주했지만 나이키는 자체 생산 시설이 부족해 수요를 감당해내지 못했다. 그 사이 타이틀리스트가 5년간 조용히 개발해온 솔리드 코어 볼 일종인 Pro V1을 2000년 10월 투어에 내놓아 폭발적인 반응을 얻었고 두 달 뒤 일반에 출시해 시장을 집어

삼켰다.

100년 전으로 돌아가보자. 해리 바든은 그 시절의 우즈였다. 바든이 하는 건 뭐든 시선을 끌어당겼다. 그의 이름을 딴 골프공이 나올 정도였다. 1899년 세 번째 디 오픈 우승을 거뒀을 당시 스포츠 용품 회사인 스팔딩과 협업을 통해 탄생한 바든 플라이어 볼이다. 동남아시아에서 자라는 나무의 수액을 굳혀서 만든 구타페르카 볼로, 소가죽에 젖은 깃털을 채운 뒤 봉합해 말린 페더리 볼에서 진일보한 혁신적인 볼이었다.

바든은 1903년 디 오픈에서 우승할 때 바든 플라이어 볼을 썼다. 앞서 1900년엔 골프공 프로모션을 위해 10개월간 미국 투어를 돌기도 했다. 그 대가로 스팔딩으로부터 큰돈을 받았다.

20세기 들자마자 와운드 볼이 떠오르기 시작했다. 정확한 출현 시기는 1899년이었다. 구타페르카 볼보다 훨씬 더 멀리 날아간다는 소문이 돌았다. 그러나 바든은 자신의 이름이 붙은 볼을 내려놓기 어려운 입장이었다. 세계 최초의 프로 골퍼로 알려진 앨런 로버트슨Allan Robertson이 50년 전 페더리 볼 사용을 마지막까지 고수한 것처럼 바든도 구타페르카 볼의 마지막 수호자를 자처했다. 하지만 결과적으로 거스를 수 없는 시대의 조류에 눈을 감은 셈이 됐다.

경쟁자들이 전부 새 기술의 혜택을 한창 누리고 있을 때 한참 늦게 조류를 갈아탄 바든은 제임스 브레이드와 J. H. 테일러 등의 협공에 예전의 압도적 지위를 잃고 서서히 무대 뒤로 사라졌다. 그는 와운드 볼이 출현한 뒤에도 10년간이나 쿠타페르카 볼을 고집하다가 교체한 것으로 알려졌다.

　와운드 볼이 인기를 끌면서 본격적인 장타 전쟁의 시대가 열렸고 이에 대응해 코스는 계속 길어졌다. 그 말은 이전의 볼로는 살아남기가 그만큼 어려워졌다는 얘기였다. 1912년 디 오픈에서 1~4라운드 내내 단독 선두를 지키는 와이어 투 와이어 우승을 달성하고 1920년 US 오픈마저 제패한 장타자 테드 레이Ted Ray가 와운드 볼 시대의 초기 스타였다. 두 대회에서 바든은 모두 2위에 만족해야 했다. 1920년 US 오픈이 열린 인버네스 클럽엔 왼쪽으로 급격히 휜 334야드짜리 파4 홀이 있었는데 레이는 전체 라운드 내내 그 홀에서 버디를 놓치지 않았다. 장타력을 앞세워 깊은 늪 쪽으로 질러 침으로써 한 번에 그린에 올린 덕이다. 공이 날아간 거리만 무려 275야드에 달했다. 와운드 볼이 나오고부터 총 거리 300야드의 장타가 심심찮게 터졌고 60대 타수도 쏟아졌다.

　바든은 기어이 디 오픈 6회 우승의 역사를 이룩하기는 했지만 팬들 입장에서는 진작 와운드 볼로 바꿨으면 어땠을까 하는 아쉬움이 남는다. 100년쯤의 시차를 두고 나온 우즈의 빠른 판단과 과감한 결단에 비춰보면 더욱 그렇다.

부딪치고 저항하라,
매치 플레이처럼

🚩

월터 헤이건Walter Hagen (1892~1969)
우승: PGA 챔피언십 5회, 디 오픈 4회, US 오픈 2회,
PGA 투어 45회

'공격' '배짱' '강심장' 등. 매치 플레이 대회에서 챔피언에게 요구되는 능력들이다. 타수 합산 방식인 스트로크 플레이 대회의 키워드 '인내' '평상심' '자기와의 싸움'과는 사뭇 다르다. 일대일 결투 방식이니 공격이 최선의 수비일 테고 홀마다 승패를 가리기에 뒷일을 걱정하지 않는 배짱이 제일이다. 아깝게 지나 큰 타수 차로 지나 홀 패배는 똑같으니 모험을 두려워 않는 강심장만이 트로피를 가져갈 수 있다.

여기 매치 플레이의 최강자가 있다. 월터 헤이건. PGA 챔피언십이 지금처럼 스트로크 플레이가 아니라 매치 플레이 대회이던 시절, 그는 4년 연속 우승을 포함해 5차례나 정상에 섰다. 20세기 최강자임은 물론이고 21세기에도 그를 뛰어넘을 '매치 플레이 도사'는 아직 보이지 않는다.

어쩌면 그의 삶 자체가 매치 플레이였다. 골프가 돈 많은 아마추어들의 고상한 취미이던 시절, 그래서 밥벌이로 골프를 하는 프로 골퍼는 철저히 무시받던 그때 헤이건은 배짱과 강심장으로 관습에 저항하고 맞부딪쳐 공격했다.

그는 프로 골퍼의 본분이 교습이나 코스 관리, 용품 제작이라는 고정관념에 정면으로 맞서 대회 출전을 업으로 삼은 최초의 프로 골퍼다. 그가 '프로 골프의 창안자'나 '골프의 베이브 루스'로 불리는 것도 이런 이유에서다.

또 미국 골퍼로는 최초로 통산 상금 100만 달러를 넘겼다. 오늘날 가치로 치면 4000만 달러가 넘는 돈이다. 하지만 평소 그는 이런 말을 자주 했다고 한다.

"나는 백만장자가 되고 싶지는 않다. 그저 백만장자 같은 삶을 살고 싶을 뿐."

값진 패배

1920년대 미국 최고의 골퍼를 꼽으라면 단연 헤이건과 진 사라젠이었다. 모두가 보고 싶어 하던 둘의 결투는 좀처럼 이뤄지지 않다가 1923년 PGA 챔피언십에서 드디어 성사됐다. 헤이건이 64강부터 4강전까지 매 경기 넉넉한 승리로 결승에 오르는 동안 사라젠도 8강에서

1홀 차 승리로 고비를 넘기고 4강 상대를 여유롭게 잡으면서 결승 무대를 밟았다.

9월 29일 토요일, 뉴욕주의 펠럼 컨트리클럽. 1921년 대회 우승자인 헤이건과 1922년 우승한 디펜딩 챔피언 사라젠은 20번째 홀까지 동률로 맞서며 예측을 불허했다. 이후 사라젠이 28번째 홀까지 3홀 차로 앞서 나가면서 승부가 급격히 기울었다. 마지막 3개 홀을 남겨놓고도 2홀 차 리드를 지키며 여유가 있었다.

하지만 팬들이 고대하던 꿈의 매치는 그렇게 쉽게 끝나지 않았다. 웬일인지 34번째와 35번째 홀에서 사라젠이 연속으로 보기를 범하는 사이 헤이건이 침착하게 파를 지켜 2개 홀을 내리 따내면서 동률이 됐다. 마지막 홀에서 비기면서 결국 승부는 36홀도 모자라 서든데스 연장까지 가게 됐다.

연장 첫 홀은 버디 대 버디. 2차 연장인 38번째 홀에서야 승부가 갈렸다. 길이가 짧고 지형이 내리막이라 1온이 가능한 파4 홀. 이것저것 잴 것 없이 둘 다 곧장 그린을 노렸다. 헤이건의 티샷이 핀에서 6미터 거리에 딱 붙었다. 하지만 볼이 놓인 자리가 그린이 아니라 벙커였다. 사라젠의 볼은 핀에서 15미터 거리인 러프에 잠겼다.

이제 쇼트 게임 하나가 짜릿한 우승과 통한의 준우승을 가를 차례. 헤이건의 두 번째 샷이 벙커를 탈출하지 못한 반면 사라젠의 칩샷은 핀에서 1.2미터 거리에 멈춰 섰다. 사라젠이 버디를 잡고 헤이건이 파를 기록하면서 매듭이 지어졌다. 2년 연속 우승 위업을 달성한 사라젠에게 '가장 위대한 골퍼' '골퍼들의 왕'이라는 찬사가 쏟아졌다. 헤이건은 위대한 왕을 돋보이게 한 훌륭한 들러리였을 뿐이다.

쓰라린 패배를 맛봤지만 그렇게 쓰러질 헤이건이 아니었다. 그는 디 오픈을 제패한 최초의 미국 태생 골퍼였다. 1922년 잉글랜드 로열 세인트 조지스 골프 클럽에서 이전까지 유럽 사람들만 우승하던 디 오픈을 정복했다. 이 우승으로 PGA 챔피언십과 US 오픈에 이어 3대 메이저 대회를 모두 제패하는 첫 기록을 썼다. 아직 마스터스가 생기기 전이었다.

처음엔 후하게 나중엔 박하게, 고무줄 컨시드의 승리

사라젠의 PGA 챔피언십 2연속 우승은 헤이건에게 확실히 자극이 됐던 모양이다. 바로 이듬해인 1924년 PGA 챔피언십에서 그는 곧바로 왕좌를 탈환한다. 사라젠이 2라운드에서 조기 탈락한 반면 헤이건은 이렇다 할 고비도 없이 '매치왕' 타이틀을 다시 손에 넣었다. 이 대회 결승을 포함해 1920년대 PGA 챔피언십에서 그가 세운 전체 매치 기록은 15승 1패로, 승률로 따지면 무려 9할 3푼 8리에 달했다. 1패는 바로 사라젠에게 당한 1923년 대회 결승 패배였다.

1925년 대회 우승도 헤이건의 것이었다. 1라운드에서 39홀, 8강에서 40홀 혈투를 치른 끝에 살아남아 끝끝내 결승에 오르고 2연속 우승에 성공한다.

1926년에 이룬 첫 '3년 연속 우승'은 PGA 챔피언십이 스트로크 플레이 방식으로 바뀐 1958년부터 오늘날까지도 나오지 않은 유일한 기록으로 남아 있다.

그러나 헤이건은 여기서 만족하지 않았다. 사라젠이 남긴 2년 연속 우승의 갑절은 해야 만족할 사람처럼 1927년 PGA 챔피언십도 집요하게 물고 늘어졌다.

매치 플레이 룰에는 상대의 스트로크를 면제해주는 컨시드가 있다. 보통 당연히 넣을 것 같은 짧은 퍼트에 컨시드를 준다. 넣었다 치고 공을 집게 하는 것이다. 그런데 당연히 컨시드 사인이 나올 상황에서 조용히 있을 때도 있다. 상대에게 심리적 압박을 가하는 침묵이다. 헤이건은 컨시드를 역이용했다.

알 에스피노사Al Espinosa와의 4강전. 헤이건은 1.5미터 거리의 만만찮은 퍼트에 계속 컨시드를 줬다. 심지어 2미터쯤 되는 퍼트도 못 하게 했다. 상대는 어리둥절했을 것이다. '왜 이렇게 후하지?' 하지만 결정적 순간 그는 컨시드를 부르지 않고 침묵했다. 갤러리 쪽을 바라보며 등을 돌렸다.

마지막 홀에서 에스피노사는 1미터가 채 안 되는 거리의 퍼트를 남겼다. 잘 나오던 컨시드 사인이 갑자기 나오지 않자 에스피노사는 당황했다. 이후 그 짧은 퍼트를 못 넣어 동률을 허용하고 만다. 연장에 끌려가서는 첫 홀에서 스리 퍼트를 범해 헤이건에게 결승 티켓을 내줬다.

조 터네사Joe Turnesa와의 결승에서도 헤이건은 같은 전략을 썼다. 초반에 후하다가 후반 들어 인색했다. 터네사는 마지막 6홀에서 짧은 퍼트를 거푸 놓치다가 1홀 차로 졌다. 마지막 홀에서 짧은 퍼트를 남겨놓았을 때 컨시드는 나오지 않았고, 터네사의 퍼터를 떠난 공은 홀 가장자리에 걸려 멈췄다.

PGA 챔피언십에서뿐 아니라 메이저 대회 전체를 통틀어도 유일한 '단일 대회 4년 연속 우승' 기록이 탄생한 순간이었다. 헤이건의 1920년대 매치 성적은 20경기 연속 승리를 포함해 30승 1패, 승률 9할 6푼 8리로 늘었다.

36홀 결투를 쉬지 않고 이어가야 하기에 체력과 정신 모두 강하지 않으면 꿈도 꾸기 어려운 기록이다. 경기장 밖에서도 그는 누구보다 강한 사람이었다. 프로 골퍼가 접시 닦이나 정원사 같은 골프장 직원으로만 인식되던 시절에 투사의 삶을 살았다.

롤스로이스, 악성 스웨이

어느 날 골프장에서 클럽하우스 입장을 거절당하자 헤이건은 롤스로이스 차량을 대여해 보란 듯이 골프장 바로 앞에 댔다. 그러고는 차 안에서 골프복으로 갈아입고 필드로 나갔다. 롤스로이스를 클럽하우스의 라커룸 용도로 쓴 것이다.

운전기사를 둔 리무진을 타고 대회장에 나타난 것도 여러 차례다. 일부러 늦게 나타나 골프장에 모인 모든 사람이 안 볼 수 없게 했다. 스스로를 높여 프로 골퍼라는 직업을 달리 보이게끔 했다.

경기가 있는 곳은 어디든 가고 주로 리무진을 탔으며 여러 곳을 다니는 만큼 여행도 즐겼다. 대회 주최 측에는 상금을 올려야 한다고 늘 당당히 요구하는 강성이었다. 골프 용품사라면 응당 프로 골퍼와 후원 계약을 맺어야 하는 것처럼 분위기를 조성한 이도 헤이건이다.

키가 180센티미터가 채 안 되는 그를 훨씬 큰 키의 소유자로 잘못 알고 있는 사람들이 많았는데, 항상 코스를 주인처럼 걸어 다니는 바람에 실제보다 커 보인 것이라는 그럴듯한 설명도 전해진다. 어린 시절 그는 야구에도 뛰어난 소질을 보였지만 팀 스포츠라 여럿에게 관심이 분산되는 야구보다는 오롯이 자신이 빛날 수 있는 골프에 매력을 느꼈다.

그러고 보면 티오프 시간에 종종 늦는 것은 그의 전략이었는지도 모른다. 지금 같으면 룰 위반 사항이지만 그때는 그냥저냥 넘어가는 분위기였다. 물론 꽤 눈총을 받기는 했을 것이다. 한번은 1번 홀 티잉 구역에 도착했을 때 이미 같은 조의 선수들이 두 홀이나 마친 상태였다. 헤이건은 일단 동반 플레이어들을 쫓아가 3번 홀부터 시작하고 못 친 두 홀은 18번 홀까지 마친 뒤에 혼자 남아 쳤다.

그가 일대일 매치의 지존으로 군림한 데는 이런 태평한 성격도 한 몫했을 것이다. 1919년 US 오픈 당시 헤이건은 18홀 연장을 앞둔 바로 전날 밤 떠들썩한 파티를 열었다. 연장 상대인 마이크 브래디Mike Brady처럼 충분히 잠을 자두는 게 좋지 않겠느냐고 조언하는 주변 사람들을 그는 이런 말로 안심시켰다.

"브래디는 침대에 눕기는 해도 편히 잠들지는 못할걸요."

다음 날 헤이건은 결국 1타 차로 우승한다. 이런 그를 최초의 위대한 스포츠 심리학자라고 부르는 이도 있다. 대회 날 아침 일부러 부스스한 모습으로 나타나 경쟁자들이 긴장의 끈을 놓게 유도했다. 숙취가 남은 얼굴로 마지못해 클럽을 드는 듯 보였다. 그러나 머릿속은 말짱히 깨어 있었다. '나는 이미 승자. 저들은 이미 겁을 먹었다'는 정신 무장과 함께 첫 티샷부터 페어웨이 한가운데를 가르곤 했다.

일대일 결투의 왕이 된 비결 중 또 하나는 역시 퍼트다. 30년간 대회에 참가한 경력 중 18번 홀에서 스리 퍼트를 범한 기록이 아예 없다. 한 메이저 대회에서는 9개 홀 동안 퍼트를 단 7개로 막았다. 퍼트가 필요 없는 칩인이 두 번 나왔고 나머지 홀은 모두 원 퍼트로 끝냈다.

스윙은 정석은 아니었다. 골프에선 몸이 멋대로 흔들리는 스웨이가 최악이라는데 그의 백스윙을 보면 악성 스웨이가 발견된다. 그런데도 임팩트는 누구보다 견고하다. 대장장이였던 아버지 곁에서 몸을 쓰는 요령을 알게 모르게 체득한 것이라는 관측이 설득력 있게 들린다.

마스터스가 메이저 대회로 편입되기 전까지 헤이건은 US 오픈을 2차례, 디 오픈을 4차례, PGA 챔피언십을 5차례 제패했다. '골프의 성인'으로 불리는 보비 존스의 13회 우승 바로 다음이 헤이건의 11회 우승이다. 웨스턴 오픈도 메이저급이라 할 수 있었는데 이 대회에서도 5차례나 우승했다.

1925년 PGA 챔피언십에서 2년 연속 우승을 했을 때 트로피를 잃어버리는 일도 있었다. 이듬해 트로피는 어디에 두고 왔느냐는 대회 관계자들의 물음에 그는 "어차피 내가 우승해서 다시 가져갈 거라 가져오지 않았다"고 대답했다. 그의 말대로 1926년 대회에서 우승했고 1927년에도 트로피 없이 우승 기념사진을 찍었다. 1928년 대회 8강에서 탈락한 뒤에야 트로피를 분실한 사실을 털어놓았다.

헤이건처럼 스포트라이트를 즐긴 선수가 또 있을까 싶지만 은퇴하고는 완전히 다른 삶을 살았다. 골프도 거의 치지 않고 미시간주의 호젓한 호숫가 마을에서 유유자적하다가 조용히 삶을 마감했다.

헤이건에 이어 1930년대까지 활약을 이어간 사라젠은 훗날 이런 말을 남겼다.

"모든 프로 골퍼는 상금이나 상금 외 돈을 벌 때마다 헤이건에게 감사의 마음을 가져야 합니다. 지금의 프로 골프 환경을 만든 게 바로 그이기 때문입니다."

일곱 번의 실수

골프 말고 야구를 했다면 월터 헤이건은 훌륭한 야구 선수가 될 수 있었을까. 야구도 잘했던 그는 실제로 메이저리그 선수 선발 테스트인 트라이아웃 기회가 있었다. 필라델피아 필리스 구단은 투수 또는 유격수 포지션으로 그의 기량을 평가하고 싶었다. 그 역시 한때 메이저리그의 위대한 투수를 꿈꾸기도 했다. 그러나 그는 트라이아웃 현장으로 향하는 대신 골프 대회장으로 갔다. 그 대회는 1914년 US 오픈이었고 그는 1타 차로 우승까지 했다.

헤이건이 골프를 선택한 것은 온전히 혼자서 경기를 관리하는 종목이라고 생각했기 때문이다. 다른 누군가에 의해 게임의 결과나 흐름이 좌우되는 종목은 피하고 싶었다. 야구를 했다면 동료의 실수로 경기 흐름이 넘어가거나 결과가 바뀌는 경기를 참지 못했을 것이다.

그렇게 보면 지극히 개인주의적 성격일 것 같은데 골프에서 가장 중요한 단체전인 라이더컵에서는 또 팀원들을 똘똘 뭉치게 하는 역할을 아주 잘 해냈다. 라이더컵 미국팀 단장을 6번이나 맡았고 선수로서도 기록적인 성적을 남겼다. 조지 저커버스George Jacobus PGA 회장은 헤이건을 단장으로 선임하며 "골프에 대한 완전한 이해에다 팀원들의 기질과 경기력에 대한 폭넓은 이해까지 갖추고 있어서 최고의 경기력을 낼 조합으로 팀을 이끌 것"이라고 설명했다. 헤이건은 "라이더컵 선수라면 모든 신경을 굿 샷을 만들어내는 데 쏟아야 한다. 단 그런 샷들이 모여 의미를 가지려면 팀워크가 반드시 요구된다"고 했다.

이해력이 좋았던 터라 모든 상황을 빠르게 점검하고 판단한 뒤 그에 따라 맞춰서 치는 능력이 출중했다. 그라운드 상태와 바람의 종류, 날씨 조건 등에 대한 고려는 기본이었다. 1928년에 컬럼비아대에서 실시한 심리학 실험의 대상이 될 정도였는데 실험 결과 그는 특정 자극에 대해 눈에 띄게 빠른 반응을 보이고 있었다.

1916년부터 1928년 사이에 헤이건은 PGA 챔피언십 34개 매치에 출전해 32번을 이겼다. 32승 중에는 22연승도 있었다. 그럼에도 그는 "완벽하게 18홀을 경기한 적은 한 번도 없다"고 했다.

"완벽한 18홀 라운드란 애초에 존재하지 않는 게 아닌가 싶다. 나는 한 라운드에 적어도 일곱 번은 실수가 나온다고 생각하고 라운드를 한다. 그래서 안 좋은 샷을 해도 그리 걱정하지 않는다. 왜냐하면 일곱 번의 실수 중 하나일 뿐이기 때문이다."

헤이건은 이렇게 남다른 사고로 골프를 대했다. 역설적으로 골프를 너무 뜨겁게 좋아하지는 않았기 때문에 가능한 사고였는지도 모른다. 너무 뜨겁게 좋아했다면 완벽한 18홀에 집착하다가 많은 것을 잃었을

지 모른다.

실제로 자신은 골프를 그다지 좋아하지 않았다고 동료에게 고백하기도 했다.

"골프를 막 그렇게 좋아한 적이 없는 것 같다. 그저 삶을 즐길 만큼의 돈을 벌기 위해 기량을 내보이는 것일 뿐."

필드에서 저지른 실수를 잊지 못해 잠들지 못하거나 하는 일은 그로선 이해하기 힘든 일이었다. 좋지 않은 흐름을 깨기 어려운 상황에서 어찌됐든 해야 하는 샷에는 힘들게 수고를 들이지 않았다. 연습량도 많지 않았다. 골프는 상상력과 창의력의 영역에서 이해되는 것이므로 기계적인 스윙으로 다가가려 해서는 안 된다고 했다. 그래서인지 이렇다 할 골프 교습서도 쓰지 않았다. 동료 프로나 교습가들이 가르치는 내용에도 극히 회의적이었다. "골프의 이론이라는 것은 어떻게 보면 무척 하찮은 것이다. 좋은 골프로 가는 유일한 길이 있다면 그것은 느낌으로 스윙을 컨트롤하는 노하우를 익히는 것"이라고 했다. 태평하고 초연한 모습 때문에 이질적이었지만 그게 그만의 매력이었다.

당연한
불편은 없다

▶

진 사라젠 Gene Sarazen (1902~1999)
**우승: PGA 챔피언십 3회, US 오픈 2회, 마스터스 1회,
디 오픈 1회, PGA 투어 38회**

'좀 더 골퍼다운 이름이면 좋겠는데….'

진 사라젠의 이름은 원래 진이 아니라 유진Eugene이었다. 골프장에서 일을 시작하면서 이름을 바꾼 것이다. '유진'은 골프보다는 바이올리니스트에 어울리는 이름이라고 생각했다. 골퍼의 느낌이 나는 이름을 찾다가 아주 간단히 앞의 모음 2개(Eu)를 뺐다. 진짜 골퍼가 되겠다는 의지의 표현이었다. 캐디로 일하며 독학으로 골프 기술을 익히는 동안 그의 새 이름은 빠르게 퍼져 회자했다.

열아홉 살에 골프장 소속 프로가 됐고 이듬해인 1922년 US 오픈에서 덜컥 우승까지 해버렸다. 마지막 홀에서 버디를 잡아 일궈낸 메이저 대회 첫 우승이었다. 최종 라운드 스코어는 68타. 최종 라운드에

서 70타 미만을 치고 메이저 대회를 제패한 최초 기록을 남겼다. 한 달 뒤에 열린 PGA 챔피언십에서도 트로피는 그의 차지였다.

영국이 중심이던 세계 골프계가 미국 중심으로 재편된 데도 그의 역할이 컸다. 1920년대 골프를 그와 보비 존스, 월터 헤이건 셋이 주도하면서 미국 골프의 전성기가 처음 열렸다.

샌드웨지의 탄생

시칠리아 출신의 가난한 이민자 가정에서 태어난 사라젠은 어릴 때부터 생업에 뛰어들어야 했다. 신문팔이를 하다가 조금 커서는 목수인 아버지를 따라다니며 일을 배웠다. 그러다 몸이 안 좋아져 병원을 찾았더니 폐렴이었다. 의사는 먼지가 많은 환경은 치명적일 수 있으니 목공은 피해야 한다고 했다. 주로 밖에 머무는 골프장 일은 그렇게 시작한 거였다.

골프계에 발을 디딘 뒤 이름을 바꿔 운명을 개척한 셈인 그는 장비까지도 개척했다. 벙커에 들어갈 때마다 겪는 어려움을 당연히 여기지 않았다. 그러면서 벙커에 들어간 공을 쳐내는 전용 클럽을 만들 생각을 떠올렸다.

용품 후원사에 지금의 9번 아이언쯤 되는 클럽을 6개 보내달라고 요청해서 클럽 헤드의 바닥 부분인 솔에 땜납을 달아 실험했다. 벙커 탈출이 쉽게 되는 느낌을 찾을 때까지 납의 무게를 달리해가면서 실험을 멈추지 않았다. 오늘날의 샌드웨지는 그렇게 탄생했다.

전설의 비행사 하워드 휴즈와의 교류도 커다란 도움이 됐다. 휴즈의 영향을 받아 비행기의 원리에 흥미를 갖게 된 사라젠은 이륙할 때 꼬리날개의 움직임에 주목하다가 거기서 샌드웨지 디자인의 결정적 아이디어를 얻었다.

벙커용 클럽이 아예 없던 건 아니었다. 사라젠의 샌드웨지 이전에도 헤드 페이스를 오목하게 해 모래를 퍼낼 수 있게 만들어진 클럽이 있기는 했다. 하지만 만족스럽지 않았다. 볼이 아니라 볼 뒤의 모래부터 접촉해 모래를 폭발시키는 방식이어야 일관된 벙커 샷이 가능하다고 봤고 그에 맞게 만든 게 샌드웨지다.

이후 샌드웨지는 빠르게 퍼져 사용됐다. 벙커 샷을 할 때 모든 골퍼가 당연히 샌드웨지부터 찾았다. 한 발 더 나아가 사람들은 벙커가 아닌 곳에서도 샌드웨지로 그린을 공략하기 시작했고 그러면서 타수도 눈에 띄게 낮아졌다. 쇼트 게임 혁명이었다.

사라젠은 역사상 처음으로 대회에 샌드웨지를 들고 나간 선수다. 1932년 잉글랜드 샌드위치의 프린시즈 골프 클럽에서 열린 디 오픈이 그 무대였다. 혹시나 부적격 클럽이라고 논란이 일까 봐 그는 사람들의 눈에 띄지 않게 조심하고 또 조심했다. 하지만 첫날 경기 전반 9홀이 채 지나지 않았을 때 갤러리들이 웅성거리기 시작했다. 호기심 많은 어떤 이가 "저 선수의 골프백에 있는 저 클럽은 뭐지?"하고 의문을 드러낸 뒤로 시선이 집중됐다.

사라젠은 아랑곳없이 선두를 질주했다. 첫날 1타였던 2위와의 격차는 3라운드를 마쳤을 때 4타로 훌쩍 벌어졌다. 결국 5타 차로 여유

버디 퍼트

로운 우승에 다다랐다. 첫날부터 마지막 날가지 1위 자리를 유지한 와이어 투 와이어 우승이었다.

그에게 실험용 클럽 여섯 자루를 포함해 용품을 후원한 회사는 윌슨이다. 윌슨은 사라젠이 97세에 사망할 때까지 75년간이나 후원 계약 관계를 이어갔다. 프로스포츠 사상 가장 긴 후원 계약으로 기록돼 있다.

오른손 새끼손가락을 왼손 검지에 걸어주는 파지법인 인터로킹 그립으로 대회에 나선 것 또한 그가 거의 최초라는 기록도 있다. 166센티미터의 작은 키 때문에 키 큰 경쟁자들과 비교해 스윙의 회전력과 볼 스피드에 핸디캡이 있을 수밖에 없었던 터에 당시는 정석과 거리가 멀었던 그립으로 살 길을 찾았다. 단신임에도 장타를 무기로 삼을 수 있었던 것은 인터로킹 그립에 완벽히 적응했기 때문이다. 견고한 그립과 넓은 스탠스, 간결한 백스윙으로 만들어내는 야무진 장타로 1920년대와 1930년대 필드를 주름잡았다.

앨버트로스 사냥꾼

유독 길고 좁은 날개로 날갯짓 없이도 한참 유유히 나는 앨버트로스는 세상에서 가장 활공을 잘하는 새로 알려져 있다. 골프에서 앨버트로스는 기준 타수보다 3타 적게 홀아웃하는 것을 뜻한다. 장타력과 집중력, 행운이 한꺼번에 작용해야 가능해 홀인원보다도 어렵다고 전해진다.

1935년 마스터스. US 오픈과 PGA 챔피언십, 디 오픈을 이미 한 번 이상씩 우승해놓은 사라젠은 3라운드까지 선두 크레이그 우드Craig Wood에게 3타 뒤져 4위에 머물러 있었다. 마지막 날 사라젠은 헤이건과 같은 조에서, 우드는 그보다 몇 조 앞서 티오프했다. 전반에 우드가 3오버파로 흔들리면서 추격자들은 희망을 갖게 됐다. 사라젠도 잠깐 공동 선두로 올라서기도 했다.

485야드짜리 파5인 15번 홀의 티잉 구역에 섰을 때 선두 우드와의 격차는 2타였다. 드라이버 샷을 페어웨이에 잘 떨어뜨려 놓은 뒤 두 번째 샷을 하러 걸어가는데 갑자기 큰 소리가 들려왔다. 18번 홀 그린 쪽에서 터진 관중의 함성이 빽빽이 우거진 나무들을 타고 흐르며 메아리친 것이었다. '아, 우드가 버디를 잡았구나.' 사라젠과 헤이건의 표정에서 똑같은 생각이 읽혔다. 이로써 3타 차.

안 그래도 추격이 어렵던 헤이건의 입에서 "끝났다"는 말이 나왔다. 헤이건은 두 번째 샷에 모험을 걸지 않았다. 그린을 지키는 물까지 가지 않게 안전히 보내놓았다. 끝났다는 말은 사라젠을 향한 메시지 같기도 했다. 뒤집기는 어려워졌으니 정석대로 3온으로 가기를 바랐던 모양이다. 2온을 시도하다 물에 빠뜨리기라도 하면 경기 시간만 늘어지리라고 생각했을 것이다. 실제로 헤이건은 경기 후 중요한 데이트 약속이 있었던 것으로 전해진다.

사라젠은 고민 끝에 그린을 노리기로 결정했다. 끝까지 추격전을 이어가려면 그 길밖엔 없다고 생각했다. 핀까지의 거리는 235야드. 공이 작은 둔덕 위에 걸쳐 있어서 클럽 선택도 중요했다. 4번 우드를

버디 퍼트

꺼내들어 신중하면서도 과감한 스윙으로 공을 걷어냈다. 정확히 맞은 공이 앨버트로스의 활공처럼 날아갔다. 물을 간신히 넘어가 그린에 안착한 공은 오른쪽에서 왼쪽으로 핀을 향해 굴러갔다.

성미 급한 몇몇 기자들은 이미 우드의 우승을 축하하고 우승 상금이 적힌 기념 수표의 이름 칸에는 벌써 우드의 이름이 적혀 있었다. 그 상황에서 사라젠의 두 번째 샷이 컵 속으로 사라진 것이다. 더블 이글로도 불리는 앨버트로스였다. 순식간에 3타를 줄여 우드와 동타를 이뤘다. 동시에 미디어는 혼란에 빠지고 주최 측도 바빠졌다.

모두가 어떤 식으로든 동요하고 있었는데 사라젠 혼자만 차분해 보였다. 흥분하지 않고 남은 홀들을 생각했다. 아직 3개 홀이 남아 있으니 최소한 타수를 잃지는 않아야 했다. 16번과 17번 홀을 파로 넘긴 그는 18번 홀에서 위기를 맞았다. 티샷이 설맞아 거리를 너무 많이 남겼다. 그는 이번에도 4번 우드로 승부수를 던졌다. 그린에 올라간 공을 투 퍼트 파로 마무리해 끝내 우드를 연장으로 끌고 들어갔다.

승기는 이미 사라젠 쪽으로 넘어갔을까. 다음 날 진행된 36홀 연장 승부는 좀 싱거웠다. 오전 18홀 경기 중반에 우드가 3개 홀에서 연속으로 보기를 범한 끝에 4타를 뒤진 채 오후 18홀 경기를 맞았다. 우드가 계속 보기를 쌓아가면서 사라젠과의 거리는 점점 더 멀어졌다. 결국 이븐파 144타 대 5오버파 149타로 사라젠의 5타 차 우승. 메이저 대회 7승째이면서 골프 사상 첫 커리어 그랜드슬램은 이렇게 탄생했다.

당시 대회 이름이 오거스타 내셔널 인비테이션 토너먼트였던 마스터스를 사람들은 메이저 대회로 여기지 않았다. 하지만 사라젠의 15번 홀 두 번째 샷은 이 대회가 메이저 대회 대열에 들어서는 데 결정적인 영향을 끼쳤다. 오거스타 내셔널 인비테이션 토너먼트는 1939년부터 '마스터스'를 대회 공식 명칭으로 삼았다. 앞서 존스가 US 오픈과 디 오픈, US 아마추어, 브리티시 아마추어를 석권하며 그 랜드슬램을 먼저 달성했지만 현대적 의미의 그랜드슬램은 사라젠이 최초다.

사라젠의 앨버트로스가 20주년을 맞은 1955년에 오거스타 내셔널 15번 홀 그린을 연결하는 다리는 사라젠 브리지로 명명됐다. 1935년 대회 15번 홀의 두 번째 샷은 마스터스 사상 가장 중요한 샷 중 하나로, 당시 사라젠의 스윙은 그의 커리어 전체를 압축해 보여주는 결정적 장면으로 기억되고 있다. 사라젠은 US 오픈 지역 예선에서도 앨버트로스를 터뜨린 적 있다. 덕분에 1920년에 US 오픈 본선 데뷔전을 치를 수 있었다. 그때 예선에서 앨버트로스가 나온 것도 최종 라운드 15번 홀이었다.

10년 주기로 2개 메이저 대회 연속 우승

펜실베이니아의 한 골프장 소속 프로일 뿐 투어에서 이렇다 할 존재감이 없던 사라젠을 전국구 스타 반열로 끌어올린 것은 1922년 일리노이주 스코키 컨트리클럽에서 열린 US 오픈이었다.

첫날 헤이건이 68타를 쳐 선두로 치고 나간 가운데 사라젠은 4타 뒤에서 무난히 출발했다. 2라운드에서 치고 나간 이는 스코틀랜드에

서 온 존 블랙John Black이었다. 그가 2오버파로 1위에 오를 때 사라젠
과 헤이건은 5오버파로 공동 3위였다. 3라운드에선 그 뒤에 있던 존
스가 쭉 올라가 공동 선두를 꿰찼다.

사라젠은 존스에게 4타 뒤져 5위였다. 역전 우승까지는 어렵더라도
US 오픈 세 번째 출전 만에 가장 좋은 성적을 내는 건 가능해 보였다.

사라젠은 그 이상을 바라봤다. 그날 오후에 이어진 4라운드. 전반
9홀에서 버디 3개와 보기 2개로 1타를 줄여 존스를 1타 차로 추격했
다. 이때 선두는 사라젠보다 3타 앞선 블랙이었다.

후반 들어 승부가 다시 한 번 요동쳤다. 블랙이 17번 홀에서 티샷
실수로 더블 보기를 범하면서 사라젠이 갑자기 1타 차 단독 선두가 된
것이다. 마지막 홀에서 블랙과 존스는 버디를 잡았지만 사라젠도 버
디를 놓치지 않으면서 내셔널 타이틀은 1타 차로 누른 스무 살짜리에
게 돌아갔다. 최종 라운드에서 모두가 오버파 스코어로 고전하는 가
운데 사라젠은 2언더파 68타를 쳐 골프계를 뒤흔들었다.

깜짝 우승은 아니었다. 한 달 뒤 PGA 챔피언십에서 2개 메이저 대
회 연속 우승에 성공했기 때문이다. 한 해에 US 오픈과 PGA 챔피언
십을 모두 제패한 것은 사라젠이 처음이었다.

10년 뒤인 1932년도 그의 해였다. 6월 디 오픈을 정복하고 2주도
안 돼 US 오픈 정상에 섰다. 2라운드까지 선두와 5타 차였는데 3라
운드에서 1타 차로 공동 2위로 올라가더니 최종 라운드에서 약속한
듯 뒤집어버렸다. 마지막 18홀에 작성한 4언더파 66타는 대회 최종
라운드 사상 최소타였다. 이 기록은 1960년 아널드 파머가 65타를

기록할 때까지 30년 가까이 깨지지 않았다. US 오픈 후반부 36홀에 70타-66타로 만든 최소타 기록 136타는 훨씬 더 오래갔다. 1983년까지 51년간 버텼다.

대공황의 그늘에 햇살을 비춘 하나의 샷

　때론 단 하나의 샷이 여러 방면의 많은 것을 바꿔놓는다. 1935년 마스터스의 15번 홀에서 터진 그 샷 때문에 앨버트로스 하면 사람들은 쉽게 진 사라젠의 이름을 떠올린다. 보비 존스가 만든 대회에 마스터스라는 이름이 붙어 굳어진 것도 그 샷 때문이다. 그 전까지 존스는 '마스터스'가 너무 거창해 보인다며 대회명으로 선호하지 않았다. 하지만 그 샷 이후 자연스럽게 받아들이게 됐다. 당시 15번 홀 그린 쪽에 있던 관중 중에는 존스도 있었다. 존스는 몇 해 뒤 관중을 위한 마스터스 안내 책자를 만들 때 1935년 사라젠의 샷을 비중 있게 소개했다. 대회 홍보에 유용하게 쓴 것이다.

　235야드 거리에서 두 번째 샷을 놓고 사라젠은 4번 우드와 3번 우드 사이에서 고민했다. 사실 4번 우드는 평소에 잘 쓰지 않는 클럽이었다. 캐디와 의견을 주고받은 끝에 작은 둔덕에 걸친 공의 위치와 충분히 공이 뜨게 해야 한다는 조건을 고려해 3번보단 4번이 낫겠다고 결론을 내렸다.

치는 순간 물은 넘어갈 것 같다는 확신이 들었는데 정작 홀로 들어가는 모습은 보이지 않았다. 사라젠은 그린 주변의 사람들이 흥분해 날뛰는 모습을 보고 '혹시 앨버트로스?'라고 짐작했다. 그는 그 주에 오거스타 내셔널에서 무려 180홀을 소화했다. 4차례 연습 라운드와 정규 라운드 72홀에 연장 36홀을 더한 숫자다.

그의 앨버트로스는 미국인들의 일상에 큰 영향을 미쳤다. 사회 구석구석까지 스며든 대공황의 그늘에 당시 사람들은 희망을 내려놓은 지 오래였다. 열심히 일해도 소용없다는 회의가 만연하고 열심히 일할 일자리도 사라지고 있었다. 그러던 때에 그가 보여준 '한 방'은 사람들에게 행운의 존재를 다시금 상기시키는 역할을 했다. 아무리 부정적인 상황일지라도 행운의 요소는 숨어 있게 마련이라는 사실을 그의 4번 우드 샷이 입증하고 있었다.

38년 뒤인 1973년 사라젠은 71세 나이로 디 오픈에 나섰다. 스코틀랜드의 트룬 골프 클럽에서 치른 디 오픈 고별전이었다. 사람들은 낯선 샌드웨지를 들고 나와 1932년 디 오픈을 너무도 쉽게 정복했던 그를 추억하며 작별 인사를 준비했다.

그의 인사는 강렬했다. 그 옛날 마스터스의 앨버트로스 사나이를 불러낸 듯 1라운드 8번 홀에서 홀인원을 터뜨렸다. 핀까지 123야드 거리로 디 오픈을 개최한 코스들 중 가장 짧은 홀이지만 내리막 지형에 그린이 작고 벙커는 많은 데다 바람의 영향이 커 악명 높은 홀이었다. 핀 앞에 떨어진 공이 천천히 구르다가 홀 입구에서 멈칫하더니 한 순간 빨려 들어갔다. 사라젠은 환한 미소를 보냈다.

"과거에 오랫동안 나를 괴롭혔던 홀이다. 티잉 구역으로 올라가다 얼굴에 바람을 맞으면서 좀 긴장하고 있음을 인정해야 했다. 내 선택은 5번 아이언이었고 '짧게만 치지 말자'는 마음으로 휘둘렀다."

마스터스 15번 홀에서 관중의 반응에 앨버트로스임을 짐작했던 그는 이번에도 사람들의 함성에 티샷이 들어간 걸 알았다. 메이저 대회 최고령 홀인원 기록이다. 대회 성적은 컷 탈락에 그쳤지만 그는 여전히 사람들을 흥분시키는 선수 그대로였다.

순전한 그 이름,
아마추어

보비 존스 Bobby Jones (1902~1971)
**우승: US 아마추어 5회, US 오픈 4회, 디 오픈 3회,
브리티시 아마추어 1회**

아마추어amateur의 어원은 라틴어 아마토르amator라고 한다. 사랑하는 사람이라는 뜻이다. 보비 존스는 영원한 아마추어를 자처했다. 골프 경기로 돈을 버는 프로 대신 아마추어 신분을 유지하며 골프 경기를 어디까지나 사랑의 대상으로만 대했다.

'메이저 중의 메이저' 마스터스를 창설한 '골퍼 중의 골퍼'였지만 돈벌이를 위한 본업은 변호사였다. 조지아공대에서 기계공학을 전공하는 동안 대학 골프팀에서 4년간 활약했고 하버드대 문학 학사도 땄다. 그리고는 에머리대 로스쿨에 진학해 3학기 만에 조지아주 사법고시를 패스한 뒤 아버지가 있던 로펌에 합류했다.

존스는 열일곱 살에 캐나다 오픈에서 공동 2위에 오른 골프 신동이

었다. 우승자는 2위를 무려 16타 차로 누른 잉글랜드 출신 J. 더글러스 에드거J. Douglas Edgar였다. 그런 에드거를 멘토로 삼고부터 기량이 부쩍 늘었다. 열여덟이던 1920년엔 US 오픈 본선에서 첫 두 라운드를 전설의 해리 바든과 같은 조가 돼 경기하며 값진 경험을 얻었다.

이재에 아주 밝았는데 골프 경기 이외 분야에서만 그랬다. 1930년 US 아마추어 우승을 끝으로 프로로 전향한 것도 프로 대회 상금을 목적으로 한 게 아니었다. 어떤 형태로든 골프로 돈을 벌려면 프로 자격이 있어야 한다는 게 당시 미국골프협회의 룰이었다. 영상물과 책으로 골프 교습 콘텐츠를 만들기 위해 프로 자격을 얻었던 것이다. 지금은 농구공 브랜드로 유명한 스팔딩과 손잡고 골프 클럽을 개발해 '대박'을 치기도 했다.

골프를 처음 만났던 순간부터 골프로 이름을 알리고 골프에 많은 유산을 남기기까지 그는 결점을 찾아보기 힘든 완벽에 가까운 천재의 면모를 보였다. 골프 경기를 순수한 사랑의 영역에 남겨뒀기에 실현 가능한 신화였다.

영원한 그랜드슬래머

1923년 US 오픈 첫 우승부터 1930년 US 아마추어 제패까지 메이저 대회 13승을 거두는 데 21개 대회 출전이면 충분했다. US 오픈과 디 오픈을 같은 해 우승하는 '더블'을 1926년에 최초로 달성했고 4년 뒤엔 US 오픈과 US 아마추어를 한 해에 제패하는 기록을 썼다. 종이

가루를 하늘에서 뿌려주는 뉴욕시 전통의 환영 행사인 티커 테이프 퍼레이드에 두 번 나선 스포츠계 인물은 존스가 유일하다.

마스터스가 만들어지기 이전 시대라 존스에게 메이저 대회는 US 오픈과 디 오픈, US 아마추어, 브리티시 아마추어였다. PGA 챔피언십은 프로 선수에게만 출전이 허용됐기 때문에 나가지 못했다. 그랜드슬램 하면 선수 생활을 하는 동안 4대 메이저 대회를 한 번씩 우승하는 커리어 그랜드슬램을 으레 떠올리지만 그에게는 '커리어'라는 단어가 필요 없었다. 4대 메이저 대회를 1930년 한 해에 싹쓸이했기 때문이다. 그랜드슬램 중의 그랜드슬램이며 커리어 그랜드슬램과 구분하자면 캘린더 그랜드슬램이다.

5월 31일 스코틀랜드 세인트앤드루스 올드 코스에서 브리티시 아마추어를 제패한 것을 시작으로 6월 20일 잉글랜드 로열 리버풀 골프 클럽에서 디 오픈 챔피언에 올랐고 7월 12일에는 미네소타 인터라켄 컨트리클럽에서 US 오픈 타이틀을 품었다. 9월 27일 펜실베이니아주 메리언 골프 클럽에서 끝난 US 아마추어의 우승자도 그였다.

1930년 초에 자신의 그랜드슬램에 베팅한 덕에 6만 달러를 땄다는 얘기도 있지만 와전된 것으로 보인다. 베팅은 스코틀랜드의 프로 골퍼 보비 크룩섕크Bobby Cruickshank가 했다. 오거스타에서 열린 한 대회에 참가했다가 존스의 16타 차 우승을 바로 옆에서 목격한 크룩섕크는 그길로 오늘날의 글로벌 보험 중심지인 런던 로이즈로 달려가 그의 그랜드슬램에 돈을 걸었다. 크룩섕크의 전망은 적중했다. 크룩섕크가 존스의 성공에 걸어 6만 달러를 땄다는 소식이 퍼지면서 그의 다음 우승에 베팅하려는 세력들이 앞다퉈 몰리는 일이 벌어졌다. 로이즈는 결국 판돈에 상한을 걸어야 했다.

크룩섕크는 1923년 뉴욕 인우드 컨트리클럽에서 열린 US 오픈 때 존스와 우승을 다퉜던 선수다. 존스는 마지막 3홀을 남기고 보기-보기-더블 보기를 적으며 급격히 흔들려 연장에 끌려가야 했다. 연장 17번 홀까지도 타이. 파4인 마지막 홀에서 둘 다 페어웨이를 놓쳤을 때 크룩섕크는 안전한 레이업을 택해 두 번째가 아니라 세 번째 샷으로 그린을 노렸다.

존스도 그 편이 안전해 보였다. 그린까지 거리는 190야드였는데 공이 놓인 자리가 좋지 않았다. 러프 끝, 흙이 많은 곳이었다. 그린에 못 미치면 물에 빠질 위험도 컸다. 그러나 존스는 2번 아이언을 꺼내 들어 두 번째 샷으로 그린을 노렸다. 공은 핀에서 2.5미터쯤 떨어져 있어 가볍게 투 퍼트 파에 성공했다. 2타 차의 메이저 대회 첫 우승. 그동안 좀처럼 메이저 대회 첫 우승이 터지지 않는 통에 필드에서 불만 섞인 표정과 행동을 종종 드러내 보이던 그는 이때를 자기 안의 악마를 드러눕힌 대회로 기억한다. 그리고 이때부터 자신의 시대를 열게 됐다.

존스의 그랜드슬램이 현대 골프의 그랜드슬램보다 쉬웠을 거라는 평가도 있다. 그 시대에 존스와 더불어 필드를 주름잡던 월터 헤이건과 진 사라젠은 일찌감치 프로로 전향한 선수들이었다. 그 둘이 나오지 않는 US 아마추어와 브리티시 아마추어는 우승 경쟁이 상대적으로 수월했을 수 있다. 1930년 디 오픈에도 그 둘 다 출전하지 않았다. 그해 존스가 그 둘과 경쟁한 메이저 대회는 US 오픈 하나였다. 지구상에서 가장 뛰어난 골퍼들이 거의 빠짐없이 메이저 대회에 참가하는 지금의 분위기에서 탄생하는 그랜드슬램과는 다소 거리가 있었던 셈이다.

그렇다 해도 주초에 변호사 일을 하고 주말에 코스에서 프로 선수들을 제압하는 그의 생활은 보는 이들에게 경이로움 그 자체였다. 돈이 목적인 것처럼 보이는 프로의 모습과 대비되게 아마추어 신분을 유지해 존경 어린 시선의 대상이 됐다. 마음만 먹으면 골프 경기로 어마어마한 돈을 만질 수 있는데도 끝내 프로 선수로 돌아서지 않았고 28세의 창창한 나이에 은퇴한 뒤 골프장을 만들고 대회를 창설하는 전혀 다른 방식으로 골프와의 사랑을 키웠다.

셀프 페널티

존스는 우승 목표 없이 경기에 나서는 것은 골프에 대한 예의가 아니며 스포츠맨십에 어긋나는 행위라고 생각했다. 경기 중에 그에게 '친구 사이니까 사정 좀 봐주면서 재미있게 치자'는 말을 했다가 그 자리에서 핀잔을 들었던 선수도 있다. 최고의 경기력을 쏟아내는 이른바 'A-게임'을 매 대회 추구하며 자신이 그런 것처럼 다른 선수들도 매번 혼신의 힘을 쏟기를 바랐다.

같은 맥락에서 그는 스스로에게 매우 엄격했다. 1925년 6월 매사추세츠주 워체스터 컨트리클럽에서 열린 US 오픈 1라운드. 그린이 솟아오른 형태인 11번 홀에서 어프로치샷이 짧아서 깊은 러프의 경사면에 멈췄다. 신중히 스탠스를 잡고 다음 샷을 준비했다. 그런데 이 과정에서 볼이 움직였다. 클럽 헤드가 풀을 살짝 쓸고 나가며 볼 위치에 영향을 준 것이다. 다만 존스 외에는 아무도 인지하지 못할 만큼 아주 조금 움직였을 뿐이다.

그냥 넘어갈 수도 있는 상황이었지만 존스는 동반 플레이어인 헤이건과 경기위원에게 공이 움직인 사실을 알리고 벌타를 받겠다고 밝혔다. 그 때문에 경기 후 스코어 카드를 제출할 때 경기위원들과 실랑이 아닌 실랑이를 벌여야 했다. 선수는 벌타를 달라고 아우성치고 경기위원들은 동반 플레이어조차 보지 못한 상황에 덮어놓고 벌타를 줄 수는 없는 노릇이라며 맞섰다. 결국 경기위원들은 결정권을 존스에게 넘겼다. 그는 어드레스 후 볼이 움직였으니 명백한 룰 위반이라며 1벌타를 스스로 부과했다. 그렇게 76타가 아니라 77타를 1라운드 스코어로 제출했다.

그 대회에서 존스는 스코틀랜드의 프로 선수 윌리 맥팔레인Willie Macfarlane과 공동 선두로 마쳤다. 36홀 연장에서도 팽팽히 맞섰지만 마지막 홀에서 보기를 적어 1타 차로 준우승했다. 첫날 움직인 볼을 자진 신고하지만 않았더라면 연장에 갈 일도 없이 1타 차로 우승했을 것이다.

하지만 그날 그 상황에서 모른 척 넘어갔더라면 개운치 못한 기분에 오히려 남은 홀과 남은 라운드를 그르치지 않았을까. 존스라면 그랬을 가능성이 아주 커 보인다. 2라운드와 3라운드에서 연속으로 70타를 쳐 공동 4위로 치솟은 뒤 최종 라운드에서 기어이 공동 선두까지 올라간 것도 깨끗이 자진 신고하고 스스로 벌타를 부과했기 때문이 아닐까. 그는 당당히 준우승 상금 '0원'을 받아들였다. 물론 아마추어는 상금을 가져갈 수 없다는 룰에 따라 우승했어도 돈을 만질 일은 없었다.

US 오픈 통산 두 번째 우승은 놓쳤지만 존스는 대신 100년을 회자하고 아마 다음 100년도 마찬가지일 스포츠맨십의 거대한 유산을 남겼다. 당시에도 사람들은 그의 행동을 칭송했는데 그는 이렇게 반응했다. "차라리 은행을 털지 않았다고 칭찬하지 그래." 자기 기준에선 당연한 일을 다른 사람들이 대단한 일처럼 대하는 현상을 몹시 부담스러워했다.

1925년에 놓아줬던 우승은 1년 만에 다시 잡아 올렸다. 1926년 US 오픈 최종 라운드에서 3타 차를 뒤집고 역전해 US 오픈 2승째를 챙겼다. 이때도 존스는 '셀프 페널티'를 부과했다. 이번엔 그린에서 벌어진 일이었다. 2라운드 15번 홀 그린에서 퍼트를 하기 위해 어드레스를 서고 클럽 페이스 정렬까지 마친 상황. 그런데 그때 강풍이 불어서 볼이 반 바퀴 굴렀다. 아무도 못 봤지만 그는 1년 전과 똑같이 벌타를 주장해 타수를 잃었다. 하지만 이번엔 우승이었다. 4라운드 초반에 보기 3개를 범하며 흔들리기는 했지만 이내 타수를 만회하고 우승에 이르렀다.

참고로 두 번의 US 오픈에서 그가 벌타를 받은 상황은 지금의 골프 규칙에선 벌타 조건이 성립되지 않는다. 벌타 없이 원래 지점으로 되돌려놓고 플레이하면 된다.

오거스타 내셔널과 마스터스의 탄생

1930년 그랜드슬램 위업을 이뤄놓고 존스는 급한·일이라도 있는 사람처럼 두 달도 안 돼 골프 대회 참가를 그만뒀다. 정복할 땅이 더는 남아 있지 않은 것도 사실이었다. 이후 그가 새로운 방식으로 접근한 골프와의 사랑은 골프장 건설이었다.

골프로 누구도 부럽지 않은 유명 인사가 됐지만 세간의 광적인 관심 탓에 프라이버시 없는 삶에 내몰린 그는 프라이빗 골프 클럽을 만들어 그 안에서 누구의 관심도 신경 쓸 일 없이 소수의 지인들과 평화롭고 조용하게 골프를 즐기고 싶었다. 고향인 애틀랜타 인근에서 부동산을 물색하던 중 친구인 월스트리트 자산가 클리퍼드 로버츠의 소개로 오거스타의 부지를 매입했다. 1931년에 골프장을 짓기 시작해 2년 뒤에 완성했다. 그렇게 탄생한 골프장이 오거스타 내셔널 골프 클럽이다.

사실 골프장 건설은 무모한 계획이었다. 경기가 최악의 불황을 겪던 때라 아무도 골프 코스에 관심을 갖지 않았다. 기존에 운영되던 골프장도 줄줄이 문을 닫고 있었다. 그는 어찌어찌 공사는 마쳤지만 평화롭고 조용하기만 한 골프장으로 남겨두기엔 운영비 부담이 너무 컸다. 파산 위기에 몰릴 정도였다. 그래서 떠올린 아이디어가 대회 개최였다. '사람들이 많이 찾아오면 그만큼 투자를 받을 기회도 늘어날 거야.' 지금의 마스터스인 오거스타 내셔널 인비테이션 토너먼트가 1934년 처음 열린 배경이다.

존스는 공동 창설자로서 대회의 든든한 간판 역할을 했다. 뉴욕에 있던 세계 각국의 주요 미디어들에 항공편을 제공해 오거스타에 초청한 뒤 좋은 호텔에 묵게 하면서 대회를 적극 설명했다. 당시로서는 획기적인 마케팅 전략이었다.

한 발 더 나아가 존스는 선수로 참가했다. 마스터스 흥행을 위해 은퇴를 번복하고 1년에 딱 한 번씩만 선수로 변신했다. 참가 자체로 흥행을 이끌기는 했는데 성적까지 잡지는 못했다. 수년간의 공백은 천재도 어찌할 수 없는 부분이었다. 퍼트 스트로크가 전성기 때의 느낌과 완전히 달라져 있었고 백스윙 땐 경험해본 적 없는 불안감이 스며들었다. 1934년부터 1948년까지 제2차 세계대전으로 대회가 열리지 않았던 기간만 제외하고 마스터스에 열두 번 선수로 참가했지만 1회 대회에서 오른 공동 13위가 최고 성적이었다. 물론 대회 호스트로서의 역할이 더 중요하기는 했다.

1948년 이후 더는 선수로 뛰지 못한 건 46세이던 그 무렵부터 건강이 급격히 안 좋아졌기 때문이다. 척수에 구멍이 생겨 거기에 물이 차는 질환을 겪었고 이내 휠체어가 없으면 이동하기도 힘든 지경까지 이르렀다. 20대 시절 경기 직전에 발견한 목 근육 경련을 잘못 치료한 게 원인이라는 둥, 그보다는 어릴 적 몇 차례 목을 크게 다쳤던 영향이라는 둥 얘기가 돌았다. 척수공동증 진단을 받기 얼마 전에 진행한 수술에 문제가 있었으리라는 추측도 있었다.

정작 존스 본인에겐 병이 어디서 왔는지는 관심사가 아니었다. 불편한 몸에도 거의 매일 법률사무소로 출근했고 좀처럼 나아지지 않는 병세에 안타까워하는 주변 사람들을 보며 "골프는 항상 놓여 있는 그

대로 치지 않나. 불만을 가질 이유가 없는 것"이라며 거꾸로 위로했다.

로버츠와 함께 운영한 마스터스는 골프 대회에 혁신을 가져왔다. 관중의 이동을 통제하는 갤러리 로프, 코스 내에서 잘 보이는 스코어보드, 그 스코어보드 안에서 언더파와 오버파를 각각 나타내는 레드와 그린의 숫자 구분, 세계 각국 강자들의 출전, 높은 기술력이 적용된 TV 중계, 연습 라운드를 포함한 대회 전 일정에 대한 입장권 판매 등이다. 지금은 대부분 골프 대회에서 당연시되고 있지만 마스터스 이전에는 보지 못했던 것들이다. 선수와 팬, 미디어로부터 끊임없이 의견을 구하고 피드백을 반영해 개선을 거듭한 결과 마스터스는 4대 메이저 대회에 합류한 데 이어 메이저 중의 메이저로 자리매김하기에 이르렀다.

잘 때도 퍼터를 놓지 않은 클럽 중독자

드라이버 샷과 퍼트를 유독 잘했던 존스가 쓰던 클럽 중에 가장 유명한 것은 퍼터다. 컬래미티 제인Calamity Jane이라는 독특한 이름이 붙은 퍼터다.

골프에 쏟은 애정만큼 그는 골프 장비에도 엄청난 애정과 관심을 쏟았다. 클럽 중독자라는 증언도 있다. 가장 잘 맞는 무기를 손에 넣으려 구할 수 있는 클럽은 모두 테스트해봤다. 보는 클럽마다 휘두르고 시험해봐야 했다. 잘 맞는다 싶으면 바로 교체했는데 컬래미티 제인만은 예외였다. 교체는 있을 수 없는 일이고 잘 때도 안고 잤다는 얘기가 있을 정도다.

그의 홈 코스인 애틀랜타의 이스트 레이크 골프 클럽에 화재가 발생해 클럽하우스가 불에 타는 일이 있었다. 거기 있던 그의 클럽들도 사라지고 말았지만 따로 보관했던 퍼터는 불을 피했다.

운명의 퍼터와 처음 만난 건 1920년 US 아마추어 때였다. 매치 플레이 방식인 그 대회에서 프랜시스 위멧에게 대패를 당한 존스는 롱아일랜드의 한 골프장 소속 프로였던 짐 메이든Jim Maiden의 제안에 따라 그의 퍼터를 시험할 기회를 얻었다. 8개 연속으로 퍼트가 쏙쏙 들어가는 걸 본 메이든은 이미 20년이나 쓴 그 퍼터를 흔쾌히 존스에게 넘겼다. 퍼터의 이름은 서부 개척 시대에 악명 높았던 여성 컬래미티 제인의 이야기를 듣고 메이든이 붙인 것이었다.

성검 엑스칼리버를 뽑아 든 아서왕처럼 존스는 컬래미티 제인을 들고 메이저 대회 3승을 챙겼다. 워낙 낡은 퍼터라 수시로 샌드페이퍼로 퍼터 헤드의 녹을 긁어내야 했고 심지어 헤드 페이스가 살짝 뒤틀려 중앙에 맞혀도 똑바로 가지 않을 때가 많았지만 그래도 그는 컬래미티 제인을 절대적으로 신뢰했다. 더는 퍼터 구실을 할 수 없음을 전문가의 실험을 통해 눈으로 확인한 뒤에야 '오리지널' 컬래미티 제인을 놓아줬다. 어쩔 수 없이 새 퍼터로 교체했는데 오리지널 모델을 똑같이 카피한 컬래미티 제인 II였다. 그 퍼터로 메이저 대회 10승을 더 했다.

1929년 US 오픈에서 6타 차 선두를 달리던 존스는 6홀을 남기고 트리플 보기 등을 범하며 이유 없이 흔들린 끝에 눈앞의 우승을 놓칠 위기에 처했다. 마지막 18번 홀에서 3.5미터 남짓한 퍼트를 반드시 넣어야 연장에 갈 수 있는 상황이었다. 컬래미티 제인 II를 떠난 공은 천천히 홀을 향해 가더니 컵에 걸쳐 잠시 망설이다가 안쪽으로 떨어졌다. 다음 날 36홀 연장에서 존스는 알 에스피노사를 무려 23타 차로 꺾고 메이저 대회 9승째를 따냈다.

1930년 US 오픈에선 71번째 홀에서 더블 보기를 범해 2위와 1타 차로 리드가 좁혀졌다. 12미터를 남긴 마지막 홀에서 반드시 투 퍼트 파로 마무리해야 했다. 컬래미티 제인 II는 퍼트 한 번이면 충분했다. 존스에게 12미터 거리의 버디를 선물하면서 2타 차의 확실한 우승을 안겼다. 그는 오리지널 컬래미티 제인과 컬래미티 제인 II를 두고 "오랜 친구 같다. 볼에 눈이 달린 것처럼 퍼트가 컵을 향해 전진하곤 했다"고 돌아봤다.

이스트 레이크 골프 클럽에서 열리는 PGA 투어 시즌 최종전인 투어 챔피언십은 2005년부터 우승자에게 캘러미티 제인 복제품을 부상으로 준다. 타이거 우즈와 조던 스피스Jordan Spieth, 로리 매킬로이 등이 그 부상을 가져갔다.

존스에 앞서 '아마추어 골프의 아버지'로 불린 선수도 있었다. 결과적으로 존스와 컬래미티 제인의 만남에 계기가 된 위멧이다. 그는 1913년 US 오픈에서 당대 최고수인 영국의 해리 바든과 테드 레이를 무너뜨리고 우승해 대회 사상 첫 아마추어 챔피언에 올랐다. 제1차 세계대전 전만 해도 영국 선수들이 골프계 전체를 장악하고 있었지만 1913년 US 오픈을 기점으로 10년 뒤 미국의 골프 선수 수는 세 배로 늘고 퍼블릭 골프장들이 속속 생겨나는 건설 붐이 일었다.

위멧은 프로로 전향할 기회를 살리는 대신 영원히 아마추어로 남았다. 돈은 은행가로, 주식 중개인으로, 투자은행의 재무설계사로 일하며 버는 것으로 충분했다.

화려하지 않은 기술이
제일 쓸모 있다

🚩

보비 로크Bobby Locke (1917~1987)
우승: 디 오픈 4회, PGA 투어 15회, 남아공 오픈 9회

2미터 조금 안 되는 거리. 일생일대의 퍼트가 눈앞에 있다. 자기 대신 누군가에게 맡길 수 있다면 당신의 퍼터를 기꺼이 건넬 그 사람은 누구인가. 프로 통산 160승을 거둔 게리 플레이어에게 그 사람은 보비 로크였다. 이유는? 너무 잘해서.

"그만큼 퍼트를 잘하는 사람은 단연코 없습니다."

너무 잘한다는 이유로 로크는 PGA 투어에서 배척되기도 했다. 어이없는 출전 금지 조치는 2년 뒤인 1951년 해제되지만 그는 미국으로 돌아가지 않았다. 유러피언 투어를 뛰며 디 오픈에서 몇 차례 더 우승했다.

'드라이버는 쇼, 퍼트는 돈(You drive for show, but putt for dough).'

골프에서 어쩌면 가장 유명한 이 한 줄이 바로 그의 입에서 나왔다. 스코어를 좌우하는 것은 결국 그린 위에서 펼치는 플레이라는 얘기다. 요즘은 쉬운 퍼트를 남기게 하는 쇼트 게임이나 아이언 샷이 돈이라거나, 차원 다른 장타를 날릴 수 있다면 드라이버가 쇼이자 돈이라는 식으로 변주돼 더욱 주목받고 있다. 하지만 어떤 경우에도 골프에서 퍼트의 중요성이 평가 절하되는 일은 없을 것이다.

18세에 이미 남아공 오픈에서 우승할 정도로 천재성이 뚜렷했던 로크는 5년간 군복무를 마치고 돌아와 기량이 꺾이기는커녕 오히려 만개한다. PGA 투어에 진출하자마자 충격적인 우승 행진을 벌인 것도, 디 오픈을 무려 4차례나 제패한 것도 모두 제2차 세계대전 참전 이후에 벌어진 일이다.

인정머리 없이 너무 잘해서 부러움과 시기의 대상이 된 그의 이야기는 1949년 7월 잉글랜드 로열 세인트 조지스 골프 클럽에서 열린 제78회 디 오픈부터 시작하기로 하자.

로크는 로크

아일랜드의 해리 브래드쇼Harry Bradshaw가 예선을 1위로 통과한 가운데 1타 뒤에 로크가 있었다. 1947년 시즌 중간에 PGA 투어에 들어갔는데도 5주 동안 4개 대회를 우승하며 시즌 6승을 거둬 상금 랭킹 2위에 올랐던 그다. PGA 투어에서만 총 10승을 쌓고는 디 오픈마저 접수하러 온 것이었다. 모두가 그의 이름을 들어본 터라 폭식하듯 승수를 불리는 그의 플레이를 눈으로 직접 보고 싶어 했다.

우승 후보 1순위로 경기에 나섰지만 그의 출발은 그리 좋지도 그리 나쁘지도 않았다. 1라운드 파5인 14번 홀에서 아웃 오브 바운즈(OB)를 냈다. 그럼에도 선두와 2타 차를 유지하며 공동 4위에 올랐으니 기회는 충분했다. 2라운드에서 선두와 5타 차로 멀어졌지만 다음 날 3라운드에서 68타를 쳐 벌떡 일어서면서 금세 공동 1위에 올라섰다.

마지막 4라운드. 공동 선두였던 브래드쇼가 먼저 70타의 훌륭한 스코어로 경기를 마쳤다. 로크는 전반에 32타를 적으며 우승을 향해 질주했다. 하지만 후반 들어 연거푸 보기를 범해 하릴없이 타수를 잃고 있었다.

부진은 오래가지 않았다. 17번 홀에서 3미터 거리의 버디를 넣어 결정적으로 분위기를 바꾼 그는 마지막 18번 홀에서 파를 지켜 70타로 마무리했다. 최종 합계 5언더파 283타를 기록해 브래드쇼와 동타. 예선 1위와 2위였던 두 사람이 맞붙는 연장 결투가 성사됐다.

삐끗했던 14번 홀이 약속의 홀로

결과적으로 브래드쇼는 애초에 연장 승부를 허용해선 절대 안 될 일이었다. 4라운드 후반부터 달아오르기 시작한 로크의 감각은 하루가 지난 토요일 36홀 플레이오프에서 걷잡을 수 없이 끓어올랐다.

첫 9홀은 로크의 2타 차 리드. 이때만 해도 브래드쇼는 따라잡을 만하다고 생각했겠지만 18홀을 마친 뒤 스코어는 67타 대 74타로 7타 차까지 벌어지고 만다.

14번 홀이 승부처였다. 로크가 1라운드에서 OB를 내고 망쳤던 바로 그 홀이다. 3타 차 상황이라 그 홀에서 다시 실수를 범하면 경기 흐름이 뒤바뀔지도 모를 일이었다. 그러나 두 번 실수할 로크가 아니었다.

200야드를 남기고 친 4번 아이언 샷이 핀에서 두 발짝 거리에 붙었다. 간단히 이글 퍼트에 성공. 브래드쇼가 보기를 치면서 둘의 거리는 6타로 멀어졌다. 아직도 홀은 많이 남아 있었지만 승부가 뒤집히리라고 생각하기 힘들었다.

오후에 나머지 18홀을 라운드하는 동안 로크는 틈을 보이기는커녕 계속 더 달아났다. 전반 33타, 후반 35타를 쳐 5타 더 도망갔다. 로크의 36홀 합계 스코어는 9언더파 135타. 브래드쇼는 3오버파 147타를 적었다. 무려 12타 차의 압승이었다. 듣던 대로 로크는 무자비했다. 연장 승부는 당연히 팽팽하리라는 예상을 산산조각 내버린 것이다. 앞서 1948년 시카고 빅토리 내셔널에서도 2위를 16타 차로 따돌리고 우승했던 로크다.

남아프리카공화국 출신으로는 처음 디 오픈을 정복한 그는 우승 상금 300파운드를 손에 넣었다. 총 상금을 전년보다 50퍼센트나 올려 1500파운드를 내건 대회였다.

브래드쇼는 로크와 단둘이 벌이는 연장만은 피해야만 했다. 그렇게 보면 2라운드 5번 홀이 두고두고 아쉬웠다. 1라운드를 68타 공동 2위로 산뜻이 마감한 브래드쇼는 2라운드 5번 홀에서 드라이버 샷을 러프로 보냈다. 그런데 공이 안착한 곳은 깨진 맥주병 속 바닥이었다.

이걸 어떻게 해야 할까. 실은 어떻게 하려고 할 게 아니라 그냥 꺼내면 됐다. 무벌타 드롭을 하면 되는 구제 가능한 상황이었다. 그러나 브래드쇼는 룰을 잘 몰랐다. 당시 골프 룰의 문구들이 모호한 탓도 있었다. 물어볼 레퍼리 또한 근처에 없었다.

브래드쇼는 두 눈을 질끈 감고 병을 냅다 쳤다. 결과적으로 최악의 선택이 됐다. 유리 파편이 사방으로 튀는 사이 공은 고작 25야드 앞으로 나갔을 뿐이다. 결국 6타 만에 홀아웃해 그날 77타를 치며 라운드를 그르치고 만다.

문제의 홀에서 1타만 덜 쳤어도, 공이 유리병 안으로 숨어버리지만 않았어도 브래드쇼는 로크와 악몽 같은 결투를 벌일 필요가 없었을지도 모른다. 이후 브래드쇼는 디 오픈에 15번 더 나가지만 공동 9위가 최고 성적일 정도로 크게 활약하지는 못한다.

열여섯 살에 이븐파, 16타 차 우승도

열여섯 살에 이븐파를 치고 열여덟에 남아공 오픈에서 우승한 로크는 열아홉에 디 오픈에 처음 참가해 아마추어 부문 1위에 오른다. 그렇게 화려하게 꽃피던 그의 골프는 꽤 오랫동안 성장을 멈춘다. 공군으로 제2차 세계대전에 참전하게 되면서다. 1940년부터 1945년까지 5년간 복무하며 폭격기 조종사로 활약했다. 총 비행시간만 1800시간에 달했다. 즉 그 시간 동안 머릿속에서 골프를 치는 것조차 불가능했다는 뜻이다.

전쟁이 끝나고 1946년부터 로크는 남아프리카공화국에서 커리어를 이어갔다. 어떻게 쳐야 이길 수 있는지 까맣게 잊어버렸다 해도 이상하지 않을 공백이 있었는데도 그는 전쟁 이전의 모습과 다르지 않았다. 1947년 당대 최고의 미국 골퍼 중 한 명인 샘 스니드가 남아프리카공화국을 방문해 로크와 친선전을 치른 일이 있었다. 16홀 매치로 진행된 경기에서 12개 홀을 이긴 이는 스니드가 아니라 로크였다. 두 홀은 비기고 나머지 두 홀은 스니드가 땄다.

이 경기는 로크를 PGA 투어로 이끈 등용문이 됐다. 그의 경기력에 깊은 인상을 받은 스니드가 미국 무대에 도전할 것을 권유했고 그렇게 그해 그는 미국 땅을 처음 밟는다. 조종사에서 정상급 골퍼로 돌아오는 과정이 너무 자연스러웠던 것처럼 미국으로 활동 무대를 옮기고 적응하는 것 또한 그리 어려운 일이 아니었다.

1947년부터 불과 2년 반 뛰는 동안 PGA 투어 59개 대회에서 11승을 쓸어 담았다. 3위 안에 든 횟수만도 30회. 출전한 대회 중 절반가량에서 1등 아니면 2등, 아니면 3등을 했다는 말이다.

1948년 시카고 빅토리 내셔널에서 16타 차로 우승한 것은 지금까지도 PGA 투어 역대 '최다 타수 차 우승' 타이기록으로 남아 있다. 그러나 이듬해 그는 PGA 투어로부터 돌연 출전 금지 통보를 받는다. 표면적인 이유는 그해 디 오픈 직후 출전하기로 했던 한 미국 대회에 뚜렷한 설명도 없이 나타나지 않았다는 것이었다. 하지만 실제로는 기량이 너무 월등해서 선수들이 싫어했기 때문이라는 얘기가 더 많았다. 여기에 심드렁한 표정을 일관되게 고수하고 플레이 속도가 느린 것도 한몫했다.

"로크는 잘해도 너무 잘했어요. 그들은 그를 막아야만 했죠."

1948년 마스터스 챔피언인 클로드 하먼Claude Harmon의 말이다. 출전 금지는 1951년 해제됐지만 로크는 미국으로 돌아가지 않고 주로 유러피언 투어에서 활동하며 디 오픈에서 3차례 더 우승했다.

영국 방송 BBC가 처음으로 최종 라운드를 생중계한 1957년 디 오픈이 그의 메이저 대회 마지막 우승이다. 마지막 홀에서 버디를 잡아 3타 차로 우승한 그는 오소誤所 플레이가 뒤늦게 확인되는 해프닝을 겪기도 했다.

로크는 동반 플레이어의 퍼트 라인에 자신의 볼 마커가 걸리자 퍼터 헤드 길이만큼 옆으로 옮긴 지점에 다시 마크했다. 하지만 이후 자신의 퍼트 차례가 왔을 때 볼 마커를 원 위치로 옮기지 않은 채 플레이했다. 잘못된 위치에서 퍼트한 것. 그러나 대회를 주관한 R&A는 그에게 2벌타를 줘도 경기 결과가 바뀌지 않는다며 벌타 없이 넘어갔다.

'아무리 멀리 쳐놔도 퍼트가 안 되면 절대 이길 수 없다.'

이런 깨달음과 함께 로크는 퍼트에 '올인'했다. 깊은 연구 끝에 몸에 익힌 퍼트법은 독특했다. 볼을 그냥 굴리지 않고 스핀을 줬다. 톱스핀을 먹은 공은 툭 떠올랐다가 내려앉은 뒤 휘어지면서 굴러갔다. 클로즈드 스탠스처럼 왼발을 앞으로 내민 채 어드레스했고 왼발 앞에 볼을 두고 주로 홀보다 오른쪽을 겨냥해 당기듯 스트로크했다. 극단적으로 짧은 폴로스루도 정석과는 거리가 멀었다. 잔디 결에 큰 영향을 받지 않는 그의 퍼트법이 당시 그린 잔디로 인기를 끈 버뮤다 그래스에 제격이었다는 분석이 있다. 고물 퍼터를 쓰면서도 퍼트 라인을 기막히게 읽는 눈으로 홀들을 정복했다.

그러나 그는 1960년 마흔셋 나이에 큰 교통사고를 당한 뒤 시력이 떨어지고 두통이 계속돼 커리어를 마감할 수밖에 없었다. 비공식 대회 중 아내가 딸을 낳았다는 소식에 급하게 병원으로 차를 몰다 철도 건널목에서 기차에 치였던 것이다. 사고 뒤 옮겨져 의식을 잃은 상태에서 이틀을 보낸 병원은 출산한 아내가 기다리던 바로 그 병원이었다.

퍼트는 돈? 인터뷰도 돈!

보비 로크는 기량이 너무 월등해서 PGA 투어와 투어 동료들이 좋아하지 않았다는 얘기가 많지만 미움을 산 이유는 단지 그 때문만은 아닌 것으로 보인다.

그는 늘 감정을 읽기 힘든 얼굴로 경기했다. 3연속 버디를 했는지 3연속 더블 보기를 했는지 표정만 봐서는 전혀 알 수 없을 정도였다. 긴장을 모르는 사람처럼 걸음걸이도 늘 느렸다. 그러다 보니 플레이 속도가 너무 느렸다. 무슨 일이 일어나든 자신의 느린 페이스를 일관되게 지켰다. 슬로 플레이 때문에 페널티를 받아도 개의치 않았다.

되도록 빠르게 플레이하는 것은 골프의 기본 중 기본이다. 전 세계에 통용되는 골프 규칙의 첫 번째는 '플레이어의 행동 기준'이며 여기에는 '신속한 속도로 플레이해 다른 사람을 배려해야 한다'는 내용이 명시돼 있다. 느린 플레이는 그만큼 다른 선수를 기다리게 만들어 결국 리듬을 깨뜨리고 집중력을 떨어뜨린다. 의도 유무를 떠나 교묘한 반칙인 셈이다.

그는 외모만 보면 둥글둥글한 성격일 것 같은데 실제로는 반대였다. 우승한 날조차 인터뷰를 꺼려 다음 날 신문에 비판조의 헤드라인이 걸리기도 했다. 우승을 다룬 기사에, 그것도 헤드라인에 부정적인 내용이 들어가는 건 대단히 이례적인 일이다.

그는 자신의 책에 "내가 골프하는 모습을 보며 느닷없는 구석이 있고 심지어 무례하다고 여기는 사람들도 있었다. 하지만 골프는 엄연히 내 비즈니스다. 경기할 때는 극도로 집중하지 않으면 안 된다"고 썼다. "미국인들은 돈에 지나치게 관심이 많다. '지나치게'라는 표현으로도 부족할 정도"라고도 했다.

미국인들을 싸잡아 비난했지만 스스로도 돈에 연연하는 모습을 보여 뒷말을 낳았다. 1947년 타임 매거진은 그를 표지 인물로 실으려 했다가 거절당했다. 돈을 내지 않는다는 이유였다. 그는 자신과 인터뷰나 인터뷰 비슷한 것을 하려면 마땅히 돈을 지불해야 한다고 생각했다. 구체적으로 건당 100달러를 요구하기도 했다. 한 대회에서는 대회 기간 방을 내준 집주인의 아들에게 사인을 해주며 5달러를 내라고 했다는 얘기도 있다.

상냥하지 않은 정도를 넘어 적대적이기까지 한 그의 태도를 두고 일각에서는 PTSD(외상 후 스트레스 장애)를 의심하기도 한다. 제2차 세계대전 당시 폭격기 조종사로 복무한 그는 전장에서의 5년에 대해 한 번도 털어놓은 적이 없지만 사람들은 그가 변한 것은 분명하다고 얘기했다.

'드라이버는 쇼, 퍼트는 돈' 같은 널리 퍼진 골프 금언은 대체로 인생의 지혜를 잘 표현한 데서 나오는데 그렇다고 골프에서 거둔 성공이 인생의 성공을 보장하지는 않는다.

　골프 이후의 삶이 유독 평탄하지 않았던 그는 말년에 역시 돈 문제로 시비에 휘말려 법정에 서는 신세가 됐다. 집을 수리하러 온 흑인 인부와 실랑이를 벌이다가 홧김에 총을 쏴 부상을 입힌 것이다. 사건이 알려지면서 남아프리카공화국의 골프 영웅이라는 이미지는 완전히 퇴색됐다. 오늘날 '남아공을 대표하는 골퍼는 누구인가'라는 질문에 사람들은 그의 이름을 말하지 않는다. 주위 사람들을 상냥히 대하고 자선에도 관심을 쏟는 게리 플레이어를 먼저 말한다.

호건부터
트레비노

누구나 70타 스코어를
칠 수 있다

ⵏ

벤 호건 Ben Hogan (1912~1997)
**우승: US 오픈 4회, 마스터스 2회, PGA 챔피언십 2회,
디 오픈 1회, PGA 투어 64회**

벤 호건은 '모던 골프 스윙의 아버지'로 불린다. 모든 클럽에 적용
될 만한 스윙의 기본 원칙을 정립해 어려운 클럽도 제 몸처럼 다뤘고
이 과정을 훗날 알기 쉬운 레슨으로 남겼다. 그런 까닭에 모든 골퍼의
가장 믿음직한 스승으로 불린다.

그는 제대로 된 연습을 꾸준히 하기만 하면 누구나 80타를 깰 수 있
다고 말한다. 제대로 된 연습이란 제대로인 동작뿐 아니라 철저한 계
획과 목적성을 띠고 있어야 한다.

1940년대와 1950년대를 풍미한 그는 말수가 적고 특히 경기에 들
어가면 거의 말을 하지 않았다. 표정 변화도 없어서 '아이스맨'으로
불렸다. 하지만 경기 후 기자들과 인터뷰할 때는 달랐다. 명언 제조기

라 할 만큼 촌철살인의 골프 격언을 여럿 남겼다.

1951년 미시간주 오클랜드 힐스 컨트리클럽에서 열린 US 오픈은 당시로서는 대회 사상 가장 긴 6927야드의 코스에서 열렸다. 그야말로 코스와의 전쟁이었다. 전체 라운드 합계 7오버파로 우승한 호건은 "괴물을 정복했다"는 소감을 남겼다.

"친구(friends)와의 골프는 언제나 환영이지만 내게 친선(friendly) 경기란 것은 없다"라는 말도 남겼는데 이는 어떤 라운드도 허투루 대하지 않는, 승부를 대하는 꼿꼿한 태도를 보여준다. 보통의 골퍼들이 하필 왼쪽으로 향하는 미스 샷을 많이 하는 데에 대해 호건의 대답은 "좀 더 오른쪽을 겨냥하지 그러냐"였다. 골프에서 에이밍이 갖는 절대적인 중요성을 이야기한 것이다.

"좋은 스윙이냐 나쁜 스윙이냐, 이에 대한 최후의 판단은 날아가는 골프공이 하는 것"이라고도 했다. "골프는 실수의 게임이다. 가장 적게 실수하는 사람이 우승하는 법"이라는 말도 남겼다. 그리고 "골프에서 가장 중요한 샷은 바로 다음 샷이다"라고 했다.

1번 아이언의 마스터

458야드짜리 마지막 홀. 파를 해야 연장에 갈 수 있는 상황에서 일단 티샷을 페어웨이 한가운데에 갖다 놓았다. 이제 핀까지 거리는 213야드. 최소 3타 만에 홀아웃해야 했다. 벙커에 둘러싸인 그린의 오른쪽에 핀이 꽂혀 있어 매우 까다로웠다.

이때 호건이 손에 쥔 아이언의 번호는 1번. 헤드 페이스가 극도로 얇아 그만큼 어렵지만 타고난 감각과 남다른 연습량을 통해 자기 것으로 만들면 긴 거리를 안정적으로 보내는 데 다른 어떤 것보다 유용한 클럽이다.

호건의 1번 아이언을 떠난 공은 지면을 박차고 힘차게 뻗어가더니 핀에서 12미터 거리에 멈췄다. 퍼트 두 번으로 간단히 파를 적어 연장 승부에 나설 요건을 갖췄다. 그리고 다음 날 18홀 연장 끝에 1언더파를 작성해 여유롭게 트로피를 들었다. 연장에서 맞붙은 로이드 맹그럼Lloyd Mangrum, 조지 파지오George Fazio는 각각 3오버파, 5오버파를 적었다.

이상은 1950년 미국 펜실베이니아주 아드모어의 메리언 골프 클럽에서 열린 US 오픈의 이야기다. 호건이 4라운드 마지막 홀에서 두 번째 샷을 그린에 올리고 이후 우승컵까지 거머쥐면서 1번 아이언은 유명해졌다.

하지만 요즘은 쓰는 사람도, 만드는 곳도 거의 없는 희귀한 클럽이 1번 아이언이다. 그보다 조금 짧고 좀 더 다루기 수월한 2번 아이언도 찾기 힘드니 오죽할까. 호건의 1번 아이언은 클럽 페이스 각도인 로프트가 17도였다. 비슷한 로프트에 치기 쉽고 방향성도 좋은 유틸리티 클럽이 대중화하면서 1번 아이언은 자연스럽게 종적을 감췄다.

타이거 우즈가 2000년 4대 메이저 대회에서 3승을 쓸어 담았을 때 그의 골프백에 1번 아이언이 있기는 했다. 주니어 시절 1번 아이언을 즐겨 사용했다는 고백도 전해진다. 하지만 우즈도 이후 1번 아이언 대신 2번 아이언을 썼고 나중에는 5번 우드로 2번 아이언을 대체했다.

하루 12시간+α의 훈련

호건은 이렇게 예민한 클럽을 어떻게 잘 다룰 수 있게 됐을까. 가장 결정적인 순간 꺼내는 그 자신감은 어디서 왔을까. 맥 빠지는 얘기일 수 있겠지만 결국 연습과 연구에서 비롯됐다. 그는 동시대 선수들 중 가장 연습량이 많았다고 전해진다. 그런데 그 연습이라는 게 단순 반복을 통한 연마와는 확실히 다른 것이었다. 이른바 '만들어진 연습(invented practice)'이다. 목적성이 뚜렷한 짜임새 있는 연습이라는 얘기다.

호건은 1950년 US 오픈 정규 라운드의 마지막 홀에서 친 1번 아이언 샷을 "사실 열두 살 때부터 연습해온 샷"이라고 말해 사람들을 두 번 놀라게 했다. 경기 중 만날 수 있는 거의 모든 상황을 설정해놓고 그에 맞는 샷을 끊임없이 연습했다는 것이다.

그는 하루 12시간씩 골프를 치고 샷 연습을 했다. 숙소로 돌아가서도 자기 전까지 퍼트와 스윙 연습을 이어갔고 잠들기 전 한두 시간은 머릿속으로 18홀을 도는 이미지 트레이닝을 했다. 그런 뒤에야 편히 잠들 수 있었다. 17개 홀 연속으로 홀인원을 하며 첫 라운드를 시작하는 단꿈으로 시작해 18번 홀에서 티샷 실수가 나와 미치게 만드는 악몽을 꾸기도 했다.

골프공을 한 상자 받으면 돋보기로 하나씩 꼼꼼히 살펴 최상 품질의 공만 골라냈다. 그리고 그 공으로만 경기하고 연습했다. 골프공은 공기 저항을 낮추려 표면을 촘촘히 파낸 딤플로 가득한데 딤플 한 곳에 페인트가 좀 더 많이 묻은 공조차도 그의 기준을 통과하지 못하고 버려졌다.

라운드를 마치고 하는 연습을 습관화한 이도 그가 처음이었다. 지금은 매 라운드 뒤 짧게라도 연습하는 게 일반적이지만 그때는 안 그랬다. 호건은 "연습 효율이 가장 좋은 시간은 라운드 직후다. 자신이 어떤 플레이를 했는지 잘 기억할 수 있으니까"라는 말을 남겼다.

경기에서 좋은 스코어를 내기 위해 하는 연습이지만 그 자체에서 오는 순수한 재미를 즐겼다. 70대 나이에도 라운드는 나가지 않더라도 일주일에 사오일은 연습볼을 쳤다. 완벽주의자라는 말이 누구보다 잘 어울리는 골퍼답게 이렇게 얘기했다.

"타고난 골퍼 같은 건 없다. 적절한 연습으로 단련한다면 누구나 70타 스코어를 낼 수 있다."

또 이런 말도 남겼다.

"나는 아침 기상 시간이 늘 기다려진다. 왜냐고? 다시 공을 칠 수 있으니까."

그렇게 새벽부터 몇 시간이고 연습볼을 쳤고 잠깐 휴식을 취한 뒤에 다시 타석으로 돌아갔다.

수단으로서의 연습이자 그 자체로 목적성을 띠는 연습. 그의 숭고한 연습 철학은 골프를 넘어 자기계발 분야에도 인용되곤 한다. 세계적인 베스트셀러 <아주 작은 습관의 힘(Atomic Habits)>을 쓴 제임스 클리어는 "호건은 스윙을 구분 동작으로 나누고 그에 따른 각 연습마다 세부 목표를 정해놓고 치밀히 스스로를 단련했다"며 "계획된 연습은 고도의 집중력을 요하고 각 연습 세션마다 도달해야 할 구체적 목표를 염두에 두고 진행되기 때문에 단순 반복보다 훨씬 효과적"이라고 말했다. 클리어는 "호건이 골프 스윙의 각 과정을 재정립해 체득할 때 바로 이 계획된 연습을 통했다"면서 "단순 반복은 습관화로 이어지기는 하지만 실질적인 발전으로 연결되지 못할 때가 있음을 알아야 한다"고 강조했다. 클리어에 따르면 계획된 연습은 전체 과정을 부분으로 나눠 거기서 구체적인 약점들을 파악하고 부분마다 다른 새로운 전략을 대입해본 뒤 이를 통해 얻은 배움을 통합하는 방식으로 이뤄진다.

호건은 코스 안의 특정 지점에 있는 나무까지의 거리, 벙커까지의 거리 등을 세세히 따지고 이를 바탕으로 어느 정도 거리에 샷을 보낼지 계산하면서 플레이한 최초의 골퍼 중 한 명이다. 지형지물을 적극 활용한 것. 감에만 의존하는 골프가 당연했던 시절이다. 가는 코스마다 이렇게 수치들을 쌓아 자료화한 덕에 실수할 가능성을 대폭 낮출수 있었다.

또 그는 볼 스트라이킹에서 타의 추종을 불허한다는 평가를 받는다. 골프에서 훌륭한 볼 스트라이커란 두 가지 의미를 지닌다. 먼저 풀스윙에서 탁월한 능력을 가진 골퍼라는 뜻이다. 여기서 풀스윙은 우드류나 하이브리드 클럽, 아이언으로 하는 샷을 말한다.

좋은 볼 스트라이커는 임팩트 때 정확히 원하는 방식으로 클럽 페이스에 볼을 맞힌다. 정확성과 일관성 모두를 갖춘 수준, 쉽게 말해 볼을 갖고 놀 줄 안다는 것이다. 왼쪽에서 오른쪽으로 휘는 페이드나 오른쪽에서 왼쪽으로 휘는 드로 구질을 자유자재로, 어느 정도 휘어져 들어가게 칠지까지 조절할 수 있는 수준을 말한다.

두 번째 의미는 PGA 투어 등에서 다루는 통계의 영역이다. 드라이버 샷 능력과 그린 적중 능력을 측정하고 결합해 수치화한 게 볼 스트라이킹 기록이다. 드라이버 샷 능력은 얼마나 멀리 치는지, 또 얼마나 정확한지를 두루 본다. 그래서 결국 볼 스트라이킹은 세 가지 능력을 본다. 이 통계를 PGA 투어는 1980년에 도입했다. 첫해는 잭 니클라우스가 압도적인 차이로 부문 1위를 차지했다. 첫 번째 의미에서 위대한 볼 스트라이커로 불렸던 호건은 두 번째 의미의 볼 스트라이킹 측정이 그가 뛰던 시기에도 있었다면 아마 믿기 힘든 숫자를 보여줬을 것이다.

골퍼들의 영원한 스승

'누구나 70타 스코어를 낼 수 있다'라는 말이 다소 무책임하게 들릴지 몰라도 호건은 무책임하지 않았다. 그의 책 <벤 호건 골프의 기본 (Ben Hogan's Five Lessons: The Modern Fundamentals of Golf)>은 골프 레슨의 고전으로 60년이 넘은 지금까지도 널리 읽히고 있다. 책은 선수 생활 말년인 1957년에 출간됐고 개정판은 1980년대에 나왔다. 전성기에 나왔다면 경쟁자들이 읽고 터득함으로써 호건은 날카로운 부메랑을 맞았을지도 모를 일이다.

　프로 생활 초기에 호건은 공이 처음부터 왼쪽으로 빗나가는 악성 훅 구질로 고생했다. 이를 고치려 이렇게도 연습하고 저렇게도 연습하며 지독스럽게 매달렸는데 그 과정에서 얻은 깨우침이 책의 큰 줄기를 이룬다.

　스윙의 기본 원칙은 누구에게나 같다는 게 그의 지론이다. 크게 다섯 가지로 나눈 기본을 제대로 몸에 익히기만 하면 누구나 좋은 스코어를 내며 골프를 즐길 수 있다고 한다. 레슨은 그립, 스탠스와 자세, 백스윙, 다운스윙, 요약과 복습 순이다. 내용을 들여다보면 대략 이런 이야기들이다.

　양손은 클럽을 쥐고 있을 뿐 스윙은 몸통 움직임에 따라 이뤄져야 한다든가 오른팔이 아니라 왼팔 리드의 스윙이 돼야 한다는 것, 백스윙 때 상·하체 분리의 느낌을 살려야 한다는 것 등이다. 어디서 많이 들어본 얘기 아닌가. 오늘날 유튜브나 인스타그램 등 다양한 플랫폼을 통해 전 세계 수많은 레슨 프로들이 강조하는 내용들이 사실은 호건의 정리에서 나온 것들이다.

　좀 더 들여다보자. '왼손 그립은 엄지와 검지를 뺀 세 손가락에 힘이 들어가야 한다' '오른손 엄지와 검지를 뗀 채 스윙 연습을 하라' '오른손 그립으로 만든 V 자 모양은 턱을 가리킨다'. 그립을 바르게 쥐었으면 다음 단계에선 '어드레스 때 팔꿈치를 가볍게 구부려 몸에 붙이고 스윙 전 과정에서 이 모양을 유지한다' '백스윙은 양손, 양팔, 어깨, 골반 순서로 움직이는 것이고 다운스윙은 골반을 왼쪽으로 회전하며 시작한다' '임팩트 구간에서 오른팔과 오른손의 움직임은 야구에서 내야수의 1루 송구 같은 언더핸드 스로와 비슷해야 한다' 등의 내용이 이어진다.

인공지능(AI) 레슨까지 등장한 지금 시대에도 그 옛날 호건이 연구하고 공유한 레슨들은 전혀 바래지 않고 현재를 산다. 아마 미래에도 건재할 것이다. PGA 투어를 뛰는 숱한 스타들이 그의 레슨에서 영감을 받았고 투어를 뛰는 중간에도 종종 참고하고 있다. 2013년 PGA 챔피언십 우승을 포함해 PGA 투어 5승을 올린 제이슨 더프너Jason Dufner가 대표적이다.

호건은 책의 '요약과 복습' 편에서 이런 이야기를 한다.

"연습 때마다 어떤 부분을 연습하는지, 실제 샷에는 어떤 영향을 미치는지 적는 습관을 들여라."

그 자신부터 놀라운 효과를 경험했던 '만들어진 연습' '계획된 연습' '목적성이 뚜렷한 짜임새 있는 연습'을 당부한 것이다.

병상에서도 놓지 않은 골프채로
세기의 기적을 쓰다

내면 깊숙이 자리한 불안에 시달리던 아버지는 총을 쏴 스스로 목숨을 끊었다. 거실에서 큰아들이 보는 가운데 벌인 일이었다. 남은 가족들은 정신적 충격에 빠져 있을 틈도 없이 재앙 수준의 경제적 어려움에 내몰려야 했다. 열네 살이던 형 로열은 학교를 그만두고 사무용품 배달 일을 했다. 호건은 학교를 마치면 곧장 기차역으로 가 신문을 팔았다. 그의 나이 아홉 살 때였다.

몇 년 뒤 골프장에 캐디로 들어가 피 나는 노력으로 골퍼가 됐지만 버스와 정면충돌해 죽을 고비를 맞는다. 어떻게 보면 그보다 불운한 인물이 또 있을까 싶지만 그는 바위 같은 의지로 잔인한 운명을 부수고 그 자리에 영원히 잊히지 않을 이정표를 세웠다.

메이저 대회 첫 우승은 상당히 늦은 나이에 나왔다. 동시대 라이벌인 바이런 넬슨과 샘 스니드가 각각 25세와 30세에 메이저 대회 첫 우승을 달성한 반면 호건은 34세이던 1946년에야 PGA 챔피언십을 제패해 메이저 대회 챔피언 타이틀을 처음 얻었다.

중요한 것은 그때부터 불과 7년 동안 메이저 대회 승수를 8승이나 더 보탰다는 것. 메이저 대회 9승 가운데 6승이 1949년의 그 죽을 고비를 넘긴 뒤에 거둔 것이다. 41세이던 1953년에는 마스터스와 US 오픈, 디 오픈까지 휩쓸어 한 해 메이저 대회 3승을 쌓고 커리어 그랜드슬램마저 완성한다.

온몸이 부서지는 고통을 이기고

1949년 2월, 그때까지 PGA 투어 통산 53승을 쌓고 있던 호건은 피닉스 오픈에서 연장까지 갔다가 패배했다. 그날 아내 발레리를 조수석에 태우고 텍사스주 포트워스 집을 향해 운전하고 있었다. 3개 대회 연속 우승을 눈앞에서 놓쳤기에 아마 조금 실망스러운 기분이었을 것이다.

도로를 뒤덮은 안개에 호건은 속도를 줄이고 조심스럽게 주행하는데 갑자기 앞에서 고속버스가 나타났다. 다리 위 좁은 길에서 버스는 서행하는 트럭을 앞지르려 속도를 높여 중앙선을 침범했고, 하필 반대 차선에 호건의 캐딜락 세단이 있었던 것이다. 정면충돌이었다. 10톤짜리 버스에 부딪힌 사고 차량 안의 광경은 끔찍했다. 운전대에

이어져 있던 조향축이 운전석 시트를 뚫고 나와 있었다. 호건은 조향축에 몸이 관통돼 즉사할 운명에 놓였다.

충돌하는 순간 아내를 보호하려 조수석으로 몸을 틀었는데 이 행동 하나가 아내를 살리고 자신도 살렸다. 발레리는 경미한 부상만 입었고 호건은 중상을 입었지만 목숨은 건졌다.

그렇지만 의사는 그의 선수 생명에 사형 선고를 내렸다. 쇄골과 발목, 갈비뼈가 으스러지고 골반은 이중 골절을 입고 왼쪽 눈마저 손상됐으니 '어쩌면 다시 걷기 힘들지도 모른다'는 의사의 말은 지나친 것이 아니었다. 다들 우왕좌왕하는 사이 구조 요청이 늦어져 구급차가 1시간도 훨씬 지나서야 도착한 것도 안타까운 일이었다. 또 다리의 혈전이 심장으로 옮겨가 생명을 위협할 것 같다는 진단에 응급수술을 받아야 했다.

호건이 휠체어에 의지한 채 병원을 나온 것은 사고가 나고 두 달이 지난 뒤였다. 사고 당시 구급차에 실려 가는 중에도 골프 클럽이 망가지지 않았느냐고 아내에게 물었다고 한다. 생사의 갈림길에서 몸을 던져 구한 아내. 그에 버금가게 중요한 게 골프였다. 병상에서도 클럽을 들고는 샷을 하기 전 앞뒤로 흔드는 동작인 왜글을 멈추지 않았고 몸무게가 43킬로그램까지 내려가는 가운데도 '나는 돌아간다'는 말을 되뇌었다.

골프를 처음 배울 때보다 몇 곱절은 힘들었을 혹독한 재활을 거쳐 호건은 그해 11월 다시 골프채를 잡는다. 사고가 난 지 9개월 만이었다. PGA 투어 복귀전은 그로부터 다시 두 달여 뒤인 1950년 1월 로스

버디 퍼트

앤젤레스 오픈이었다.

대회 코스인 리비에라는 그가 1947년과 1948년 로스앤젤레스 오 픈을 우승하고 1948년 US 오픈마저 제패한 곳이었다. 다시는 못 볼 뻔했던 그가 리비에라에서 복귀전을 치르는 것이었다. 첫날부터 9000명 갤러리가 모이며 크게 흥행할 조짐을 보였다.

호건은 기대에 부응했다. 참가에 의의를 두는 수준을 넘어 우승을 향해 달렸다. 그 사이 걸핏하면 비가 내려 코스가 젖는 바람에 안 그 래도 무거운 그의 걸음은 더욱 무거워지고 있었다. 급기야 4라운드 출 발 무렵에는 '한 걸음 내디딜 때마다 통증이 느껴진다'고 호소하기도 했다. 부기 제어를 위해 엉덩이에서부터 발목까지 칭칭 감은 붕대로 는 더는 버티기 힘들었다. 하지만 힘들다는 토로가 곧 포기를 뜻하는 것은 아니다.

대회가 시작하기 전 연습 라운드 때부터 샷 하나하나에 전략을 심 어 리비에라 코스를 또 한 번 정복할 촘촘한 플롯을 짜놓았던 호건이 다. 그는 기어이 선두로 경기를 마쳤다. 이제 우승을 맞을 순간을 기 다리고 있었다.

그러나 샘 스니드 역시 리비에라에 강한 선수였다. 그린까지 오르 막 지형에 오른쪽으로 휘는 형태의 453야드짜리 18번 홀. 스니드로선 버디가 잘 안 나오는 까다로운 이 홀에서 반드시 버디를 잡아야 동타 를 이룰 수 있었다. 결국 먼 거리 버디 퍼트를 넣어 승부를 연장으로 끌고 간다.

다음 날 열리기로 한 연장이 비로 일주일 넘게 연기된 것은 호건에겐 다행스러운 일이었다. 하지만 18홀 연장에서 그는 4타 차로 밀려 우승컵을 넘기고 준우승에 그친다. 연장전은 안개가 자욱한 코스에서 치러졌다. 11개월 전 사고가 일어난 그때처럼 안개가 짙었다.

이때의 준우승은 이후 호건이 더는 우승하지 못했더라도 스포츠사에서 가장 위대한 컴백 스토리 중 하나로 남았을 것이다. 하지만 그는 성치 않은 다리로 90홀을 걸어 일궈낸 준우승을 계기 삼아 제2의 전성기를 열어젖혔다.

메리언의 기적

로스앤젤레스 오픈에서 준우승한 직후인 1950년 4월 마스터스에서 메이저 대회 복귀전도 치른다. 3라운드를 마쳤을 때 순위는 2타 차로 뒤쫓는 단독 2위. 4라운드에서 76타로 주춤하며 우승자 지미 더마렛Jimmy Demaret에게 5타 뒤져 공동 4위로 마감한다. 하지만 그때부터 사람들은 기적을 얘기하기 시작했다.

그리고 두 달 뒤 펜실베이니아주 메리언 골프 클럽에서 열린 제50회 US 오픈. 호건이 스물두 살 때 US 오픈 데뷔전을 치렀던 곳이 바로 메리언이었다. 16년 전인 그때에는 2라운드를 마치고 쓸쓸히 컷 탈락했지만 이번은 달랐다.

그는 대회 출전 횟수를 줄이고 US 오픈에 초점을 맞춰 준비했다. 빠른 그린과 좁은 페어웨이, 밀도 높은 러프가 전통적인 특징인 US 오픈 코스는 정교한 샷을 앞세워 전략적으로 코스를 공략하는 그에게 딱 맞았다.

1라운드에선 리 매키Lee Mackey가 64타로 US 오픈 최소타 기록을 쓰며 깜짝 선두로 나섰다. 호건은 2오버파 72타로 공동 18위. 접의자까지 준비한 그는 샷과 샷 사이에 의자를 펴고 앉아 다리에 휴식을 주면서 대반격을 계획했다.

매 라운드 선두가 뒤바뀌는 혼전 양상을 보였다. 2라운드에서 매키가 81타에 그쳐 미끄러진 사이 호건은 첫 10홀에서 버디 4개를 잡는 등 69타를 치며 합계 1오버파 141타로 5위에 자리를 잡았다. 선두와는 2타 차. 3라운드에서 72타를 쳤을 때도 1위와의 거리는 여전히 2타였다. 이어진 4라운드에서 선두 로이드 맹그럼이 흔들리는 사이 호건이 따라붙었다.

막판이 위기였다. 사고 뒤 처음으로 하루 36홀 경기를 펼친 날이었다. 오전 3라운드가 끝나고 곧바로 오후 최종 4라운드가 이어졌다. 호건은 2타 뒤진 4라운드 15번 홀에서 70센티미터 거리의 퍼트를 못 넣어 보기를 적고 파3인 17번 홀에서 티샷을 벙커로 보내 또 1타를 잃고 벼랑에 몰렸다. 그래도 마지막 홀에서 파를 지켜 연장에 합류하는 데 성공했다.

호건은 4라운드에서 퍼트 수가 38개나 될 정도로 그린에서 실수가 많았다. 이대로는 안 되겠다고 판단한 그는 동생에게 부탁해 다른 퍼터를 구해오도록 했다. 다음 날 어렵게 퍼터를 교체하기는 했지만 연습할 시간이 없었다. 그냥 쓰던 퍼터로 연장에 임해야 했다. 전날 로커에서 1번 아이언을 비롯해 몇몇 물건을 도난당하기까지 한 터라 불운의 그림자가 드리우는 듯했다.

그러나 차분히 경기를 풀어갔다. 3명이 벌인 연장에서 조지 파지오가 먼저 우승에서 멀어진 가운데 호건과 맹그럼이 막판까지 팽팽히 맞섰다. 15번 홀까지 호건이 1타 차로 살얼음 같은 리드를 지켰다. 16번 홀에서 벌레 한 마리가 흐름을 바꿔놓았다. 공 위에 벌레가 앉는 바람에 마크를 다시 하는 과정에서 맹그럼이 룰을 위반하고 말았다.

맹그럼이 별안간 2벌타를 얻어 2타를 잃게 되면서 선두인 호건과의 격차는 1타에서 3타로 벌어졌다. 호건은 17번 홀에서 버디를 잡아 쐐기를 박아버렸다. 그렇게 속 썩이던 퍼트였는데 이번에는 15미터 거리의 퍼트가 쏙 들어가줬다. 4타 차의 여유로운 우승.

사고가 난 지 불과 16개월 만에, 7개 대회를 거친 뒤에 차지한 첫 우승이 메이저이자 대회명에 'US'가 붙은 영예로운 내셔널 타이틀이었다. 마지막 홀에서 파 퍼트가 들어가는 동시에 갤러리가 한꺼번에 몰려 호건을 에워쌌다. 영웅 대접이었다. 시상식에서 트로피를 든 호건은 옆에 선 아내 발레리를 사랑스러운 눈길로 지그시 바라봤다. 제50회 US 오픈은 그렇게 '메리언의 기적'이라는 별칭을 얻었다.

'호건의 협로'

메리언의 기적을 시작으로 호건은 기적이 일상이 된 삶을 산다. 교통사고 후유증에 시달리면서도 1951년과 1953년 각각 마스터스와 US 오픈을 모두 제패한다. 1953년 디 오픈에서도 우승했으니 메이저 대회 통산 9승 가운데 6승을 사고 이후에 쌓은 것이다.

1953년은 누가 뭐래도 그의 해였다. 시즌 시작과 함께 출전한 6개 대회에서 5승을 휩쓸었는데 그중 3승이 메이저 대회에서 거둔 것이었다. 그해 마스터스에서 2위와 6타 차로, US 오픈 역시 6타 차로, 디 오픈에서 4타 차로 우승했다.

호건은 평생 디 오픈에 딱 한 번 출전했는데 그 한 번이 우승을 거둔 1953년 대회였다. 그해 디 오픈은 7월 스코틀랜드 카누스티 골프 링크스에서 열렸다. 그가 대서양을 건너 카누스티에 도착한 것은 대회가 개막하기 2주 전이었다. 당시는 골프공 크기에 관한 룰이 통일되지 않았던 시기였다. 미국과 영국의 기준이 달랐다. 미국에서는 상대적으로 더 큰 공을 쓸 수 있었다. 작은 공이 낯설었던 호건은 충분히 실전 연습을 하기 위해 일찍 바다를 건넜던 것이다.

한 해에 4대 메이저 대회를 석권하는 것도 가능하지 않았을까. 1953년의 경기력이라면 충분히 가능한 얘기였을 것 같지만 물리적으로 불가능했다. 디 오픈 예선 일정과 PGA 챔피언십 대회 일정이 겹쳐 PGA 챔피언십 출전을 포기해야 했다. 당시는 PGA 챔피언십과 디 오픈 간의 갈등이 심했다. 대회 일정 조율 같은 것도 없었다.

호건은 그래도 마스터스와 US 오픈, 디 오픈을 같은 해에 우승한 유일한 선수로 남아 있다. 카누스티에서의 우승으로 커리어 그랜드슬램도 이뤘다.

카누스티의 파5 홀 중 6번 홀은 페어웨이가 둘로 나뉘어 있다. 오른쪽은 페어웨이를 지키기가 수월한 반면 왼쪽은 페어웨이가 좁아 상당히 까다롭다. 티잉 구역에서 왼쪽을 바라보면 공을 떨어뜨릴 곳이 도무지 없는 것 같아 막막하기만 하다. 벙커들이 줄지어 있고 아웃 오브 바운즈 위험도 크다. 하지만 일단 페어웨이를 지키면 각도상 그린 공략이 쉬워진다.

호건은 전체 라운드 내내 왼쪽의 좁은 문을 택해 페어웨이에 안착했고 확실한 보상을 등에 업고 우승까지 내달렸다. 훗날 이 홀은 '호건의 협로(Hogan's Alley)'라 불린다.

Hogan's Alley에는 다른 뜻도 있다. 호건이 꽉 잡고 있는 골목, 그러니까 그의 독무대나 안방 격인 골프장을 뜻한다. 캘리포니아의 리비에라와 텍사스의 콜로니얼이 호건의 골목이다. 리비에라에서는 1947년부터 2년 동안 3승을 챙겼다. 특히 1948년에는 1월 그곳에서 로스앤젤레스 오픈 우승을 차지하고 6월에 다시 돌아와 US 오픈 트로피를 품었다. 당시 US 오픈 대회 최소타인 276타를 작성했다.

사고 뒤 PGA 복귀전이었던 1950년 로스앤젤레스 오픈은 그가 출전 신청을 했다는 것 자체로 화제가 됐다. 경기 전 몸을 풀 때부터 사람들이 몰려들어 그의 일거수일투족을 눈에 담았다. 콜로니얼에서는 콜로니얼 내셔널 인비테이션을 5차례나 제패했다. 1959년 그의 마지막 PGA 투어 우승도 이곳에서 나왔다.

호건처럼 일어선 타이거 우즈

앞부분이 종잇조각처럼 구겨져버린 차량은 그 안의 사람도 재기 불능임을 분명히 말하고 있었다. 벤 호건의 캐딜락 세단처럼 2021년 2월 타이거 우즈의 제네시스 GV80 차량도 산산조각 났다.

PGA 투어 제네시스 인비테이셔널 대회 주최자로 로스앤젤레스에 머물던 우즈는 홀로 차로 이동하던 중에 내리막 구간에서 중앙분리대를 들이받았다. 그가 몰던 차량은 반대편 차선들을 가로질러 나무를 들이박고는 도로 옆 비탈을 굴렀다. 2월 23일 아침 뉴스 속보를 접한 전 세계 골프 팬들은 충격과 안타까움, 허탈감을 한꺼번에 경험했다. 다섯 번째 허리 수술을 받고 회복하고 있던 우즈였다.

한 달여 뒤 현지 경찰이 밝힌 사고 원인은 과속. 커브 구간에서 브레이크 대신 가속 페달을 밟는 바람에 속도계가 시속 140킬로미터까지 찍었다. 경찰은 그러나 운전 중 실수의 원인에 대해서는 뚜렷이 밝히지 않고 넘어갔다. 흥미로운 것은 원인을 궁금해하는 분위기도 별로 없었다는 것. 사람들은 사고 직후부터 그의 재기 가능성에만 관심을 갖고 마치 가족처럼 기적을 바랐다.

호건의 사고 이후에는 위로와 응원의 편지가 미국 전역에서 수백 통씩 병원으로 날아들었다. 아내가 병상의 남편에게 일일이 편지를 읽어줬다. 우즈에게는 소셜 미디어를 통한 글로벌 응원 릴레이가 이어졌다.

우즈는 정강이뼈와 종아리뼈 여러 곳에 골절상을 입고 발목도 크게 다쳤다. 한마디로 오른쪽 다리가 완전히 으스러졌다. 골프로 돌아오기는커녕 다시 걷지 못하리라는 어두운 전망도 있었다. 의료진 사이에 다리 절단 논의가 오가기도 했다. 그러나 우즈는 사고가 난 지 9개월 만에 골프채를 잡고 스윙하는 3초짜리 영상을 찍어 컴백을 예고했다. 소셜 미디어를 통한 팬들의 응원에 힘을 얻었던 것처럼 그도 소셜 미디어로 복귀를 알려 팬들을 열광케 했다.

우즈는 사고 이후 처음인 그해 11월 골프다이제스트와의 인터뷰에서 "군인 출신인 아버지는 끝을 알 수 없는 어려운 작전을 수행할 때면 '다음 식사 때까지만 버텨보자'고 마음먹었다고 한다. 나도 그렇게 했다"고 털어놓았다.

"9개월은 지옥 같았지만 하루에 두세 시간은 견딜 수 있었고 그게 쌓여 몇 주, 몇 달이 되니 이렇게 걸을 수 있게 됐다."

우즈는 "풀타임 출전은 힘들지만 호건이 그랬던 것처럼 몇 개 대회를 골라 나가는 건 가능할 것"이라고 했다.

그러고는 2022년 4월 7일 마스터스에 모습을 드러냈다. 사고 이후 14개월 만의 공식 대회 출전이었다. 잘라내야 할 뻔했던 다리로 하루 8.8킬로미터씩 나흘간 걸었다. 까마득한 후배이자 전성기의 스타플레이어들인 브라이슨 디섐보Bryson DeChambeau, 브룩스 켑카Brooks Koepka, 조던 스피스가 컷 탈락할 때 온전치 않은 다리로 나선 47세의 우즈는 1라운드에서 1언더파를 적고 이튿날 컷 통과에 성공한 뒤 최종 13오버파로 47위라는 의미 있는 성적을 냈다. 우즈는 골프 팬들의 진심 어린 응원에 깊은 감사를 표하고 팬들은 돌아와줘서 고맙다며 역시 감사를 전했다.

우즈가 당시 마스터스 출전을 결정한 과정은 대회 뒤에 알려졌다. 그는 의사에게 다음 해에 자신의 상태가 어떨 것 같으냐고 물었다. 다음 해에 훨씬 더 좋아진다는 보장이 있으면 1년 더 기다려볼 심산이었다. 하지만 의사는 1년이 지나도 여전히 아플 것이라고 했다. 우즈의 반응은 이랬다.

"다음 해에도 똑같이 아플 것이라면 굳이 1년 더 쉴 필요가 있나. 그냥 돌아가서 참고 플레이하겠다."

가장 효과적인 연습법은
연습하지 않는 것?

ᕈ

바이런 넬슨Byron Nelson (1912~2006)
우승: 마스터스 2회, PGA 챔피언십 2회, US 오픈 1회,
PGA 투어 52회

1945년 7월 PGA 챔피언십에서 우승하며 바이런 넬슨은 그해 12승째를 올리고 9연승을 달렸다. 매치 플레이 방식으로 열렸던 그해 대회에서 그는 메이저리그 뉴욕 양키스의 외야수 출신인 샘 버드Sam Byrd와 결승 매치를 벌였다. 버드는 야구의 월드시리즈와 골프의 마스터스를 모두 경험한 유일한 선수였다.

결승전 첫 18홀에서 넬슨은 버드에게 2홀을 뒤지다가 28번째 홀까지 동률로 팽팽히 맞섰다. 지는 법을 잊은 듯 29번째 홀에서 가공할 힘을 꺼냈다. 이후 4개 홀을 내리 따낸 끝에 더 볼 것도 없이 33번째 홀에서 경기를 마무리했다. 3개 홀을 남기고 4홀 차로 승리.

이렇게 거둔 9연승도 믿기 힘든데 11연승까지 내달렸다. 넬슨이

기록한 '11개 대회 연속 우승'과 '한 시즌 18승'은 아직도 깨지지 않고 있다. 타이거 우즈는 '7개 대회 연속 우승'을 차지해 연속 우승 기록 2위에 올라 있다. 우즈는 7연승과 6연승, 5연승을 한 번씩 했지만 11연승은 엄두조차 내지 못했다. 넬슨이 가진 두 기록은 어쩌면 영원히 깨지지 않을지도 모른다.

스포츠 역사상 가장 훌륭한 한 해

1943년을 우승 없이 보낸 넬슨은 이듬해 작정한 듯 8승을 몰아치더니 1945년에 전설의 18승 시즌을 완성했다. 우승이 너무 쉬워지면 후유증이 찾아올 법한데 1946년 시즌에도 6승을 보탰다. 단기간에 가장 큰 수확을 올린 골퍼를 꼽자면 단연 그가 될 것이다.

1945년 PGA 투어 30개 대회에 출전해 11개 대회 연속 우승을 포함해 18승을 했으니 승률로 따지면 60퍼센트나 된다. 3월 마이애미 인터내셔널 포볼이라는 팀 대회를 시발점으로 10개 대회에서 연속으로 우승했다. 3월 그때부터 8월 캐나다 오픈 우승까지 지는 법을 잊고 살았다.

이쯤 되면 대회를 주최하는 입장에서는 그의 연승을 끊는 게 대회를 돋보이게 하고 자존심을 지키는 일이라고 생각할 수 있다. 캐나다 오픈 측은 그에게 정복되지 않으려고 갑작스레 몇 개 홀의 길이를 늘리는 등 변화를 시도했다. 185야드짜리 파3 홀을 235야드로 늘리고 296야드짜리 파4 홀은 259야드로 조금 줄이는 대신 아예 파3 홀로 바꿔버렸다. 코스 난도를 확 높이면 다들 어려워할 테고 그런 혼란스러운 상황에서는 그도 우위를 점하기 어려우리라고 생각한 모양이다. 하지만 소용없는 짓이었다. 넬슨은 4타 차로 넉넉히 우승해 11연승에 성공했다.

그해 연승 행진을 마감한 곳은 멤피스 인비테이셔널이었다. 이때도 우승할 기회가 있었다. 하지만 마지막 날 파3 홀인 6번 홀에서 잘 친 샷이 깃대를 때리고 그린 밖으로 나가버리는 바람에 보기를 적었고 거기서 역전 우승을 노릴 동력을 잃었다. 많이 아쉬워하는 팬들과 달리 넬슨은 담담했다.

"연승하는 동안 공이 유리한 쪽으로 잘 튀는 이른바 굿 바운스의 수혜가 여러 번 있었어요. 그러니 6번 홀 상황을 두고 불운이라고 화낼 이유는 없는 거죠."

11연승 행진을 한 꺼풀 벗기고 들여다보면 제2차 세계대전 말미라 각 대회의 출전 명단이 그리 강력하지 않았고 그래서 우승 경쟁이 심하지 않았다는 얘기가 있다. PGA 투어 통산 52승을 올린 넬슨은 강력한 선수들이 상대적으로 적게 출전한 1944년과 1945년에 26승을 몰아쳤다. 1945년 시즌 중에 부상을 입어 중간에 대회에 빠진 적도 있었고 11연승 중 메이저 대회는 PGA 챔피언십 하나뿐이었다. 그해 유일하게 열린 메이저 대회였다. 다른 3개 메이저 대회는 전쟁을 이유로 개최를 취소했다.

쉽게 말해 운때가 맞았다는 이야기인데 그는 이런 반응에 "68.3타 기록이 많은 것을 말해줄 것"이라고 짧게 한마디를 했다. 그해 넬슨의 평균 타수는 68.33타였다. 2000년 우즈가 68.17타로 경신하기까지 55년간 버텨낸 값진 기록이다. 우즈도 넬슨의 1945년 시즌에 경의를 표하며 같은 말을 했다.

"시즌 평균 타수를 좀 보세요."

한 꺼풀 더 벗겨보면 좀 어수선한 해였다고는 해도 샘 스니드와 벤 호건이 함께 뛰던 해였다. 그해 스니드가 6승, 호건이 5승을 올릴 때 넬슨은 18승을 쓸어 담은 것이다. 중간에 두 달간 투어 휴식기가 있었는데 이게 없었다면 흐름이 깨지지 않은 상태에서 넬슨은 그 이상의 기록을 냈을지도 모른다.

1945년 시애틀 오픈에서 그는 72홀 최소타 기록인 259타를 작성하고 2위와 무려 13타 차를 벌리며 우승했다. 전체 라운드 동안 페어웨이를 놓친 기억이 아예 없을 정도였다. 그해 준우승도 7차례나 했다.

'시즌 최다 준우승' 기록은 친구인 해럴드 맥스패든Harold McSpaden이 세웠다. 11연승의 시작점인 3월 마이애미 인터내셔널 포볼 우승을 합작했던 친구다. 맥스패든은 그때 한 차례 우승을 빼고 그해 13차례 준우승을 했다. 13회 중 7회가 넬슨에게 밀린 준우승이었다. 필라델피아에서 열린 한 대회에 참가한 넬슨은 대회 기간 맥스패든의 집에서 지내며 신세를 졌는데 공교롭게도 둘이 우승 경쟁을 벌이게 됐다. 최종 라운드를 선두로 맞은 이는 맥스패든이었지만 넬슨이 막판 6홀에서 버디 5개를 잡아 역전 우승을 차지했다.

넬슨의 '113개 대회 연속 컷 통과'는 우즈의 '142개 대회 연속 컷 통과'에 이어 최다 대회 연속 컷 통과 부문에서 역대 2위 기록이다.

PGA 투어에서 말하는 컷 통과란 대회 상금을 받아 가는 것과 같은 의미다. 넬슨의 시대에는 지금과 달리 20위 안에 들어야만 상금이 주어졌다. 그러므로 '113개 대회 연속 컷 통과'란 곧 113개 대회 연속으로 톱 20을 놓치지 않았다는 얘기가 된다.

그의 1945년은 PGA 투어 역사상 한 선수가 이룬 가장 위대한 단일 시즌임에 틀림없다. 아널드 파머는 "한 해 11연승은 누구도 넘볼 수 없는 업적"이라고 했고 우즈는 골프를 넘어 "스포츠 역사상 가장 훌륭한 한 해로 기억될 만하다"고 했다. 또 넬슨은 1946년 콜럼버스 인비테이셔널을 제패해 PGA 투어 통산 50승 고지를 최초로 밟았다.

내 꿈은 목장주, 샷 하나에도 '소'를 생각했다

12연승에 도전하던 대회에서 넬슨은 공동 4위로 마쳤다. 프로 전향을 앞둔 아마추어 선수에게 우승을 내주고 연승 행진을 마감했다. 그는 "그날 밤에야 비로소 깨지 않고 푹 잘 수 있었다"고 돌아봤다. 연승 기간 밤잠을 설칠 만큼 정신적 피로가 컸다는 얘기다.

정신적 피로를 실감한 것은 당시 연승 신기록인 5연승에 성공한 다음부터였다. 계속 이기겠거니 하는 사람들의 기대치와 함께 부담감도 커지면서 덜컥 겁이 났다. 일반적으로 접근했다면 더 강도 높은 연습과 준비로 두려움을 떨치려 했을 것이다. 그는 그러지 않았다. 역발상으로 접근했다. '대회 직전의 연습 라운드를 생략해보면 어떨까.' 그러면 기자들 및 팬들과 접촉할 시간이 줄어들 테니 그만큼 부담감도 줄 것이라고 생각했다. 연습 라운드는커녕 코스를 미리 보지도 못한 채 경기에 임했을 때 오히려 최고의 경기력이 나왔던 경험도 함께 떠올랐다.

그때부터 진짜로 연습 라운드를 거르고 대회에 나섰다. 예상한 대로 중압감에서 벗어나는 효과가 생겨 6연승, 7연승을 넘어 11연승까지 거침없이 나아갔다.

그의 동기부여는 '소'였다. 대공황 시기에 어린 시절을 보낸 그는 빚에 대한 뿌리 깊은 공포를 갖고 있었다. 대출은 파산의 지름길이고 무조건 현금을 모으는 게 안전하다는 생각이 확고했다. 같은 맥락에서 고향 텍사스에서 목장을 운영하는 게 오랜 꿈이었다.

"드라이버 샷과 아이언 샷, 칩샷, 퍼트 하나하나의 목적은 목장을 마련하는 거였어요. 1승이 곧 1에이커 땅이며 소 한 마리라고 여겼습니다."

남다른 로망은 아주 강력한 동기부여가 됐다. 메이저 대회에서도 출전 자격이 이미 있는데도 굳이 예선에 출전했다. 예선 1위에 걸린 상금을 타기 위해서였다. 연승을 달리는 중에도 틈틈이 여러 지역을 돌아다니며 시범경기를 펼쳤다. 수입이 쏠쏠했기 때문이다. 투어 대회의 공식 연습 라운드에 자주 빠졌지만 다양한 시범경기 경험이 꽤 효과적인 연습이 됐다. 연속 우승 기간 코스 레코드와 대회 최소타 기록도 여럿 작성했다.

넬슨은 한창때인 서른네 살에 은퇴했다. 1946년 시즌이 끝난 뒤부터 대회 출전 수를 줄여가더니 조용히 필드와 작별했다. 그러고는

630에이커, 그러니까 255만 제곱미터에 이르는 텍사스의 한 목장을 구입해 자신의 로망을 실현했다. 소와 칠면조, 닭을 키웠는데 그중 달걀 장사가 제일 잘됐다고 한다. 목장 관리를 하는 중간에 목공 일에도 빠져들었다.

그래도 골프를 완전히 떠나지는 못해서 은퇴 후에도 마스터스에 계속 출전해 톱 10에 여섯 번이나 들었다. 나중에는 TV 해설자로도 활약했다. 1966년 US 오픈에서 파머가 최종일 전반 9홀까지 7타나 앞서다 마지막 9홀에서 빌리 캐스퍼Billy Casper에게 공동 선두를 허용하고 연장 끝에 결국 우승을 내줬을 때다. 넬슨은 '골프는 세상에서 가장 이상한 게임'이라는 유명한 말을 남겼다.

"불과 몇 홀 전만 해도 모두가 경기는 끝났다고 생각했죠. 하지만 골프는 세상에서 가장 이상한 게임입니다."

1968년에는 바이런 넬슨 클래식도 만들어졌다. 프로 골퍼의 이름을 딴 첫 PGA 투어 대회였다.

로봇이 빌려간 이름, 바이런

메이저 대회 5승의 넬슨은 1937년 마스터스에서 랠프 걸달Ralph Guldahl을 누르고 메이저 대회 첫 타이틀을 따냈다. 최종일 12번 홀에서 버디, 13번 홀에서 이글을 터뜨려 같은 홀에서 각각 더블 보기와 보기를 친 걸달을 6타 차로 멀찍이 따돌리며 결국 2타 차로 우승했다.

1945년 PGA 챔피언십에서는 짐 터네사Jim Turnesa와의 준결승에서

5홀을 남긴 상태에서 4홀을 뒤져 패색이 짙었지만 이후 이글과 버디 4개를 잡아 결국 뒤집었다. 터네사도 버디 하나와 파 4개를 기록하며 못하지는 않았는데 한번 불붙은 넬슨을 어쩌지 못했다. 넬슨은 결국 다음 날 결승에서마저 이기고 우승했다.

1939년 US 오픈에서 우승할 때는 정규 라운드 72홀과 연장 36홀을 치르는 동안 깃대를 여섯 번이나 맞혔다. 215야드 거리에서 1번 아이언으로 샷 이글도 기록했다. 마치 프로그래밍이 매우 잘된 로봇 같았다.

실제로 미국골프협회와 용품 업체들이 클럽이나 볼을 테스트할 때 쓰는 스윙 로봇의 이름이 '아이언 바이런'이다. 넬슨의 이름을 빌려온 것이다. 그가 얼마나 일관된 스윙을 구사했는지 짐작할 수 있는 대목이다. 스윙 로봇 테스트장에는 마치 로봇의 롤 모델인 것처럼 그의 스윙 사진이 붙어 있었다.

클럽의 샤프트가 나무 재질에서 스틸 재질로 넘어가는 시기에 활동한 그는 스틸샤프트에 가장 빠르게 적응한 골퍼였다. 말 그대로 얼리 어답터였다. 나무 재질 샤프트는 쉽게 휘거나 뒤틀리기까지 해 백스윙 때 클럽 페이스가 멋대로 열리곤 했다. 오픈된 페이스를 다운스윙 과정에서 제자리로 되돌리는 데 온 신경을 쏟아야 했고 그래야만 정타가 가능했다.

스틸샤프트는 다른 스윙을 요구했다. 오랜 연구와 조정 끝에 넬슨은 궤도가 좀 더 가파르고 하체를 이용해 클럽 페이스를 안정적으로 유지하는 심플한 스윙을 고안해냈다. 백스윙의 시작 때 손과 팔, 어깨가 동시에 움직이는 이른바 '원피스 테이크 어웨이one-piece takeaway'로 놀랍도록 정확한 샷을 구사했다.

그는 "내게 스윙은 음식을 먹는 행위와 다르지 않다. 뭘 먹을 때 의식적인 행동이 필요하지 않듯 스윙에도 아무런 생각이 필요 없다"고 했다. 7번 아이언이나 그보다 짧은 아이언으로는 핀에 붙이겠다는 목표를 넘어 홀에 넣겠다는 생각으로 샷을 했다.

스니드가 가공할 장타로, 호건이 불사조 같은 재기로 시선을 끌었다면 조용한 크리스천이던 넬슨은 누가 뭐래도 일관성이 무기였다. 어릴 적 장티푸스를 앓다 거의 죽을 뻔하고 혈액 장애로 군 입대도 반려됐을 만큼 기질이 유약했는데도 골프는 기계처럼 쳤다.

잭 니클라우스는 넬슨을 두고 "내가 본 골퍼 중 가장 똑바로 치는 선수"라고 했다. 둘은 딱 한 번 같은 대회에서 마주쳤다. 니클라우스가 우승하고 넬슨은 공동 15위를 한 1965년 마스터스였다. 앞서 1954년 US 주니어 아마추어 대회에서 넬슨이 몇 개 샷을 치는 시범을 보일 때 니클라우스는 열네 살의 어린 갤러리였다.

넬슨은 훌륭한 코치이자 멘토이기도 했다. 1974년 US 오픈에서 그는 20대 중반의 톰 왓슨을 눈여겨봤다. 왓슨은 3라운드까지 단독 1위를 유지하다가 마지막 날 79타로 미끄러져 공동 5위에 만족해야 했다. 넬슨이 먼저 왓슨에게 다가갔다.

"5분만 얘기를 나눌 수 있을까. (…) 스윙이 조금 급해진 것 같다. 하지만 US 오픈처럼 큰 대회에서 우승 찬스를 잡았을 때 어쩌면 당연히 일어나는 일이지."

버디 퍼트

왓슨은 이날을 떠올리며 "누군가에게 꼭 듣고 싶었던 두 가지 말이었다"고 돌아봤다. 실패의 원인에 대한 분석과 따뜻한 위로를 동시에 얻은 왓슨은 넬슨의 고향에 초대돼 스윙 교정 등 지도를 받았고 그해 US 오픈이 끝나고 2주 뒤 PGA 투어 첫 승에 성공한다. 두 번째 승리는 이듬해 바이런 넬슨 클래식에서 올렸다. 이후 슬럼프에 시달릴 때마다 넬슨의 집을 찾아간 왓슨은 메이저 대회 8승에 세계 골프 명예의 전당에도 오르는 대선수가 됐다.

10대 시절 넬슨과 호건이 벌인 연장 승부

1946년 US 오픈에서 잡은 우승 기회마저 살렸다면 바이런 넬슨은 마스터스 2승, PGA 챔피언십 2승에 이어 US 오픈에서도 두 차례 우승 기록을 남길 수 있었다. 하지만 오하이오주 캔터베리 골프 클럽에서 열린 그해 US 오픈에서 넬슨은 연장 끝에 로이드 맹그럼에게 트로피를 내줬다. 맹그럼의 유일한 메이저 대회 우승이었다.

3라운드 13번 홀에서 뜬금없이 떠안은 1벌타가 아니었으면 연장에 끌려갈 일도 없었을지 모른다. 13번 홀에서 잘못 친 샷이 나무를 때리고 페어웨이에 안착하는 행운이 넬슨에게 따랐다. 그의 공 주위로 셀 수 없이 많은 관중이 몰렸다. 제2차 세계대전이 끝난 뒤 일상은 평화를 되찾았다. 그 때문인지 그해 US 오픈에는 미국 골프 대회 역사상 가장 많은 관중이 들어찼다.

공 주위로 순식간에 관중이 몰리면서 넬슨과 캐디는 다음 플레이를 하는 데 애를 먹었다. 사람이 워낙 많아 그 사이를 비집고 나가야 했다. 그 과정에서 캐디가 바닥의 볼을 보지 못한 채 밟고 지나가고 말았다. 1벌타에 해당하는 상황이었다.

넬슨은 라이벌 벤 호건과 커리어에서 단 두 번 연장 승부를 벌였다. 1940년 텍사스 오픈과 1942년 마스터스다. 두 번 다 넬슨이 1타 차로 이겼다. 기록된 두 번의 연장 말고 또 한 번의 연장 승부가 있었다. 둘이 유명해지기 아주 오래전의 일이다. 텍사스주 글렌 가든 컨트리클럽에서 열렸던 캐디 챔피언십. 둘은 고작 열다섯 살이었다. 두 가족은 각각 다른 지역에 살다가 비슷한 시기에 텍사스 포트워스로 이사했다. 호건이 열한 살에 먼저 캐디 일을 시작했고 뒤이어 넬슨이 일을 얻었다. 호건은 돈을 모으는 대로 그나마 저렴한 골프 용품을 골라 사 모았다.

골프장 일을 하며 틈틈이 골프를 익힌 이 어린 캐디들은 은근한 경쟁을 통해 골프 기량을 키워갔다. 장타 대결도 효과가 컸다. 가장 짧게 친 꼴찌는 공을 다 주워 와야 했다. 다음은 넬슨의 말이다.

"키가 제일 작은 호건은 꼴찌를 면하지 못했어요. 공을 주워 오는 당번은 늘 그였죠. 그래서 호건은 드라이버 샷 연습을 정말 열심히 했어요."

캐디 챔피언십은 매년 크리스마스 직전에 열렸다. 대회가 끝나면 크리스마스 선물과 제법 근사한 저녁식사가 글렌 가든 골프장 클럽하우스에서 제공됐다. 1927년 대회의 우승 후보 1순위는 장신의 넬슨이었다. 넬슨은 예상대로 우승을 향해 달렸지만 9홀 경기의 마지막 홀 그린에 이르기까지 확실한 승기를 잡지 못하고 있었다. 다크호스는 다름 아닌 호건이었다. 넬슨은 9미터 거리의 롱 퍼트를 넣어 극적으로 2오버파 39타 동타를 만든 끝에 호건을 연장으로 끌고 갔다.

둘은 연장 승부가 당연히 서든 데스 방식이라고 생각했다. 첫 홀에서 4타 만에 홀아웃한 호건은 6타를 적은 넬슨을 이겼다고 생각했다. 하지만 경기는 끝나지 않았다. 경기위원들은 머리를 맞대더니 9홀을 진행하는 게 좋겠다고 방식을 바꿔버렸다.

넬슨은 마지막 홀에서 5미터 좀 넘는 퍼트를 넣어 1타 차로 이겼다. 41타 대 42타. 대회 주최 측인 글렌 가든 골프장은 우승자인 넬슨에게 미드 아이언 하나를, 준우승자인 호건에게는 5번 아이언 하나를 부상으로 줬다. 이듬해 글렌 가든 골프장 회원들은 뛰어난 캐디에게 골프장 회원에 준하는 권리를 부여하기로 했다. 넬슨이 대상자가 됐고 그 덕분에 우수한 환경에서 투어 선수의 꿈을 키울 수 있었다.

호건은 시에서 운영하는 코스들을 전전하며 경기하고 연습했다. 열일곱 살에 일찍 프로로 전향했다. 넬슨은 3년 뒤 프로가 됐다. 과정은 이렇게 엇갈렸지만 둘은 결국 최고 무대에서 다시 만나 역사적인 경쟁을 이어갔다.

스스로 준우승을 택한
'우승 기계'

⚑

샘 스니드Sam Snead (1912~2002)
우승: 마스터스 3회, PGA 챔피언십 3회, 디 오픈 1회,
PGA 투어 82회

PGA 투어 통산 82승. 한 선수가 20년 동안 매 시즌 4승 이상을 해야 가능한 승수다. 참고로 1981년부터 1993년 사이에 PGA 투어에서는 한 시즌 5승 이상을 올린 선수가 한 명도 없었다. 82승은 꿈의 기록이다.

샘 스니드는 30년간 82승을 했다. 첫 우승을 하고 29년 뒤에도 승수를 보탤 만큼 롱런했다는 사실이 82라는 수보다 어쩌면 더 놀랍다. 1930년대에 우승한 선수가 1940년대, 1950년대, 그리고 1960년대에도 우승 경쟁력을 유지했다는 말이 된다. 마지막 우승이 나온 1965년에 그의 나이는 52세였다. PGA 투어 최고령 우승 기록이다.

2002년 세상을 떠난 그의 이름은 2010년대 이후 재소환돼 부쩍 자주 언급됐다. 타이거 우즈의 승수가 그의 82승 기록에 가까워졌기 때문이다. 우즈는 2019년 조조 챔피언십에서 우승하며 스니드와 PGA 투어 최다승 기록을 공유하게 됐다. 다섯 살 때 이벤트 대회에서 스니드를 만나 두 홀을 같이 돌고 사인을 받았던 기억을 우즈는 잊지 않고 있었다.

스니드의 82승과 우즈의 82승 중 어느 기록이 더 가치 있는지에 대해 논쟁 아닌 논쟁도 벌어졌다. 실제로 스니드의 승수에는 팀 이벤트 대회에서 올린 5승이 포함돼 있다. 우승들 중에 악천후 탓에 18홀로 축소된 대회가 있는가 하면 36홀짜리 대회도 몇 개 있다. 54홀 이상 진행한 대회만 공식 경기로 인정하는 지금의 PGA 투어에선 승수에 포함될 수 없는 우승들이다. 이 때문에 우즈의 82승이 같은 82승이라도 더 가치 있다는 주장이 있다.

생전에도 서운하게 평가 절하된 기억이 있었다. 1950년 시즌에 스니드는 11승을 쓸어 담았다. 그해 로스앤젤레스 오픈에서 라이벌인 벤 호건을 연장 끝에 꺾고 우승하고 시즌 평균 타수 69.23타를 기록해 최소타수상인 바든 트로피까지 거머쥐었다. 스스로 꼽은 최고의 시즌이었다. 하지만 올해의 골퍼상은 호건에게 양보해야 했다. 그해 호건의 우승은 딱 한 번뿐이었지만 그 1승이 메이저 대회인 US 오픈에서 거둔 우승이고 무엇보다 '서사'가 너무 강렬했다. 목숨을 잃을 뻔한 교통사고를 이겨내고 불과 1년여 만에 일군 기적의 메이저 대회 우승이었기 때문이다.

이렇게 때로 그늘에 들어가는 운명이었지만 그의 기록은 그 자체로 눈부시다. 잭 니클라우스보다 9승을 더 올렸고 호건보다는 18승이 더 많다. 메이저 대회에서도 7승이나 거뒀으니 큰 무대에 약했던 것도 아니다. 스니드는 어떻게 우승 기계가 됐을까.

룰 체인저

유명 골프 기자인 빌 필즈Bill Fields는 "스니드의 스윙은 윌리엄 포크너의 문장을 닮았다"고 평했다. 노벨 문학상을 탄 미국 작가 포크너의 호흡이 긴 글처럼 스니드의 샷은 아주 멀리 날아갔다. 드라이버 샷과 롱 아이언 샷이 발군이었다. 완벽한 구조로 흘러가다 묵직한 마무리로 여운을 남기는 포크너의 문장처럼 스니드는 심지 굳은 스윙을 했다. 큰 어깨 회전과 역동적인 힙 턴, 확실한 체중 이동을 통해 한결같은 스윙을 구사했다.

골프장 소속 프로로 일하면서 US 프로 테니스 챔피언십(오픈 시대 이전의 프로 메이저 대회)에 출전한 만능 스포츠맨이기도 했다. 워낙 몸을 잘 쓰는 데다 스윙도 매끄러워 일찍이 롱런의 조건을 갖췄다. 술과 담배는 입에도 대지 않고 밤늦게까지 깨어 있지도 않았다. 충분한 잠을 연습만큼 중요시하는 자기 관리로 1949년 시즌엔 마스터스와 PGA 챔피언십 우승을 포함해 9승을 챙기기도 했다.

1974년 62세 나이에 PGA 챔피언십에서 공동 3위를 차지했을 때 3타 앞선 우승자 리 트레비노는 아들 뻘인 35세였다. 1983년 71세 나이에 12언더파 60타를 쳤다.

샷에 비해 퍼트가 약했던 스니드는 약점을 보완하려고 온갖 방법을 다 썼다. 선수 생활 말년에는 홀을 정면으로 보고 서서 다리 사이로 스트로크를 하는 크로케 스타일로 퍼트를 했다. 그의 독특한 퍼트 스타일을 보고 끔찍하다고 생각하는 선수들도 있었다. 마스터스를 만든 보비 존스가 대표적이었다. 골프의 정통성에 반하는 기술이라고 여겼다. 그래서 미국골프협회에 조치를 취해달라고 요구했고 결국 1968년부터 이 퍼트 스타일은 금지됐다. 게리 플레이어와 니클라우스 등이 플레이의 다양성을 무시하는 조치라며 반발했지만 소용없었다. 돌이켜보면 사실상 이상해 보인다는 이유로 금지한 것이어서 억지스러운 결정이었다.

말 그대로 '룰 체인저'가 된 스니드는 조금 다른 방법을 연습하고 나왔다. 이번엔 사이드 새들 퍼트법이었다. 과거 여성들이 다리를 모으고 말을 탈 때와 비슷한 자세였다. 홀을 정면으로 보는 건 크로케 스타일과 같지만 다리 사이로 스트로크를 하는 게 아니라 다리를 모은 자세에서 오른쪽 다리 바깥쪽으로 스트로크를 하는 방식이다. 왼손으로는 퍼터의 그립을 잡고 오른손은 샤프트와 헤드를 잇는 호젤 부분까지 과하다 싶을 만큼 내려 잡았다.

이 방법 역시 '우스꽝스럽다' '보기 싫다'는 반응을 낳았지만 그의 관심사는 사람들의 반응이 아니었다. 오로지 퍼트 불안을 없애는 가장 효과적인 방법을 찾는 데만 몰두했다. 1962년엔 미국여자프로골프(LPGA) 투어 비공식 대회에도 나갔다. 출전자 15명 중 그 혼자 남자였다. 2위와 5타 차로 우승한 그는 여자 투어 대회에서 우승한 유일한 남자 골퍼로 남았다.

승수 늘리기에 목을 맨 선수인 듯 보였지만 꼭 그렇지도 않았다. 1952년 잭슨빌 오픈에서 스니드는 연장전을 포기하고 준우승을 선택했다. 2라운드에서 그의 플레이에 대해 논란이 있었다. 드라이버 샷을 치고 가보니 공이 아웃 오브 바운즈 말뚝 밖에 있었다. 같은 조로 동반하던 플레이어도 OB라고 봤다. 하지만 경기위원의 판단은 달랐다. OB 말뚝의 위치가 1라운드와 달랐던 것. 2라운드에 앞서 말뚝 위치가 변경됐던 것인데 이에 대한 공지가 경기 전에 이뤄지지 않았다. 그래서 경기위원은 OB에 따른 페널티가 성립되지 않는다고 봤다.

벌타 없이 넘어간 스니드는 더그 포드Doug Ford와 공동 선두가 되어 18홀 연장을 벌이게 됐다. 그러나 그는 연장을 준비하면서 영 찜찜한 기분을 떨칠 수 없었고 그 자리에서 경기를 포기했다.

"공정성이 의심받는 게 싫었어요. 룰 때문에 이득을 봤다고 누군가 생각할 수 있다는 사실도 싫었고요."

스스로 준우승을 택하지 않았다면 그의 PGA 통산 우승 기록은 83승이 됐을 확률이 높다. 포드는 이전까지 PGA 투어 우승이 없는 선수였다.

3전 전승의 결투

스니드의 선수 경력을 보면 호건, 바이런 넬슨과의 경쟁으로 점철돼 있다. 1912년생 동갑내기인 삼인방의 PGA 투어 승수를 합치면 무려 198승에 이른다.

1954년 마스터스는 스니드와 호건의 결투로 끓어올랐다. 3라운드까지는 호건이 2언더파로 선두를 지키고 스니드는 3타 뒤진 1오버파로 2위였다. 최종 라운드에서 호건이 75타를 치는 사이 스니드가 13번과 15번 홀에서 버디로 따라붙어 72타를 치면서 둘 다 합계 1오버파 동타로 끝냈다. 1라운드와 2라운드에서 깜짝 선두를 달렸던 아마추어 빌리 조 패튼Billy Joe Patton은 중간에 밀렸다가 최종 라운드에 들어 6번 홀에서 홀인원을 기록하며 다시 1위 자리를 꿰찼다. 하지만 13번 홀에서 더블 보기, 15번 홀에서 보기를 범했다. 두 홀에서 모두 공을 물에 빠뜨린 끝에 연장전을 함께하지 못하고 1타 차로 3위에 만족해야 했다.

스니드와 호건이 맞붙은 18홀 연장은 예상대로 초접전이었다. 12번 홀까지 1언더파로 동타. 스니드는 왼쪽으로 꺾인 형태의 470야드짜리 파5 홀인 13번 홀에서 승부수를 던졌다. 호건이 두 번째 샷을 그린에 이르기 전에 있는 개울을 바라보는 지점에 안전하게 떨어뜨린 반면 스니드는 2온을 노렸다. 삐끗하면 숲으로 들어가버릴 위험이 있는데도 드라이버 샷을 최단 거리로 잘 보내놓았다. 그다음 낮게 깔려서 날아가는 두 번째 샷으로 그린을 노렸다. 스니드의 두 번째 샷은 그린 앞 개울을 가볍게 넘어 핀을 10미터쯤 지난 곳에 멈췄다.

이어 호건의 칩샷이 약해서 그린 앞쪽 프린지에 걸렸다. 스니드에게 황금 같은 기회가 온 것이다. 문제가 있다면 알려진 대로 퍼트가 약하다는 것. 대회가 시작하기 전까지도 불안 증세에 시달릴 만큼 퍼

버디 퍼트

트 감이 심각했다. 다행히도 스니드는 10미터 거리의 퍼트를 완벽에 가깝게 굴렸다. 거의 이글이 될 뻔한 손쉬운 버디였다.

1타 차 리드를 잡은 스니드는 16번 홀에서 나온 호건의 보기에 2타 차로 승기를 잡았다. 호건으로선 티샷을 아주 좋은 위치에 보내며 사실상 마지막 승부를 띄웠지만 스리 퍼트를 범해 오히려 1타를 잃고 말았다. 마지막 홀에서 스니드가 보기를 적었는데도 우승에 영향을 받지 않았다. 2언더파 70타 대 1언더파 71타.

당시 얼마나 집중했는지 오랜 시간이 지난 뒤에도 스니드는 "홀마다 핀이 어디에 꽂혀 있었는지 모두 생생히 기억난다. 각 홀에서 호건이 어떤 클럽을 들었는지도 다 기억난다"고 했다. 마스터스 세 번째 우승이자 메이저 대회 7승째. 그의 마지막 메이저 대회 우승이었다.

이로써 1951~1954년 4년간 마스터스 우승자의 이름은 호건, 스니드, 호건, 스니드로 채워졌다. 스니드는 호건이 작성하려던 마스터스 3승을 막아서는 동시에 최초 '마스터스 2년 연속 우승' 기록도 저지했다. 1942년 대회에서도 넬슨과의 연장 끝에 졌던 호건은 마스터스에서 두 번의 연장전 패배를 겪은 유일한 선수로 기록됐다.

커리어 그랜드슬램을 포함해 메이저 대회 9승을 자랑하는 호건에 비해 다소 박한 평가를 받지만 스니드는 그 라이벌과의 결투에서는 3전 전승으로 강했다. 마스터스 연장전과 샌프란시스코 매치 플레이 토너먼트, 그리고 로스앤젤레스 오픈 연장에서 모두 그가 웃었다.

눈앞에서 놓친 US 오픈 트로피

1942년 PGA 챔피언십은 해군 입대를 앞두고 출전한 마지막 대회였다. 대회를 마친 다음 날 바로 입대했다. 당시 PGA 챔피언십은 스트로크 플레이 방식이 아니라 매치 플레이 대회였다. 스니드는 1라운드, 2라운드, 8강, 4강을 거쳐 결승에 올랐다. 결승 상대는 짐 터네사. 8강에서 호건을, 4강에서 넬슨을 꺾고 올라온 이변의 주인공이었다.

오전 18홀 매치 플레이 때만 해도 터네사가 3홀 차로 앞서고 있었다. 터네사의 3홀 차 리드는 오후 들어 23번째 홀까지도 깨지지 않았다. 하지만 이후 터네사가 보기를 범하고 스니드가 26번째와 27번째 홀에서 연속 버디를 잡으면서 경기는 원점으로 돌아갔다. 흐름이 급격히 바뀌자 터네사가 흔들리기 시작했다. 스니드는 이를 바로 알아차렸다.

"드라이버 샷을 할 때 터네사가 왜글(클럽을 앞뒤로 까딱까딱 흔들며 긴장을 푸는 동작)을 평소보다 많이 하더니 결국 샷이 왼쪽으로 감기는 훅을 내더라. 그는 계속 더 긴장하는 듯했고 그걸 보면서 나는 반대로 자신감을 키웠다."

28번째 홀을 터네사가 보기로 내주면서 스니드는 마침내 리드를 잡았다. 30번째 홀에서도 터네사는 보기를 적어 2홀 차로 벌어졌다. 2홀 차는 끝내 좁혀지지 않았고 경기는 35번째 홀에서 마무리됐다. 1개 홀을 남기고 2홀 차 승리. 스니드는 35번째 홀에서 기록한 18미터 거리의 칩인 버디를 포함해 막판 10홀에서 보기 없이 버디만 5개를 뽑는 집중력을 과시했다.

스니드의 생애 첫 메이저 대회 우승이었다.

"당시 많은 미국인들이 그랬던 것처럼 나도 전쟁이 우리의 삶을 어떻게 바꿔놓을지 전혀 모르고 있었다. 그렇기에 그때의 우승이란 건 어쩌면 가장 의미 있는 것이었다."

제2차 세계대전이 끝나고 첫 디 오픈이 1946년 세인트앤드루스 올드 코스에서 열렸다. 스니드는 쳐본 적도, 직접 본 적도 없는 곳이었다. 황량하기 짝이 없는 풍경에 잘못 찾아온 게 아닌가 싶었다. 혹시 버려진 코스가 아니냐고 묻기도 했다. 하지만 대회가 시작되고 홀을 거듭할수록 바다에 면한 정통 링크스 골프장인 올드 코스의 매력에 빠져들었다. 물결치듯 구불구불한 데다 경계가 불분명한 페어웨이와 그린, 알 수 없는 바람과 쑥 들어간 벙커까지 모든 게 낯설었지만 묘하게 마음이 끌렸다.

그렇게 코스의 매력에 끌려가다 우승까지 다다랐다. 4타 차의 넉넉한 우승이었다. 1937년 카누스티에서 열렸던 대회에 이어 두 번 만에 디 오픈 트로피를 거머쥔 것이다.

US 오픈에선 4차례나 준우승에 그치고 결국 우승에는 이르지 못했다. US 오픈 우승이 없어 커리어 그랜드슬램에 실패했다. US 오픈 4승을 포함해 4대 메이저 대회에서 모두 우승한 커리어 그랜드슬래머 호건와 비교된다. 작아 보이지만 결정적 차이로도 볼 수 있다.

스누피와 찰리 브라운이 나오는 유명 만화 '피너츠'의 작가 찰스 슐츠는 스니드의 열렬한 팬이었다. 한 대회에서 그린 적중률 100퍼센트에, 모든 파5 홀에서 2온에 성공하는 경기력을 직접 확인하고는 깊은 감명을 받았다고 한다. 스니드는 '피너츠'에서도 언급된다. 한 아이가 신문을 보면서 "가장 좋아하는 야구 선수가 어제 안타는 하나도 못 치고 에러만 3개를 범했대"라고 실망스러워하자 다른 아이가 이렇게 말한다.

"우리 아빠는 25년간이나 스니드의 US 오픈 첫 승만 응원하고 있는걸."

PGA 투어를 풀 시즌으로 뛴 첫해인 1937년에 스니드는 US 오픈에서 2타 차로 밀려 2위를 했다. 우승자는 골프백에 클럽 19개를 넣고 경기한 랠프 걸달이었다. 걸달에게 그렇게 많은 클럽이 허락되지 않았다면 어땠을까. 혹시 우승자가 바뀌지 않았을까. 클럽 개수가 14개를 넘으면 안 된다는 미국골프협회의 룰은 이듬해부터 적용됐다.

1939년은 더 아까웠다. 마지막 72번째 홀에서 트리플 보기로 3타를 잃는 바람에 2타가 모자라 연장에 가지 못했다. 당시는 코스 내 스코어보드도 없던 시절이었다. 그래서 스니드는 마지막 홀에서 자신이 파만 해도 우승한다는 걸 모르고 플레이했다. 버디를 해야만 희망이 있는 줄로 잘못 안 바람에 어려운 경사의 페어웨이에서 위험을 잔뜩 감수하며 모험적인 샷을 했다. 경쟁자들의 스코어를 알고 있었다면 안전한 플레이를 했을 테고 무난히 US 오픈 트로피를 가져갔을 가능성이 크다.

1947년 US 오픈은 더욱 안타까웠다. 18홀 연장에서 마지막 3홀을 남기고 2타 차로 앞서 우승을 눈앞에 두고 있다가 끝내 1타 차로 밀려 준우승에 그쳤다. 16번 홀에서 버디를 얻어맞은 뒤 17번과 18번 홀에서 연속해 보기로 미끄러졌다. 특히 18번 홀에서 퍼트할 때는 보는 사람이 더 아쉬워할 정도로 치명적인 실수를 저질렀다. 홀과의 거리는 불과 70센티미터 남짓. 하지만 그의 퍼터를 떠난 공은 오른쪽으로 무심히 지나가버렸다. US 오픈에서 준우승만 6차례 차지해 커리어 그랜드슬램을 완성하지 못하고 있는 오늘날의 필 미컬슨Phil Mickelson을 떠오르게 한다.

누가 먼저 퍼트해야 할까요?

스포츠에서 가장 무의미한 건 경기가 끝난 뒤의 가정이라지만 1947년 US 오픈에서 친 샘 스니드의 마지막 퍼트는 오늘날까지도 가정을 부른다. '만약 그때 멈칫할 일이 없었더라면.'

그가 70센티미터 남짓한 파 퍼트를 놓치기 전에 작은 상황 하나가 있었다. 그때는 작은 상황으로 보였지만 지나고 나니 결코 작지 않았다.

먼 거리 버디 퍼트를 넣지 못한 스니드는 평소처럼 남은 퍼트를 하러 홀 쪽으로 가고 있었다. 이때 유심히 공을 지켜보던 연장전의 상대 루 워섬Lew Worsham이 스니드의 파 퍼트에 제동을 걸었다.

"퍼트를 누가 먼저 해야 할까요?"

두 공이 놓인 각각의 지점에서 홀까지 거리가 비슷하니 퍼트 순서를 제대로 따져봐야 한다는 얘기였다. 일종의 게임즈맨십이었다. 스니드도 그렇게 느꼈다. 분명히 딴지를 거는 행위라고 생각했다.

"순간적으로 부아가 나더라. 언뜻 보면 비슷해 보이지만 확실히 내 공이 더 멀리 있어서 내가 먼저 퍼트하는 게 맞았다."

워섬의 문제 제기에 경기위원들은 줄자까지 가져와 거리를 쟀다. 일련의 과정을 스니드는 못마땅한 표정으로 지켜보고 있었다. 측정해 보니 스니드의 공이 워섬의 공보다 홀까지 2.5센티미터쯤 멀었다.

스니드는 이내 다시 어드레스 자세에 들어갔다. 하지만 잠시 전과는 다른 공기였을 것이다. 퍼터를 떠난 공이 오른쪽으로 빗나갔다. 이어 파 퍼트를 놓치지 않은 워섬이 주먹을 불끈 쥔 채 들어 보였다. 스니드는 축하의 악수를 청하는 일을 잊지 않았지만 쓰린 속부터 돌봐야 할 처지였다.

그는 말년까지도 "그 퍼트를 넣었다면 US 오픈 챔피언이 될 수 있었는데"라며 안타까워했다. "US 오픈에서 우승하지 못한 게 유일한 한"이라고 했다.

US 오픈 정복 실패를 빼고는 한을 남기지 않은 건 동료인 헨리 피카드Henry Picard의 도움이 컸다. PGA 투어에 공식 데뷔한 해인 1937년에 스니드는 왼쪽으로 감기는 지독한 훅 구질로 고생했다. 그때 자신의 드라이버 중 하나를 한번 써보라고 손을 내민 이가 피카드다. 스니드가 쓰던 것보다 무겁고 샤프트의 강도도 높은 드라이버였다. 피카드의 눈엔 낭창거리는 샤프트가 스니드의 스윙에 영 어울리지 않아 보였다.

피카드의 눈은 정확했다. 드라이버를 바꾼 바로 다음 주에 스니드는 오클랜드 오픈에서 우승했다. 피카드에게 5.5달러를 주고 산 드라이버로 우승 상금 1200달러를 챙겼다. 스니드는 피카드한테서 얻은 드라이버를 완전히 신뢰했다. 써본 클럽 중 가장 멀리, 가장 똑바로 공을 보낸다고 느꼈다. 이 드라이버로 그는 당대 가장 멀리, 똑바로 드라이버 샷을 보내는 선수로 이름을 떨쳤다. 1954년 마지막 우승까지 메이저 대회 7승을 전부 같은 드라이버로 해냈다.

스니드와 벤 호건보다 여섯 살 많은 피카드는 둘 모두에게 영향을 미쳤다. 경기력은 만족스러운데 우승으로 잘 연결되지 않는다는 호건의 고민을 듣고 꼼꼼히 스윙을 살핀 피카드는 왼손 그립을 달리해보는 게 좋겠다고 조언했다. 조언대로 했더니 이내 우승이 봇물처럼 터졌다. 일관되게 용기를 북돋우고 형편이 어려울 때 기꺼이 돈을 빌려주겠노라고 나서는 등 심적인 지원의 지분이 더 컸을 수도 있다. 꽤 오랜 기간 피카드를 스윙 코치로 모신 호건은 "내가 아는 가장 훌륭한 스승"이라고 했다.

피카드는 훌륭한 투어 선수이기도 했다. PGA 투어 26승에 메이저 대회 2승도 있다. 하지만 워낙 스포트라이트를 즐기는 스타일이 아니었다. 더욱이 여행도 싫어했다. 정확히는 투어를 뛰느라 아내 및 네 자녀와 함께 지낼 시간을 희생하는 게 영 마음에 걸렸다. 10시즌을 뛴 뒤 미련 없이 투어 생활을 정리하고 골프장에 소속된 레슨 프로로 일했다.

피카드의 삶은 재능의 쓰임새라는 건 실로 다양하다는 사실을 증명한다. 그는 자신의 기량을 직접적으로 드러내는 것보다는 누군가에게 전수해 그 선수가 잘하는 걸 보는 데서 더 큰 희열을 느꼈다.

경쟁과 배려의 대상,
라이벌

▶

아널드 파머 Arnold Palmer (1929~2016)
우승: 마스터스 4회, 디 오픈 2회, US 오픈 1회,
PGA 투어 62회

마스터스도 흥행을 걱정하던 때가 있었다. 가만히 앉아 있으면 손님이 오지 않았다. 1959년은 TV로 대회가 중계되는 두 번째 해였다. 코스가 사람들로 가득 차 보이게 하려면 가만히 있어서는 안 됐다. 고심 끝에 주최 측이 짜낸 아이디어는 인근 군부대를 활용하는 것이었다. '군복을 입고 오면 무료입장'을 내걸었다.

기대하던 대로 대회장 오거스타 내셔널에 군인들이 몰렸다. 물론 골프를 잘 모르는 인원이 더 많았다. 누군가를 응원은 해야겠는데 딱히 아는 선수가 없으니 전년도 우승자, 디펜딩 챔피언을 찾아 그쪽으로 몰려갔다. 1958년 대회 우승자 아널드 파머 곁에 제복 입은 군인들이 빼곡히 모였다. 해안경비대에서 4년간 근무한 파머의 경력이 군인들 사이에 회자한 것도 영향을 미쳤던 모양이다. 훗날 골프 역사상 가장 유명한 팬클럽으로 발전한 '아니의 군대(Arnie's Army)'는 이렇게 이름 지어졌다.

니클라우스와의 경쟁

1950년대 후반부터 1970년대 후반까지 미국을 중심으로 엄청난 골프 붐이 일었다. TV 중계가 확대되는 가운데 골프의 매력에 빠져드는 사람이 늘었고 매력적인 세 선수의 맹활약과 경쟁이 골프의 인기에 기름을 부었다. 이른바 빅 3, 파머와 잭 니클라우스, 게리 플레이어다.

파머가 1929년생, 플레이어가 1935년생, 니클라우스는 1940년생이니 파머가 큰형이다. 1958년 마스터스에서 파머가, 1959년 디 오픈에서 플레이어가, 1962년 US 오픈에서 니클라우스가 메이저 대회 첫 우승을 달성해 셋이 레이스를 시작하면서 3개 태양이 필드를 뒤덮었다.

특히 파머와 니클라우스의 경쟁은 지금까지도 골프에서 제일 중요한 라이벌 구도로 여겨진다. 11년이라는 적지 않은 나이 차에도 불구하고 둘은 반세기 넘게 라이벌로 골프계를 양분했다. 책 <아니와 잭(Arnie & Jack)>을 쓴 작가 이언 오코너에 따르면 파머는 니클라우스의 승수를 부러워하고 니클라우스는 파머의 인기를 부러워했다. 그렇다고 앙숙은 아니었다. 오히려 평생의 친구였다. 부부끼리, 가족끼리도 친했다.

버디 퍼트

둘의 라이벌 구도는 파머가 스물아홉 살, 니클라우스가 열여덟 살이던 1958년부터 시작됐다고 전해진다. 한 대회에서 파머가 파4 홀의 티샷을 바로 그린에 올리는 1온에 성공하면서 피가 뜨겁던 니클라우스의 투쟁심을 자극했다. 니클라우스는 그린에 올리는 걸 넘어 그린을 40야드나 넘겨버렸다.

앞서 열네 살 때부터 니클라우스의 뇌리에는 파머의 이름이 각인돼 있었던 것으로 보인다. 아마추어 대회에 출전한 니클라우스는 폭우 중에도 코스에 남아 연습하고 있었다. 홀로 연습을 마치고 돌아가려는데 드라이빙 레인지에 한 사람이 보였다. 니클라우스는 이렇게 회상했다.

"뽀빠이 같은 팔뚝으로 아이언 샷을 연습하던 그를 10분 정도 지켜보는데도 곁에 누가 있는지 의식조차 못 하더라."

골프장 직원에게 물어 그 뽀빠이의 이름이 파머라는 것을 알았다. 파머도 1958년 대회에서 처음 만나기 전부터 니클라우스의 천재성을 익히 들어 알고 있었다고 한다.

둘의 진정한 결투는 1960년 6월 콜로라도주 체리 힐스 컨트리클럽에서 열린 US 오픈에서 성사됐다. 파머는 그해 마스터스 두 번째 우승에 성공한 뒤 의기양양하게 US 오픈을 정복하러 나섰다. 니클라우스는 잃을 게 없는 펄펄 끓는 아마추어였다. 3라운드까지는 선두를 3타 차로 추격하는 니클라우스의 패기가 화제가 됐다. 파머는 선두에게 7타나 뒤져 공동 15위에 처져 있었다.

당연히 우승은 멀어 보이고 우승 경쟁조차 어려울 듯했지만 파머의 골프는 그때부터가 시작이었다. 오전에 3라운드를 마치고 곧바로 오후에 4라운드에 들자마자 파4인 1번 홀에서 티샷을 그린에 올리더니 퍼트 두 번으로 간단히 버디를 잡았다. 2번 홀에서는 30야드 거리의 칩샷을 그대로 넣어 또 버디. 그렇게 4개 홀에서 연속 버디를 잡는 모습은 마치 코스를 잡아먹으려는 사람 같았다.

6번과 7번 홀에서도 버디에 성공하며 7개 홀에서 버디 6개를 잡아 순식간에 6타를 줄여버렸다. 최종 라운드에서 6언더파 65타를 친 그는 결국 합계 4언더파를 기록해 2타 차로 우승에 다다랐다. 파머에겐 처음이자 마지막인 US 오픈 우승이었다. 단독 2위로 마친 니클라우스도 대단했으니 이때부터 사람들은 둘의 만남에 비상한 관심을 갖기 시작했다.

1962년 펜실베이니아의 오크몬트 컨트리클럽에서 펼쳐진 US 오픈도 두 스타의 라이벌전 중 클라이맥스로 꼽힌다. 오크몬트는 파머가 태어나 골퍼의 꿈을 키운 라트로브에서 1시간도 안 걸리는 거리에 있다. 군인들로 시작해 전 세대로 불어난 거대한 팬클럽 아니의 군대에 고향 팬들까지 가세해 오크몬트에 집결했다. 그들에게 니클라우스는 적군이나 마찬가지였다.

1라운드와 2라운드에서 파머와 같은 조에 편성된 니클라우스는 매우 험난한 길을 걸었다. 파머의 팬들 중 일부가 니클라우스에게 야유와 조롱을 퍼붓고 실수가 나오면 박수를 보냈다. 파머에게도 도움이 되지 않는 행동이었다. 팬들의 비뚤어진 응원에 파머는 경기 내내 무척 마음이 불편했다고 한다.

3라운드까지는 파머가 공동 1위, 니클라우스는 2타 뒤져 플레이어와 함께 공동 5위에 자리했다. 4라운드부터 경기는 파머와 니클라우스의 결투 분위기로 흘렀다. 니클라우스가 11번 홀에서 버디를 잡고 파머가 13번 홀에서 보기를 범하면서 동타가 됐다. 마지막 홀에서 니클라우스가 버디를 놓치고 파머 또한 멀지 않은 거리에서 버디를 넣지 못하면서 최고 인기 스타와 라이징 스타 간의 18홀 연장이 다음 날 열리게 됐다.

일요일을 맞아 대회장을 찾은 1만 관중은 파머에게 일방적인 응원을 보냈다. 니클라우스는 1만 1명과 싸우는 셈이었다. 니클라우스가 첫 6홀에서 4타 차로 달아나자 분위기는 차갑게 식었다. 파머는 8번 홀까지 보기만 3개를 범했다. 그러다 다음 홀부터 시동을 걸었다. 2년 전 대회의 최종 라운드를 떠오르게 했다.

9번, 11번, 12번 홀까지 버디를 잡으며 순식간에 1타 차로 따라붙었다. 하지만 거기까지였다. 13번 홀에서 나온 스리 퍼트 보기가 치명적이었다. 2타 차로 벌어진 거리를 더는 좁히지 못했고 결국 71타 대 74타로 졌다.

경쟁자에 대한 미안함에 경기에 온전히 집중하지 못했던 것이 아닐까. 파머가 그 주에 스리 퍼트를 11회나 범했다는 사실은 이 같은 추측에 힘을 싣는다. 반면 1960년 대회 2위, 1961년 대회 4위라는 성적 앞에서 이를 악물고 준비한 니클라우스는 아니의 군대가 보내는 야유를 오히려 에너지로 삼았던 것 같다. 훗날 니클라우스는 이렇게 돌아봤다.

"아니의 군대와 싸워야 했지만 파머와 싸울 일은 없었다. 파머는 늘 사려 깊고 진정한 친구이며 품위 있는 경쟁자였다."

파머는 1962년 US 오픈에서 뼈아픈 준우승에 머물고도 한 달 뒤에 열린 디 오픈에서 바로 우승했다. 스타 기질이 다시 한 번 확인되는 대목이다. 이듬해 마스터스와 PGA 챔피언십에서 니클라우스에게 또 다시 밀렸지만 다다음 해 마스터스에서 그를 6타 차로 따돌리고 우승해 벌떡 일어섰다.

그 시절 꽤 많은 선수가 그랬던 것처럼 파머도 코스에서 흡연을 즐겼다. 연기를 내뿜으며 찡그린 눈으로 목표 지점을 바라보는 모습을 팬들은 좋아했다. 파머는 1964년부터 코스에서 흡연을 중단했는데 여기에 니클라우스가 영향을 끼쳤다는 해석도 있다. 젊은 친구의 급부상에 자극을 받아 담배도 끊고 각성에 나섰다는 것이다.

1973년 2월 밥 호프 데저트 클래식에서 파머는 PGA 투어 62승째를 거뒀다. 43세에 거둔 마지막 PGA 투어 우승이었다. 이때 운명처럼 니클라우스가 조연 역할을 했다. 같은 조에서 니클라우스에게 1타 뒤진 채 최종 라운드를 출발한 파머는 마지막 홀에서 버디를 잡아 69타로 마무리했다. 1라운드만 해도 니클라우스에게 7타나 뒤져 승산이 없어 보였지만 끝내 뒤집고 2타 차로 우승을 완성했다.

비가 아주 드문 지역인데 그날 웬일인지 비가 내렸다. 1년 6개월 동안 이어진 파머의 우승 가뭄을 깨끗이 씻는 반가운 비였다. 빗속에서 선글라스를 벗지 않은 채 갤러리에게 공을 던져준 파머는 이날을 가장 달콤했던 날로 기억했다.

왜 '더 킹'인가

파머는 메이저 대회 최다승이나 PGA 투어 최다승 같은 기록과는 거리가 멀다. 7승을 올린 그보다 메이저 대회 승수가 많은 선수가 6명이나 되고 그가 남긴 PGA 투어 62승보다 더 많이 우승한 이도 4명이나 있다. 그런데도 영예로운 '더 킹The King'이라는 별명은 다름 아닌 파머에게 붙는다. 왜일까.

일단 아주 짧은 기간에 메이저 대회 트로피를 일곱 번이나 들었다. 마스터스는 1958년부터 1964년까지 2년 주기로 4차례나 우승하고, 디 오픈은 1961년과 1962년 2연속 우승을 달성했다. 마스터스를 우승한 1960년에 US 오픈도 제패했다. 팬들에게 자신을 잊을 틈을 주지 않았다.

'공격 앞으로'인 플레이 스타일 때문인지 극적인 우승이 워낙 많기도 했다. 최종 라운드에서 이글로 결정타를 날리거나 마지막 두 홀에서 연속으로 버디를 잡아 1타 차 우승을 결정지었다. 연장 후반 9홀에서 버디 5개를 쓸어 담는가 하면 처음부터 스퍼트하듯 달려 6타 차로 정상에 올랐다. 7타 차 열세도 뒤집어버렸으니 임팩트가 강할 수밖에 없었다.

여기에 잡지 표지 모델로 제격인 수려한 용모와 여유 넘치는 표정이 폭발적인 인기를 견인했다. '필드의 제임스 딘'으로 불린 그는 노동자 계층의 자랑이기도 했다. 주민들 대부분이 제철 공장에서 일하던 동네에서 자라 골프장 소속 프로이자 코스 관리 직원인 아버지에게 처음 골프를 배우기는 했지만 사실상 독학으로 골프 스윙을 익혔다. 이런 배경이 확실히 사람들에게 친근감을 줬다.

골프라는 게임을 바라보는 대중의 시선도 파머 때문에 완전히 바뀌게 됐다. 메이저 대회의 위상이 그의 등장과 함께 몰라보게 높아졌으며 그는 TV 시대에 시청자들의 영웅으로 떠올랐다.

군복무를 마친 파머는 산업용 페인트 세일즈맨으로 돈을 벌며 골프를 계속했다. 오전에 페인트를 팔고 와 점심을 먹고 나서는 골프를 연습했다. 주말에는 오롯이 연습에 매달리는 생활을 이어갔다. 이 기간 골프 기술에서 빠른 진전을 보여 급기야 1954년 US 아마추어 챔피언십에서 우승했다. 그해 프로로 전향하며 자신의 시대를 알리는 서막을 열어젖혔다.

그의 상품 가치와 인기는 사후에도 유효하다. 미국 포브스가 고인이 된 셀럽들의 수입 순위를 매년 발표할 때 그는 스포츠 선수 중에서 유일하게 톱 10에서 빠지는 일이 없다. '팝의 황제' 마이클 잭슨에 이어 2위에 오른 적도 있다. '아널드 파머'라는 이름의 음료 판매로만 수백만 달러를 벌어들이고 파머 브랜드를 단 상품만 해도 수백 개에 이른다. 2021년 수입은 2700만 달러에 이르는 것으로 조사됐다.

파머 브랜드 하면 빨강, 노랑, 하양, 초록의 네 가지 색상으로 된 우산 로고를 먼저 떠올리게 마련이다. 왜 하필 펼쳐진 우산이고 또 왜 네 가지 컬러여야 했는지, 그게 또 왜 빨강, 노랑, 하양, 초록인지 궁금해지는 게 당연한데 알고 보면 좀 허탈해진다.

1960년 US 오픈에서 우승한 뒤 들불처럼 번진 인기에 발맞춰 이듬해 아널드 파머 엔터프라이즈가 탄생했다. 훗날 스포츠 마케팅계의 공룡 IMG를 설립한 마크 매코맥Mark McCormack이 파머 곁에 있었다. 변호사였던 매코맥은 1959년 골프 대회 구경을 갔다가 개인 매니저 제안을 했고 파머는 매코맥의 손을 잡았다. 스포츠 에이전트 및 스포츠 매니지먼트 산업이 여기서 출발했다.

아널드 파머 엔터프라이즈에 회사 로고가 필요했다. 파머와 직원들이 모여 브레인스토밍으로 로고 아이디어를 구하고 있었는데 회의를 거듭할수록 뻔한 디자인 의견만 쌓였다. 파머는 머리를 식히려 회의실을 나와 건물 밖의 비 오는 풍경으로 눈을 돌렸다. 그때 한 여성이 차에서 내리며 경쾌하게 우산을 펴는 모습이 눈에 들어왔다. 여러 색으로 구분된 우산이라 더욱 눈에 띄었다. 바로 그거였다. 파머는 회의실로 달려가 우산에 대해 얘기했고 얼마 안 가 네 가지 색 우산은 세상에서 가장 익숙한 로고 중 하나가 됐다.

직관적인 우산 로고처럼 우산 옆에 들어가는 그의 사인에도 비슷한 사연이 있다. 파머에게 사인은 팬들과 직접 연결되는 다리 같은 거였다. 자신의 일부를 전달하는 방법으로 여겨 기꺼이 아니의 군대에 입대한 사람들과의 유대라고 생각했다. 그래서 사인에 온 정성을 다해야 한다고 믿었다. 또 정성을 담은 사인은 곧 가독성 높은 사인이라고 생각했다. 사인을 간직한 사람이 언젠가 다시 꺼내 봐도 누구의 사인인지 알아볼 수 있게 쉬워야 한다는 것이다. 이 이야기를 직접 듣거나 전해 듣고 파머처럼 사인을 읽기 쉽게 바꾼 선수도 여럿 있다.

대회에 나가는 주마다 그는 400~500개씩 사인을 했다. 그렇게 평생 100만 개가 넘는 사인을 했으리라는 추정이 있다. 나이 들어 PGA

챔피언스 투어를 뛸 때는 같은 조의 동료들이 티샷을 하는 동안 주변의 갤러리들에게 일일이 악수를 청하기도 했다. 경기를 보러 와준 데 대한 감사의 표시였다. 사인하느라 대회장을 거의 3시간 동안 떠나지 못한 적도 있다. 하도 사인을 반복하다 손이 굳으면 로션을 바르고 마사지를 한 뒤 마지막 한 명까지 이어가기도 했다. '더 킹' 파머는 팬들에게 사인해주는 것을 '특권'이라고 불렀다.

버디 퍼트

목표는
이븐파

마스터스 개최지인 오거스타 내셔널에는 여러 이름이 산다. 12번 홀 그린으로 안내하는 다리는 '벤 호건 브리지', 13번 홀 티잉 구역과 페어웨이 사이의 다리는 '바이런 넬슨 브리지', 15번 홀 그린 앞은 '진 사라젠 브리지'. 1953년 당시 대회 최소타인 14언더파 274타를 작성한 호건과 1937년 대회 때 12번 홀 버디와 13번 홀 이글로 대역전 우승을 일군 넬슨, 1935년 대회 우승으로 사상 첫 커리어 그랜드슬램을 달성한 사라젠을 기념한 것이다. 사라젠은 당시 15번 홀에서 한 홀에 3타를 줄이는 앨버트로스까지 터뜨렸다. 호건 브리지와 넬슨 브리지 아래의 물은 '레이의 개울'이라 불린다. 오거스타 내셔널 부지의 소유주였던 아일랜드인 존 레이John Rae의 이름에서 따왔다.

아널드 파머의 이름도 찾을 수 있다. 16번 홀 티잉 구역 뒤편에 팬들이 목을 축일 수 있는 음수대에 파머의 마스터스 4승을 기념하는 명판이 붙어 있다. 엄밀히 따지면 코스 안쪽에 있는 건 아니어서 호건 브리지, 넬슨 브리지, 사라젠 브리지처럼 중요히 여겨지지는 않는다. 하지만 오거스타 내셔널과 마스터스에서 어쩌면 가장 중요한 이름에 파머의 숨결이 깊숙이 자리 잡고 있다.

진흙에 묻힌 공

1958년 제22회 마스터스의 최종 4라운드가 열린 오거스타 내셔널은 비로 촉촉이 젖어 있었다. 1라운드, 2라운드 선두였던 켄 벤투리 Ken Venturi와 3라운드에서 치고 나가 선두를 꿰찬 파머가 마지막 날 같은 조에서 우승을 다투게 됐다.

벤투리가 1타 차 추격전을 벌이던 파3 12번 홀에서 판세가 요동칠 만한 일이 일어났다. 파머의 티샷이 그린을 넘어간 것. 가까스로 벙커는 피했지만 공이 그린 뒤 둔덕에 박혀버렸다. 비를 머금어 무른 탓이었다. 파머로서는 최대 위기, 벤투리에게는 절호의 기회였다.

파머는 벌타 없이 구제받을 수 있으리라 보고 경기위원을 불렀다. 둘은 꽤 오래 얘기를 나눴지만 합의점을 찾지 못했다. 파머는 무벌타 드롭이 맞다고 했고 경기위원은 안 된다고 맞섰다. 어느 쪽이냐에 따라 우승의 향방이 완전히 달라질 수 있는 상황이었다.

파머는 대뜸 박힌 공 말고 다른 공을 만지작거렸다. '선수가 본인

권리에 대해 불확실한 경우 다른 볼로 플레이할 수 있다'는 룰을 떠올린 것이다. 일단 박힌 공으로 그대로 플레이해 더블 보기를 범한 파머는 원래의 공이 박혀 있던 자리로 다시 돌아가 다른 공을 드롭했다. 그 공으로는 파를 기록했다. 더블 보기인지 파인지는 경기위원회에서 판단하면 될 일이었다. 파로 기록되면 1타 차 리드, 더블 보기로 반영되면 1타 차 열세가 될 터였다.

파5인 13번 홀로 넘어간 파머는 아무 일도 없었다는 듯 이글을 터뜨렸다. 2타 차로 달아나는 결정적 한 방이었다. 그 홀 다음부터 벤투리가 3개 홀 연속으로 보기를 범하면서 승부는 기울어졌다.

15번 홀에서 경기할 무렵 경기위원회는 12번 홀의 스코어를 두 번째 볼로 친 파로 확인했다고 알려 왔다. 경기위원회의 판단과 관계없이 파머는 파로 기록되지 못할 이유가 없다는 확신을 갖고 남은 홀들에서 플레이했다고 한다. 합계 4언더파 284타. 결국 파머가 2위 그룹인 더그 포드와 프레드 호킨스Fred Hawkins보다 1타 앞서 우승하고 벤투리는 파머에게 2타 뒤져 공동 4위로 마감했다.

벤투리는 2004년 자신의 책에서 40여 년 전 일을 떠올리며 파머가 룰을 어겼다고 꼬집었다. 파머가 마스터스 50번째이자 마지막 출전을 한 달 앞둔 시점이었다. 벤투리가 책에서 펼친 주장은 이렇다. 두 번째 공을 치겠다는 의도를 첫 번째 공을 치기 전에 미리 알리는 게 맞는데 파머는 그러지 않았다는 것이다. 첫 공으로 더블 보기를 치니까 그제야 두 번째 공을 쳐보겠다고 알렸다는 것이다. 그래서 파머의 12번 홀 기록은 더블 보기여야 한다는 주장이다.

파머는 이에 대해 직접적인 언급은 피했지만 공 2개를 치겠다는 의사를 어느 시점이든 분명히 표시했다면서 "선수로서 할 수 있는 방식의 대처를 했을 뿐이다. 룰을 따르고 룰이 허용하는 범위 내에서 가능한 방법을 썼을 뿐"이라고 했다.

벤투리의 책 때문에 오래전 일이 새삼 논란이 되는 듯했지만 전문가들은 이번에도 파머의 손을 들어줬다. 당시 골프 규칙에 따르면 선수가 공 2개를 치겠다는 의사를 미리 표시하지 않았을 경우 자동으로 두 번째 공으로 친 스코어를 그 홀 점수로 반영한다. 파머가 평소 룰에 밝았는지는 몰라도 어쨌거나 복잡해질 수 있는 상황에서 빨리 결단을 내리고 실행에 옮긴 덕에 우승까지 챙길 수 있었던 셈이다.

벤투리는 2년 뒤 1960년 마스터스에서 다시 파머와 우승을 다퉜지만 끝내 준우승에 만족해야 했다. 최종 라운드 16번 홀까지 벤투리에게 1타 뒤져 있던 파머는 마지막 두 홀에서 연속으로 버디를 잡아 1타차로 마스터스 두 번째 우승을 차지했다.

1958년 대회 때 허버트 워런 윈드Herbert Warren Wind라는 스포츠 기자는 파머가 마지막 날, 특히 11번과 12번, 13번 홀에서 선보인 기적적인 경기력과 극적인 흐름에 감명을 받은 나머지 오거스타 내셔널 내 가장 깊은 곳에 자리 잡아 레이의 개울을 공유하는 그 세 홀에 특별한 이름을 붙였다. 재즈곡 '샤우팅 인 댓 아멘 코너Shoutin' in that amen corner'에서 따온 이름, 훗날 마스터스는 물론 골프에서 가장 유명한 이름이 된 '아멘 코너'다.

마스터스의 마스터

1963년 가을부터 6개월 동안 파머는 PGA 투어 승수를 추가하지 못하고 있었다. 그토록 눈부시게 빛나던 그도 이제 저무는 것 아니냐는 얘기가 돌기 시작했다. 그에 대한 파머의 대답이 바로 1964년 마스터스였다. 그의 플레이는 첫 홀 티샷부터 마지막 홀 퍼트까지 시종 압도적이었다. 저무는 것 아니냐는 얘기를 쏙 들어가게 만들었고 과연 '마스터스의 마스터'라는 평가를 듣기에 이르렀다.

1라운드부터 스퍼트하듯 내달렸다. 다른 선수들은 몹시 조심스러운 공략법으로 접근하는 파5인 15번 홀에서도 거침이 없었다. 두 번째 샷을 연못 앞에 갖다 놓고 짧은 웨지 샷으로 물을 넘겨 3타 만에 그린에 떨어뜨리는 게 보통인 그 홀에서 그는 두 번째 샷을 곧장 그린을 향해 쐈다. 모험은 버디로 보상받았다. 3언더파 69타로 마치며 게리 플레이어 등과 공동 선두를 이뤘다.

2라운드에 사람들은 '파머와 마스터스 사이엔 정말 뭔가 있구나' 하고 생각하게 됐다. 모든 아이언 샷이 핀을 향해 날아갔다. 파5인 13번 홀에서는 1번 아이언 샷이 깃대 30센티미터 옆에 바로 떨어진 뒤 1.5미터 지점에 멈췄다. 아깝게 이글 퍼트는 놓쳤지만 1타는 손쉽게 줄였다. 마지막 6홀에서 버디 4개를 잡는 등 68타를 쳐 2위인 플레이어를 4타 차로 따돌렸다.

3라운드 들어 상위권 선수들은 죄다 혼신을 다해 파머를 잡아보려 했다. 그럴수록 그는 경쟁자들의 도전을 오히려 추진력 삼아 더욱 달아났다. 홀이 거듭되면서 추격 기회는 현저히 줄었고, 5타 차 안으로 거리를 좁히지 못한 경쟁 선수들은 결국 현실적 목표를 역전 우승에서 2위로 바꾸었다.

69타를 친 그날의 경기력은 완벽에 가까웠던 전날만큼 좋지는 않았다. 하지만 파머 같은 골퍼는 샷 감이 최상이 아닐 때도 최상일 때와 맞먹는 좋은 결과를 심심찮게 얻어냈다. 445야드로 긴 데다 아주 정교한 두 번째 샷을 요구하는 파4인 11번 홀에서 그는 그린 앞 왼쪽에 있는 연못에 두 번째 샷을 빠뜨렸다. 그러나 이후 60야드 거리에서 친 칩샷을 그림처럼 홀 앞에 딱 세워 출혈을 최소화했다. 파5인 13번 홀에서는 티샷을 숲으로 보내고도 기어이 파를 지켜냈다. 그러고는 즉시 다음 3개 홀에서 연속으로 타수를 줄이며 질주했다. 앞선 두 홀에서의 아슬아슬한 위기관리는 연속 버디를 위한 예고편이었던 셈이다.

일찌감치 매진을 기록한 4만 갤러리는 이제 파머에게서 벤 호건의 기록을 기대했다. 마지막 날 67타를 치면 최종 합계 15언더파 273타를 기록해 호건이 1953년 세웠던 마스터스 최소타 기록 14언더파 274타를 깨게 된다.

다들 신기록 탄생 가능성에 들떴지만 파머는 그저 이븐파 72타만 목표로 삼아 최종 라운드에 들어갔다. 타수를 잃지만 말자는 생각으로 차분히 가면서 기회가 보이면 그보다 낮은 타수를 노린다는 전략이었다. 중반 이후까지 정말 이븐파를 지킨 그는 14번과 15번 홀 연속으로 버디를 잡아 합계 12언더파를 만들며 신기록 달성 가능성을 살렸다. 하지만 16번 홀에서 버디 퍼트를 놓치고 마음을 접었다.

마지막 홀에서 8미터에 가까운 버디를 넣어 2언더파 70타로 마치면서 최종 스코어 12언더파 276타를 작성했다. 호건의 기록에는 2타가 모자랐지만 최초 '마스터스 4회 우승'을 거둬 호건의 'US 오픈 4회 우승'과 어깨를 견주게 됐다. 이때 공동 2위까지 치고 올라온 잭 니클라우스를 6타 차로 일축했다.

스윙 유어 스윙

파머는 끝내 커리어 그랜드슬램을 이루지 못했지만 커리어 그랜드슬래머와 같은 대우를 받았다. 통산 홀인원이 21개에 이를 정도로 드라마틱한 우승이 많았지만 그만큼 드라마틱한 패배도 많았다. 골프 팬들의 영웅다웠다. US 오픈에서 평생 한 차례 우승하는 동안 준우승만 4차례 했는데 그중 3차례가 연장 패배였다. 커리어 그랜드슬램에 이르는 마지막 퍼즐이던 PGA 챔피언십에서는 준우승을 3차례 남겼다.

18년 동안 PGA 투어 62승을 쓸어 담았지만 코스에서 종종 '인간적인' 면모도 보였다. 1961년 캘리포니아주 랜초 파크에서 열린 로스앤젤레스 오픈 1라운드가 대표적이다. 전년인 1960년 한 해에 마스터스와 US 오픈을 제패하고 올해의 선수상까지 탄 그가 랜초 파크 9번 홀에서 무려 12타를 적은 것이다. 10번 홀로 출발해 마지막인 9번 한 홀에서만 7타를 잃었다. 508야드짜리 파5 홀이었는데 275야드나 나간 티샷을 페어웨이 한가운데 갖다 놓았지만 이후 아웃 오브 바운즈, 그러니까 OB를 연속 네 방이나 냈다. 3번 우드 샷이 오른쪽으로, 왼쪽으로, 또 왼쪽으로, 그리고 다시 오른쪽으로 코스를 이탈해버렸다.

10타 만에 그린에 올라간 그는 투 퍼트로 겨우 마무리했다.

경기 후 '도대체 무슨 일이 있었던 거냐'는 취재진의 물음에 파머는 태연히 대답했다.

"11타째인 짧은 퍼트를 놓치는 바람에 12타를 적었어요."

마지막 퍼트가 아쉬웠을 뿐이지 앞서 범한 충격적인 OB 네 방은 골프에서 얼마든지 나올 수 있는 상황이라는 뜻이었다.

그날 6오버파 77타를 친 파머는 결국 대회에서 컷 탈락했다. 재미 있는 것은 2년 뒤 랜초 파크 측이 그의 기이한 12타를 기념하기 위해 9번 홀에 동판을 설치했는데 바로 그해 그는 그 골프장에서 로스앤젤 레스 오픈 첫 우승을 거뒀다. 어쨌든 랜초 파크의 기념 동판은 천하의 파머도 가혹한 골프의 희생양이 될 수 있음을 주지하게 한다. 일반 아 마추어 골퍼들에게는 위안이 되는 동판인 셈이다.

그의 이른바 '홈 메이드 스윙'도 아마추어 골퍼들에게 희망과 용기 를 준다. 아버지한테서 처음 골프 스윙을 배운 파머는 이후 전문적인 교습을 받지 않고 혼자 연구해 자신만의 스윙을 정립했다. 피니시 동 작 때 머리 위로 클럽을 빙글 돌리는 '헬리콥터 스윙'은 확실히 정통 과는 거리가 멀지만 그것으로 투어를 정복했다. 그는 '스윙 유어 스윙 swing your swing'을 강조했다.

"TV에서 본 스윙이나 당신이 이상적으로 생각하는 스윙을 따라 하 지 말고 당신만의 골프 스윙을 하세요. 그걸로도 충분히 최고가 될 수 있습니다. 결함이 있고 불완전해 보이는 스윙으로도 완벽함을 추구하 고 최선의 결과를 얻을 수 있어요. 자신의 스윙을 하세요, 나처럼요."

버디 퍼트

파머의 말은 최신 이론과도 통한다. 교습가들은 골퍼들의 체형과 근력, 부상 이력 등이 제각각임에 집중하게 됐고 그래서 더는 정형화된 스윙을 가르치지 않는다. 정타 확률이 높은 스윙 궤도를 지도할 뿐 누구의 스윙을 따라 하게 하는 방식은 피한다.

개성을 살린 자신만의 스윙으로 파머는 골프계를 넘나들며 넘치는 사랑을 받았다. 2021년 말 미국의 스포츠 비즈니스 전문 매체 스포르티코가 물가상승률을 고려한 전·현직 스포츠 선수들의 수입을 조사했을 때 '농구 황제' 마이클 조던과 '골프 황제' 타이거 우즈에 이어 3위였다. 연봉이나 상금, 광고 계약, 라이센싱, 수집품 판매 등을 모두 합한 결과 그의 수입은 15억 달러로 26억 달러의 조던, 21억 달러의 우즈 다음이었다. 스포츠 마케팅의 출발이 1960년대 파머였고 파머 브랜드는 렌터카, 항공, 금융, 사무 용품에까지 뻗어갔다. 의류와 신발 매장은 아시아에만 500개에 이른다. 단정한 외모처럼 무슨 일이든 시간을 들여 제대로 하는 성격이던 그는 마케팅과 광고 방면에 진출해 골프라는 게임을 완전히 바꿔놓았다.

1968년 PGA 챔피언십에서 1타 차로 준우승에 그쳐 끝내 커리어 그랜드슬램을 완성하지 못했지만 그는 시니어 무대인 PGA 챔피언스 투어에서 아쉬움을 조금 덜어냈다. 51세에 거둔 챔피언스 투어 첫 승이 바로 1980년 시니어 PGA 챔피언십 우승이었다.

하이 리스크, 하이 리워드

아널드 파머가 마스터스 경기에서 플레이한 홀을 모두 합치면 2718홀에 이른다. 그곳에서 우승 4회와 준우승 2회를 거뒀으니 자랑 스럽고 짜릿했던 추억이 훨씬 많겠지만 18번 홀에서 겪은 일을 떠올 릴 때는 말년까지도 부끄러워했다.

1961년 마스터스에서 파머는 1타 차 리드로 마지막 홀을 맞았다. 파만 해도 우승할 수 있는 상황이었다. 4년 사이에 세 번째 그린재킷 을 입는 순간과 최초 '마스터스 2년 연속 우승' 기록을 눈앞에 두고 있 었다. 18번 홀에서 드라이버 샷을 깔끔히 페어웨이에 올릴 때만 해도 의심의 여지가 없었다. 사고는 페어웨이에서 두 번째 샷을 하기에 앞 서 벌어졌다. 관중 속에 있던 오랜 친구의 얼굴이 눈에 들어왔다. 친 구가 조금 일찍 우승 축하 인사를 건넸는데 파머는 얼떨결에 축하를 받아들였다.

알은체만 하고 넘어갔어야 했다고 훗날 파머는 후회했다. 그의 말에 따르면 그 짧은 순간 집중력이 완전히 무너져버렸다. 두 번째 샷이 그린 사이드 벙커로 들어가버리면서 결국 더블 보기를 범해 우승을 헌납한다. 라이벌인 게리 플레이어가 마스터스 첫 우승을 안았다. 파머는 그날의 쓰린 기억을 떠올리며 "끝난 게 아닌데 끝났다고 생각한 탓에 큰 대가를 치렀다. 그 후로는 그런 실수는 절대 하지 않았다"고 했다.

파머는 다이내믹한 티샷과 두려움을 모르는 그린 공략, 홀 앞에 짧게 멈추는 법이 없는 과감한 퍼트로 메이저 대회 7승을 거뒀다. 하지만 이런 '하이 리스크, 하이 리워드'식 골프 때문에 놓쳐버린 우승 기회가 더 많았는지도 모른다.

1963년 US 오픈에서 18홀 연장을 치를 때 그는 4타 뒤진 채 11번 홀에 섰다. 티샷이 왼쪽으로 빗나가는 훅이 나고 공이 나무 그루터기로 가면서 역전은 더 멀어지고 있었다. 다른 선수였다면 벌타를 받고 공을 좀 더 안전한 지점에 드롭했겠지만 그는 롱 아이언을 들고 직접 그린을 노리는 모험을 걸었다. 결과적으로 무리수였다. 7타 만에야 홀아웃해 트리플 보기로 한꺼번에 3타를 잃는다. 결국 우승을 내줬다. 그도 "너무 과감한 플레이 스타일로 스스로에게 치명상을 입혔다"고 고백했다.

3년 뒤인 1966년 US 오픈선 충격적인 역전패를 당해 고개를 들지 못했다. 최종 라운드에서 전반 9홀까지 7타를 리드하고 있었으니 우승 여부는 사람들의 관심사도 아니었다. 대회 사상 최소타 신기록을 생각하고 있었는지도 모르겠다. 그러나 후반 시작부터 타수를 잃더니 15번, 16번, 17번 홀 연속으로 보기를 범해 동타를 허용하고 말았다. 추격하는 선수가 승부수를 던지지 않고 안전한 플레이만 이어가자 거꾸로 파머가 마치 추격자처럼 과감한 플레이를 선보이기 시작했다. 매 홀 파만 한다는 생각으로 수비적으로 나가면 우승인데 그는 그러지 못했다. 생각지도 않게 끌려간 연장에서도 막판에 흔들리더니 결국 4타 차로 졌다. US 오픈 연장 패배만 세 번째였다.

어이없는 역전패와 한 홀에 몇 타씩을 잃는 아픈 경험을 겪으며 매우 실망하고 스스로에게 화도 났지만 우울의 숲으로 빠져들지는 않았다. 지지층이 워낙 두꺼웠기 때문이다. 주변과의 교류를 통해 다시 용기를 얻을 수 있는 환경 속에 파머는 살고 있었다. 그는 "사람들이 내 플레이를 보는 걸 유독 즐기는 이유는 러프로 가고 나무로 가고 개울로 보내는 등 곤경을 치르는 모습이 남의 일 같지 않다고 느끼기 때문일 것"이라고 했다.

파머가 갤러리를 의식하기 시작한 것은 꽤 오래전 일이었다. 아마추어 대회에서 티샷을 잘못 쳐 숲속으로 보냈을 때다. 짧게 쳐서 페어웨이로 일단 꺼내 놓는 게 당연한 상황이었는데 그는 나무들 사이에서 그린을 직접 공략하기로 결정했다.

"갤러리가 의식됐던 건 그때가 처음이에요. 얼마나 열광적으로 그 샷을 응원하던지. 그런 반응에 무척 놀랐죠. '나처럼 사람들도 이런 시도를 좋아하는구나' 하고 느꼈어요."

파머는 "골프 스킬로 그토록 사람들을 즐겁게 할 수 있다니. 짜릿했어요"라고 돌아봤다. 그때부터 시작된 '하이 리스크, 하이 리워드'식 골프는 어쩌면 그의 숙명이었다.

열쇠는 지나가는 한마디에
숨어 있었다

🚩

잭 니클라우스Jack Nicklaus (1940~)
우승: 마스터스 6회, PGA 챔피언십 5회, US 오픈 4회,
디 오픈 3회, PGA 투어 73회

'골든 베어'로 유명한 잭 니클라우스에게는 별명이 하나 더 있다. '토털 패키지'. 어디 하나 부족한 데 없이 모든 부문에서 최정상의 기량을 갖췄다는 뜻이다.

한 인터뷰에서 어떤 에이전트가 그에 대해 "키가 크고(178센티미터) 강하고 금발"이라고 설명한 데서 골든 베어는 유래했다. 토털 패키지는 그런 골든 베어가 갖춘 기술적 완성도를 설명한다. 골든 베어는 그가 다닌 고등학교와 관련이 깊다는 얘기도 있다. 그가 나온 어퍼알링턴고의 닉네임과 마스코트가 바로 골든 베어스였다.

학창 시절의 그는 슈팅 가드로 활약할 만큼 농구도 잘했다. 풋볼과 야구, 테니스, 육상도 잘했다. 골프는 열 살에 나간 첫 9홀 라운드에서

51타를 칠 만큼 재능이 특별했다.

"한창 때의 니클라우스에게 요즘 시대의 골프 클럽과 볼을 주고 쳐 보라고 했으면 아마 400야드도 보냈을 것이다."

메이저 대회 통산 6승을 거둔 리 트레비노가 2010년에 했던 말이다. 그런 논리라면 최신 기술이 들어간 오늘날의 클럽과 볼로 치면 500야드도 보낼 수 있다는 말인가.

니클라우스의 스윙 스피드 측정치를 보면 트레비노의 말이 꼭 과장은 아닌 것 같다는 생각이 들 만하다. 니클라우스는 1998년에야 처음으로 스윙 스피드를 재봤다. 그의 나이 58세 때였다. 찍힌 숫자는 시속 118마일. 헤드 스피드가 118마일이면 요즘 PGA 투어에서도 상위권에 속한다. 한참 전에 PGA 정규 투어를 떠나 당시는 시니어 투어를 뛰던 시절이었다.

전성기였던 20대 후반에는 평균 276야드를 날려 장타 부문 1위를 했다. 1967년 기록으로, 당시 투어 평균 거리는 260.2야드였다. 당시의 드라이버는 티타늄 소재가 일반적인 요즘 드라이버와는 많이 달랐다. 니클라우스는 감나무로 만든 드라이버를 들고 압도적인 장타를 뿜었다.

오거스타 내셔널에 굴욕을 안기다

"골프 역사상 가장 훌륭한 퍼포먼스다."

자신의 우상한테서 이런 칭찬을 듣는다면 어떤 기분이 들까.

1965년 4월 마스터스에서 니클라우스의 3라운드 경기를 보고 보비 존스가 남긴 평이다.

니클라우스는 셋째 날 보기 없이 버디 8개를 잡아 8언더파 64타를 작성했다. 1라운드에서 선두에 2타 뒤져 공동 2위에 자리 잡았다가 2라운드에서 라이벌 아널드 파머 및 게리 플레이어와 함께 공동 선두로 올라섰다. 3라운드와 4라운드는 세 사람의 흥미로운 우승 경쟁이 될 것 같았다.

그러나 니클라우스는 3라운드에서 코스 레코드 타이기록을 세우며 용수철처럼 튀어 나갔다. 플레이어가 69타, 파머가 72타를 치는 사이 니클라우스는 그들보다 각각 5타, 8타를 덜 쳤다. 퍼팅 스트로크를 미세하게 조정한 뒤 2번 홀에서 중거리 버디 퍼트를 넣더니 4번, 6번, 7번, 8번 홀에서 연속으로 버디를 터뜨렸다. 후반에도 버디만 3개를 보탰다. 파4 홀에서 두 번째 샷을 칠 때 대부분 쇼트 아이언을 잡을 만큼 티샷을 멀리, 안정적으로 보냈다. 파5 홀 중 상당수에서도 미드 아이언으로 충분히 그린을 공략할 수 있었다.

다음 날인 최종일 니클라우스는 69타를 보태 합계 17언더파 271타를 쓰면서 우승했다. 공동 2위인 파머와 플레이어를 9타 차로 돌려세웠고 1953년 벤 호건이 세운 마스터스 72홀 최소타 기록인 274타도 깨뜨렸다. 그 기록은 1997년 타이거 우즈가 270타를 치기까지 32년이나 최소타 지위를 지켰다.

전체 라운드 내내 스리 퍼트를 딱 하나만 범할 정도로 그린에서도 견고했던 니클라우스에게 그린재킷을 입혀준 이는 다름 아닌 파머였다. 전년도 대회에서 파머에게 6타 차 우승을 내줬던 니클라우스는 3타를 더해 되갚았다.

니클라우스의 골프에 완전히 정복된 셈이 된 오거스타 내셔널은 이 듬해 대회에서 코스 곳곳에 변화를 주고 난도를 높였다. 대회 기간 악 천후까지 겹치면서 선수들의 스코어는 주최 측의 의도대로 눈덩이처 럼 불어났다. 하지만 챔피언은 바뀌지 않았다.

니클라우스는 막판 연속으로 버디를 잡아 게이 브루어Gay Brewer, 토 미 제이컵스Tommy Jacobs와 이븐파 288타로 동타를 이뤄 18홀 연장에 돌입한다. 그리고 연장에서 2언더파를 쳐 셋 중 유일하게 언더파 스코 어를 작성하며 이븐파의 제이콥스와 6오버파의 브루어를 가뿐히 물 리치고 최초 '마스터스 2년 연속 우승'에 성공한다. 그가 메이저 대회 에서 2연속 우승을 한 것은 이때의 마스터스가 유일하다.

생애 마지막 메이저 대회 우승도 마스터스였다. '마스터스 최연소 2승'과 '마스터스 최연소 3승' 기록을 가진 그는 1986년 대회에서 마 스터스 최고령 우승자가 됐다. 그의 나이 46세였다. 앞서 17번째 메이 저 대회 우승을 거둔 뒤 거의 6년간 메이저 대회 승수를 추가하지 못 했을 뿐 아니라 최근 2년간 그 어떤 대회에서도 우승하지 못하다가 일 궈낸 쾌거였다.

1986년 마스터스에서는 3라운드까지 선두 그레그 노먼Greg Norman 에게 4타 뒤져 공동 9위로 처져 있었다. 또 한 번 메이저 대회에서 우 승하기에는 이미 늙고 승부의 추를 끌어 오기에도 늦은 듯 보였다.

한 가지 희망은 라운드를 거듭할수록 74타, 71타, 69타로 나아지고

버디 퍼트

있다는 것. 그렇게 맞은 4라운드에서 전반 8홀 동안 버디 하나와 보기 하나를 기록해 타수를 줄이지 못했다. 이제 정말 늦었나 싶던 그때 9번, 10번, 11번 홀에서 연속으로 버디가 터졌다. 12번 홀에서 보기를 범해 선두와 다시 3타 차가 됐지만 진짜 반격은 그때부터였다.

파5인 15번 홀에서 212야드를 남겨두고 두 번째 샷. 니클라우스는 4번 아이언으로 핀에서 3.7미터 거리에 공을 멈춰 세웠다. 이후 신중에 신중을 기해 퍼트를 이상적인 스피드로 홀에 떨어뜨려 이글을 잡았다. 이제 선두인 세베 바예스테로스와의 격차는 2타. 이어 파3인 16번 홀에서 티샷을 핀 1미터 안쪽에 붙여 1타 차로 따라붙었다.

이때 바예스테로스는 15번 홀에서 물에 빠뜨린 샷으로 보기를 범해 공동 선두를 허용했다. 그가 15번 홀에서 플레이를 준비하던 바로 그때 앞 조에서 니클라우스가 이글 퍼트에 성공하면서 코스가 떠나갈 듯 환호와 박수가 터졌는데 그 때문에 흔들렸는지도 모를 일이다.

니클라우스는 17번 홀에서 5.5미터 거리의 버디마저 넣어 그해 대회 들어 처음으로 단독 선두에 오른다. 결국 18번 홀에서 파를 지켜 합계 9언더파 279타로 짜릿한 1타 차 우승을 맛본다. 노먼은 18번 홀에서 완벽한 티샷을 날렸지만 두 번째 샷이 오른쪽으로 밀려 갤러리 속으로 들어가는 바람에 통한의 보기를 적었다. 그렇게 8언더파의 노먼이 공동 2위가 되고 그 뒤를 7언더파의 바예스테로스가 따랐다.

후반 9홀에서 니클라우스는 내일이 없는 사람처럼 모든 것을 쏟아부었다. 이글 1개와 버디 5개, 보기 1개를 적어 6언더파 30타. 특히 13번 홀부터 18번 홀까지 마지막 6홀에서 5타를 줄이는 초인적인 스

퍼트를 보였다.

　마스터스 여섯 번째 우승이자 메이저 대회 18승째였다. 마스터스 첫 우승이 1963년이었으니 23년 세월 동안 우승 경쟁력을 유지한 것이다. 마스터스 첫 우승부터 마지막 우승까지 기간에서 최장 기록이기도 하다. 메이저 대회 첫 우승(1962년 US 오픈)부터 마지막 우승(1986년 마스터스)까지 기간에서도 니클라우스가 가장 길다.

　1986년 제50회 마스터스는 니클라우스가 장갑을 낀 왼손으로 퍼터를 하늘을 찌를 듯 높이 쳐드는 장면으로 기억되고 있다. 17번 홀에서 결정적 순간 성공한 클러치 퍼트 장면이다. 그 자신은 캐디를 맡긴 아들 재키와 마주 보며 웃던 순간이 가장 기억에 남는다고 했다.

341야드의 장타 괴물

　1971년 2월 플로리다의 PGA 내셔널 골프 클럽에서 열린 제53회 PGA 챔피언십. 8월에 열리던 대회를 2월로 옮겨 왔다. 플로리다의 살인적인 더위를 피하려는 것 외에 일정을 마스터스보다 앞서 열리는 시즌 첫 메이저 대회로 조정해 흥행을 극대화하려는 의도도 있었다.

　무더위는 피했지만 대회장 열기는 니클라우스의 대기록으로 끓어올랐다. 7언더파 281타로 2타 차 우승을 일구면서 '더블 커리어 그랜드슬램'을 달성한 것. 4대 메이저 대회를 각각 두 번씩 우승한 역사상 최초의 골퍼가 된 것이다. 커리어 그랜드슬램을 한 번 하기도 극히 어려운데 그는 비현실에 가까운 '더블'을 서른한 살 팔팔한 나이에 완성했다.

그러고는 어울리지 않게도 "오랜 친구로부터 받은 퍼팅 팁이 효과가 있었다"고 담담히 말했다. 백스윙을 다 하고서 다운스윙을 시작하라는 팁이었다. 자신의 다운스윙 타이밍이 다소 빨랐다는 것을 깨달은 니클라우스는 그 후 PGA 내셔널 골프 클럽의 그린을 자기 집 안방처럼 공략했다. 어쩌면 사소할 수 있는 팁이 그의 머리와 손을 만나거대한 비법으로 격상했다. 경기를 마치고는 "생애 가장 퍼트가 잘 된 대회"라고 자평했다. 전체 라운드 동안 퍼트 한 번으로 홀아웃한 게 29회나 되니 그렇게 느낄 만도 했다.

1980년 8월 뉴욕주 오크 힐 컨트리클럽에서 열린 PGA 챔피언십은 골든 베어의 건재를 알린 대회였다. 전해인 1979년은 그에게 최악의 한 해였다. 메이저 대회 우승은커녕 PGA 투어 대회를 통틀어 1승도 못 올리고 한 해를 마감한 것은 그때가 처음이었다. 1980년 마흔 나이에 보란 듯이 재기했다. 그해 6월 US 오픈을 제패해 메이저 대회 16승째를 따내고 두 달 뒤 PGA 챔피언십에서 17승째를 거둔 것이다.

그것도 2위와 7타 차나 벌어진 대첩이었다. 매치 플레이 방식이던 PGA 챔피언십이 스트로크 플레이로 변경된 1958년 이래 2위와의 격차가 가장 큰 우승이었다. 2012년 로리 매킬로이가 키아와 아일랜드 코스에서 2위와 8타 차를 벌려 우승을 달성하기까지 31년간이나 니클라우스는 PGA 챔피언십 사상 가장 큰 승리의 주인공으로 회자했다.

1980년 시즌에 니클라우스는 드라이버 샷 거리 전체 10위, 정확도 13위에 올라 토털 드라이빙 부문에서 1위였다. PGA 투어는 2003년

레이저 측정 장비인 샷 링크를 도입하기 전까지 거리와 정확도를 합친 토털 드라이빙으로 드라이버 샷의 완성도를 가늠했다. 그가 1980년 기록한 토털 드라이빙 23은 역대 1위 기록이기도 하다. 2위는 1999년 데이비드 듀발David Duval의 35. 거리 부문 톱 10에 들면서 동시에 정확성도 톱 30에 든 선수는 1980년 이후 니클라우스와 듀발 둘뿐이다. 니클라우스는 1980년 시즌 그린 적중률도 72퍼센트로 1위였다.

PGA 챔피언십에서 처음 우승한 1963년 대회에선 사전 행사로 롱 드라이브 이벤트, 그러니까 장타 대회가 열렸는데 거기서도 우승을 차지했다. 부상은 지갑 대용품인 머니 클립이었다. 니클라우스는 '드라이빙 디스턴스 위너driving distance winner'라고 적힌 그 머니 클립을 수십 년 동안 지니고 다녔다. 당시는 이벤트에 참가한 모든 선수가 같은 골프공으로 드라이버 샷을 쳐야 했다. 선수별로 골프공 사용 계약이 철저한 오늘날에는 상상할 수 없는 조건이다.

사전 행사에서 니클라우스가 친 샷은 무려 341야드를 찍었다. 2018년 대회 롱 드라이브 우승자인 '헐크' 브라이슨 디섐보의 기록이 331야드이니 그 시절 341야드는 어마어마한 기록이었을 것이다. 코스 상태나 바람의 세기와 방향 등 조건이 전부 달랐을 테니 직접 비교하기는 어렵지만 그래도 55년 전 장비로 더 멀리 보냈다는 사실은 충격적일 수밖에 없다. 1963년 본 대회에서 니클라우스는 드라이버와 웨지, 퍼터 외에 다른 클럽은 별로 쓸 일이 없었다. 드라이버로 아득히 보내놓고 눈앞의 그린을 웨지로 공략한 뒤 퍼터로 굴리면 됐다.

법정에 들어서는
변호사처럼

25년 동안 메이저 대회 18승. 니클라우스는 애초에 모든 초점을 메이저 대회에 맞춰놓고 투어 생활을 했다. 통산 164회 메이저 대회에 참가해 이 부문 최다라는 기록을 세운 것을 보면 알 수 있다. PGA 투어 통산 승수는 73승으로, 82승을 각각 올린 샘 스니드와 타이거 우즈 다음인 3위이지만 '메이저 대회 18승'은 니클라우스가 마지막으로 메이저 대회를 우승한 1986년부터 지금까지 흐른 세월만큼 지금부터 다시 기다린다 해도 보지 못할 가능성이 크다.

니클라우스가 메이저 대회를 사랑한 만큼 메이저 대회도 그를 편애하다시피 했다. 1970년부터 1980년 사이 출전한 44개 메이저 대회에서 컷 탈락은 딱 한 번. 그 사이 톱 10에 38번 들었고 그중 10번은 우승이었다. '메이저 대회 39회 연속 컷 통과'와 함께 '메이저 대회 19회 준우승 최다 기록'도 갖고 있다.

1970년부터 1979년 사이 마스터스에서 거둔 최악의 성적이 8위였으며 58세에 출전한 1998년 마스터스에서도 최종 라운드에 68타를 치고 공동 6위를 했다. PGA 챔피언십에서는 첫 출전부터 22번째 참가 때까지 '공동 6위 이상'만 15번을 했다. 그중 5번이 우승이었다.

니클라우스는 "누군가 내 18승 기록을 깬다면 되도록 내가 살아 있을 때 그 모습을 보고 싶다"고 했다.

트리플 그랜드슬램

열두 살에 오하이오주 주니어 대회에서 우승한 니클라우스는 그 대회 5연속 우승을 이뤘다. 열세 살에 이미 70타를 깼고 열여섯에는 프로들도 출전하는 오하이오 오픈에서 3라운드에 64타를 치고 우승해 버렸다. 어릴 적 경증 소아마비를 앓았던 아이라고는 믿기지 않을 일들이었다.

열여덟 살에 처음 나간 PGA 투어 대회에서 공동 12위를 하고 US 오픈 컷 통과에도 성공했던 니클라우스. 스무 살에 치른 1960년 US 오픈에서는 그해 마스터스에서 메이저 대회 2승째를 달성하고 넘어온 아널드 파머와 우승 경쟁까지 벌였다. 파머에게 2타 뒤져 2위에 만족해야 했지만 마지막 6홀을 남길 때까지 2타 차 선두를 달리며 강한 인상을 남겼다. 아마추어 선수의 US 오픈 준우승은 27년 만의 기록이었다.

오하이오주립대에서 약학을 전공한 그는 성적도 좋았다. 졸업 후 약사였던 아버지의 길을 따를 생각도 있었다. 그렇지만 골프를 안 한다는 것은 누가 봐도 말이 안 되는 일이었다. 마음을 바꿔 보험 쪽을 공부했다. 보험 일을 본업으로 삼고 아마추어 신분을 유지한 채 골프 대회에 계속 나갈 계획이었다. 그러다 1961년 첫아이를 얻고 마음이 바뀌었다. 가족을 부양하기 위해 프로 전향을 결심하고 이듬해 PGA 투어에 뛰어들었다.

PGA 투어에서 올린 첫 우승이 1962년 US 오픈 우승이었다. 2년 전 파머에게 역전 우승을 내줬지만 이번에는 그와 18홀 연장을 벌인 끝에 3타 차로 우승했다. 총 90홀을 도는 동안 스리 퍼트가 단 한 번일 정도로 흔들림이 없었다. 이때의 우승으로 니클라우스는 전국구 스타로 자리매김한다.

타임 매거진의 표지를 장식하고 파머와 본격적인 라이벌 구도를 형성해 엄청난 수의 골프 팬들을 TV 앞으로 끌어들였다. 그해 니클라우스는 26개 대회 모두에서 컷을 통과하고 톱 10에 16번 들었다. 올해의 루키로 뽑힌 다음 해에 그는 소포모어 징크스에 시달리는 대신 메이저 대회 두 곳에서 트로피를 가져갔다. 마스터스와 PGA 챔피언십이었다.

1964년엔 메이저 대회에서 우승 없이 준우승만 3차례 했지만 PGA 투어 상금왕을 처음 차지하며 아쉬움을 덜었다. 1967년 US 오픈에선 최종일 18번 홀에서 7미터쯤 되는 버디 퍼트를 넣고 합계 5언더파

275타를 작성해 벤 호건이 세운 대회 72홀 최소타 기록을 깼다. 이때 1언더파의 파머를 4타 차로 넉넉히 따돌리고 US 오픈 두 번째 우승을 챙겼다.

니클라우스는 "좋은 선수란 자신의 골프를 코스에 따라 유연하게 맞출 줄 아는 선수"라는 말을 했다. 그는 메이저 대회 18승을 11개 각기 다른 코스에서 해냈다. 오거스타 내셔널 한 곳에서만 열리는 마스터스 6차례, 볼터스롤에서 열린 US 오픈 2차례, 세인트앤드루스 올드 코스에서 열린 디 오픈 2차례를 빼면 모두 다른 코스였다. 고약한 바람을 동반하는 궂은 날씨와 무자비한 러프, 예측 불가의 바운스로 무장한 뮤어필드에서 이뤄낸 디 오픈 우승은 아주 특별했다.

사람들은 니클라우스가 탄도 높은 샷을 치는 선수여서 철저히 낮은 탄도의 샷으로 승부를 걸어야 하는 뮤어필드만은 정복하지 못하리라고 봤다. 그에게 맞지 않는 코스라고 했다. 하지만 그는 코스에 따라 유연히 맞춰 칠 줄 아는 선수였다. 디 오픈 3승 중 첫 번째 우승을 1966년 스코틀랜드 걸런의 뮤어필드에서 해냈다. 전체 라운드 동안 드라이버를 17번만 잡는 전략으로 코스를 공략했다. 26세 나이에 다른 3개 메이저 대회에서 한 번 이상씩 우승을 했던 상태라 그로써 당시 최연소 커리어 그랜드슬램을 완성했다. 훗날 고향 오하이오주 더블린에 코스를 지으면서 뮤어필드 빌리지라고 이름 붙였고 자신이 주최하는 PGA 투어 대회인 메모리얼 토너먼트를 이곳에서 열고 있다.

세인트앤드루스 올드 코스도 그에게 각별한 의미가 있는 곳이다. 1967년 US 오픈 이후 번번이 메이저 대회에서 우승을 놓치는 사이 정신과 육체 모두 무거워지자 1969년 가을 단단히 마음을 먹고 다이어 트에 들어간다. 한 달 만에 11킬로그램 감량에 성공해 가벼운 몸을 되찾으면서 경기력도 돌아왔다.

50대 아버지가 췌장암으로 세상을 떠나고 5개월이 지난 1970년 7월, 올드 코스에서 니클라우스는 18홀 연장 끝에 1타 차의 신승을 거두며 3년 만에 다시 메이저 대회 트로피를 들었다. 광활해서 더 난감한 페어웨이와 그린, 곳곳에 흩뿌려진 까다로운 벙커는 물론이고 최대 시속 56마일의 강풍과도 싸워야 했던 대회였다. 연장 마지막 18번 홀에서 3번 우드로 친 티샷은 그린 앞에 떨어진 뒤 바싹 마른 그린을 구르고 또 굴러 380야드를 가서야 멈췄다. 그린 뒤쪽 높이 솟은 러프에서 내려친 칩샷이 핀 2.5미터 거리로 갔고 버디 퍼트를 넣으며 우승을 결정지었다. 그는 껑충 뛰며 공중에 퍼터를 던지는 세리머니로 골프의 고향에서 써낸 위대한 컴백 스토리의 마지막을 장식했다.

"그동안에도 훌륭한 골프를 해왔지만 어떤 면에서는 조금씩 불만족스러웠어요. 그러던 중 아버지가 돌아가셨죠. 최고의 경기를 보여드리지 못했다는 아쉬움이 있었기에 이번 우승은 더 큰 의미를 가집니다."

1971년 4대 메이저 대회를 두 번 이상씩 우승하는 더블 커리어 그랜드슬램을 완성했고 7년 뒤인 1978년 디 오픈에서 우승하며 트리플 커리어 그랜드슬램으로 기록을 연장했다. 3차례 그랜드슬램 기록은 지구상에서 니클라우스와 우즈 둘만 갖고 있다.

1978년 디 오픈에서 3라운드와 4라운드에 각각 69타를 친 코스는 다름 아닌 세인트앤드루스 올드 코스였다. 2022년 디 오픈 150주년을 맞아 세인트앤드루스시 명예시민증을 받을 때 그는 옛 영광을 떠올리며 눈물을 훔쳤다. 1966년부터 1980년 사이 그가 디 오픈에서 낸 최악의 성적은 공동 6위였다.

오만과 자신감 사이

메이저 대회 때면 니클라우스는 늘 다른 선수들보다 일주일 먼저 대회장에 도착했다. 그의 캐디도 부지런해야 했다. 코스 전체를 걸으며 잔디의 결까지 일일이 확인하게 했기 때문이다. 그런 다음 니클라우스는 캐디가 확인한 정보에 토대해 코스를 샅샅이 훑어가며 점검했다.

"니클라우스는 매 라운드 법정에 들어서는 변호사처럼 지독할 만큼 준비된 상태로 코스에 들어갔다."

캐디 앤절로 아르게아Angelo Argea의 말이다. 새 시즌을 대비해 훈련을 시작할 때 니클라우스가 늘 스윙 코치에게 하는 말은 "나는 비기너다. 그립과 자세, 스윙의 기본부터 시작해달라"였다. 가장 기초적인 것들부터 원점에서 점검하며 뿌리를 다졌다.

그의 성공은 타고난 운동 능력 덕이기도 했지만 결정적인 원동력은 심하다 싶을 정도로 철저한 준비에 있었다. 그는 경기 안에서 효과를 발휘하는 자신감과 믿음, 집중력의 원천은 경기 전의 준비뿐이라는 확고한 지론을 갖고 있었다.

버디 퍼트

"나보다 공을 더 잘 치는 사람은 아주 많다. 그들을 이기려면 그들보다 더 잘 준비하는 수밖에 없고 그런 준비는 내가 가질 수 있는 유일한 어드밴티지다."

길이가 아주 긴 코스를 가진 대회를 앞두면 80타대 타수를 치는 보통 수준의 골퍼들과 집 근처 코스에서 라운드를 잡았다. 그러고는 동반 플레이어들의 두 번째 샷을 대신 쳐줬다. 아무래도 핀까지 거리가 상당히 멀고 그린까지 각도도 잘 안 나오는, 어려운 롱 아이언 샷이 많았다. 니클라우스는 그런 어려운 샷을 연습하려 일부러 보통 골퍼들을 섭외했던 것이다.

남다른 준비와 가장 높은 수준의 멘털이 만나면서 그는 신화의 영역에 다다랐다. 끊임없는 단련으로 스스로를 조직하고 집중과 평정을 유지하는 데 타의 추종을 불허했다. 주변 사람들은 "니클라우스가 잘못된 클럽을 골라 엉뚱한 샷을 치거나 평정심을 잃는 모습을 단 한 번도 본 적이 없다"고 했다.

니클라우스는 자신이 우승할 권리를 가졌다고 믿었다. 오만으로 넘어가기 직전 단계의 완전한 자신감으로 무장한 것이다. "나 자신이 얼마나 위협적인지 정확히 알고 있다. 이건 엄청난 어드밴티지"라고, 또 "운동선수든 사업가든 성공한 사람은 어떤 면에서 자기중심적이기 마련"이라고 했다. 아이들과 테니스와 당구, 탁구를 칠 때도 지는 것을 못 참았고 경쟁하는 선수가 라운드에서 좋은 기록을 쓸 때도 패배를 어쩔 수 없는 것으로 넘기는 법이 없었다. "누군가 10언더파를 치면 나는 11언더파를 쳐야 한다"는 게 그가 생각하는 경쟁이었다.

메이저 대회에서의 경쟁은 어떤 면에서는 오히려 쉽다고 느꼈다. 보통의 대회보다 출전자가 적고 그중 우승 경쟁력을 가진 선수를 추리면 10~15명이라 이들보다 잘 치기만 하면 되는 거라고 생각했다.

니클라우스가 골프에서 발휘한 가장 큰 재능은 줄을 그어 구획을 나누듯 멘털을 컨트롤하는 것이었다. 의지를 가진 곳에 일정 기간 집중력을 쏟아붓는 동안에는 다른 데에 아예 관심을 두지 않았다. 심리적 압박이 몰아칠 때는 단 하나만 생각했다. '완벽한 백스윙을 만들자.'

그는 "내 스윙은 솔직히 예쁘지는 않다. 하지만 스윙이 잘못되기 시작할 때 누구보다 빨리 알아차린다"고 했는데, 어려움이 닥치면 자신이 통제할 수 있는 아주 작은 부분에만 주의를 기울이는 방법으로 난관을 극복하곤 했다. 안 좋은 샷이 나오면 보기를 면하기 위해 그 안에서 진력을 다했고 남은 홀에서 아무리 잘해도 76타보다 좋은 스코어를 내기가 불가능하다면 77타를 치지 않기 위해 또 진력했다.

그가 이룬 업적 가운데 상당수는 파머와 경쟁하며 거둔 것이었다. 언제나 충성스러운 구름 팬을 몰고 다니던 파머라 그런 팬들의 극심한 견제를 받으며 경기할 때가 많았는데도 그 때문에 흔들리는 법이 없었다. 그의 논리는 이랬다. "파머는 나보다 퍼트를 잘한다. 왜냐고? 그가 나보다 10년은 더 연습했기 때문이다." 파머는 니클라우스보다 열한 살 위다.

"골프 코스 공략은 스윙으로 하는 게 아니라 멘털로 하는 것"이라고, 또 "삶은 모험"이라고도 했다.

"계획할 수는 있지만 무슨 일이 일어날지 모른다. 바로 다음 코너에 뭐가 있는지도 알 수 없는데 사실 그래서 더욱 흥미롭고 그게 바로 모험 아니겠나."

여기서 '모험'을 '골프'로 바꿔 읽어도 뜻이 통한다. 코스에서 보낸 수십 년을 돌아보며 골프를 배우는 과정이었다고 말한 니클라우스는 지금도 여전히 골프를 배우고 있고 아마도 배움은 끝이 없으리라고 했다. 끊임없이 배움을 갈구하는 사람은 어떤 식으로든 티가 난다. 2015년 마스터스의 부대 행사인 파3 콘테스트에서 허리가 구부정한 그가 티샷한 공이 그린에 떨어진 뒤 백스핀을 먹고 그대로 들어가 홀인원이 됐다. 선수들과 갤러리를 뒤덮은 탄성과 환호 사이에서 75세의 니클라우스는 아이 같은 미소를 지어 보였다.

정복할 수 없는 게임

잭 니클라우스의 메이저 우승은 사실 18승이 아니라 17승으로 마무리되는 게 '정상'이었다. 1980년 PGA 챔피언십에서 우승한 뒤 5년간 메이저 대회에 스무 번 출전했는데도 더는 우승이 터지지 않았고 메이저가 아닌 대회에서도 1986년 봄까지 2년간 우승이 없었기 때문이다. 그렇게 내리막길에 적응해가다가 은퇴를 준비하는 건 더없이 자연스러운 수순 같았다.

그래서 1986년 마스터스 우승은 뜻밖의 보너스 같은, 미스터리한 우승이었다. 인생 최악의 슬럼프에 허덕이던 그가 어떻게 하룻밤 새 늪에서 빠져나와 최고의 순간을 경신할 수 있었을까.

그해 마스터스가 열리기 일주일 전만 해도 동료와 저녁식사를 하는 자리에서 마스터스 우승은커녕 앞으로 투어 대회 승수를 추가하기도 힘들지 모른다는 얘기를 나눴다. 하지만 개막을 앞둔 밤 그는 아내에게 "내가 알던 잭을 되찾은 것 같다"고 속삭였다.

컷 탈락이 익숙해질 정도로 성적이 나지 않던 그가 마스터스에 앞서 찾아간 이는 열 살 무렵 그에게 골프를 가르쳤던 스승 잭 그라우트 Jack Grout였다. 그라우트와 함께한 2주 동안 그는 무엇보다 마인드 셋을 바꿨다. 부진을 거듭하던 사이 급격히 불어난 체중을 스트레스가 아니라 어드밴티지로 받아들이게 됐다. 샷 거리를 늘릴 수 있는 밑천인 파워를 얻은 것이라고 생각하게 된 것이다. 마음가짐이 바뀌니 스윙 개선 같은 기술적인 부분은 의외로 쉽게 풀렸다.

그러던 중 하루는 골프를 하는 아들 재키가 쇼트 게임 고수인 치치 로드리게스Chi-Chi Rodríguez한테서 레슨을 받고 돌아왔다. 형편없던 아들의 쇼트 게임이 드라마틱하게 좋아진 것을 확인한 니클라우스는 배운 바를 그대로 알려달라고 했다. 아들에게 레슨을 받은 셈이다. 더 나아가 아들에게 캐디를 맡기기로 했다. "내가 골프를 하는 이유는 가족이라는 걸 되새기기 위해서"였다.

퍼터도 과감히 교체했다. 세월이 갈수록 퍼트할 때 임팩트 순간에 감속하는 버릇이 생겨 고민하던 차였다. 모양은 좀 이상했지만 관성 모멘트가 큰, 그러니까 회전하는 힘을 유지하려는 성질이 강한 디자인의 퍼터로 바꿨다. 먼 거리 버디의 성공률을 높이기보다는 가까운 거리의 파 퍼트를 놓치지 않는 걸 목표로 삼고 연습했다.

슬럼프를 탈출한 과정의 핵심은 골프는 정복할 수 없는 게임이라는 걸 겸허히 받아들인 마음 자세였다. 완벽한 방법을 찾으려 하거나 과거의 영광을 떠올리기보다 그저 좀 더 나은 상태를 위해 할 수 있는 것들을 다듬어나갔다. 그 과정에서 획득한 작은 발전에 그만큼의 자신감을 얻기 시작했고 그게 쌓여 마지막 날 4타를 뒤집어버리는 힘이 됐다.

역대 최고의 선수가 있으면 그 옆에서 그늘에 가려지는 선수도 있게 마련이다. 니클라우스에게는 톰 와이스코프Tom Weiskopf가 그랬다. PGA 투어에서 16승이나 올렸지만 같은 오하이오 출신에 오하이오 주립대 동문이라 늘 니클라우스와 비교되고 평가절하를 감당해야 했던 선수다.

와이스코프는 마스터스 우승이 없는 선수 중 최다 준우승 기록을 갖고 있다. 마스터스 준우승이 무려 4회인데 그중 1972년과 1975년 대회에서 니클라우스가 우승했다. 와이스코프의 유일한 메이저 대회 우승은 1973년 디 오픈. 그때는 니클라우스를 4위로 밀어냈다.

니클라우스는 와이스코프를 "좋은 친구이자 엄청난 선수였다"고 돌아봤다. "내가 본 가장 재능 넘치는 네다섯 선수 중 하나이며 제일 빼어난 볼 스트라이커 다섯을 꼽아도 그 안에 들어갈 것이다. 부당하다고 할 만한 비교를 당했지만 그런 걸 다 떠나 매우 뛰어나고 인상적인 골퍼였다"고 했다.

1986년 마스터스에서 와이스코프는 TV 중계 해설자로 활약했다. 우승을 향해 달리던 니클라우스가 파3 홀인 16번 티잉 구역에 섰을 때 중계 캐스터는 와이스코프에게 물었다. "지금 니클라우스의 마음속엔 어떤 생각이 있을까요?" 와이스코프는 말했다. "그의 생각을 알았다면 아마 난 이 대회에서 우승했겠죠." 그러면서도 "니클라우스는 바로 핀을 노릴 겁니다. '기회가 왔다. 잡아보자'라는 마음일 것"이라고 했다. 잠시 뒤 니클라우스의 손을 떠난 공은 홀인원이 안 된 게 아까울 만큼 핀에 바짝 붙었다.

그는 '우승하게 해주세요'라고 기도하지 않았다

🚩

게리 플레이어Gary Player (1935~)
**우승: 마스터스 3회, 디 오픈 3회, PGA 챔피언십 2회, US 오픈 1회,
PGA 투어 24회, 남아공 선샤인 투어 59회**

마스터스에서 미국인이 아닌 챔피언은 25회째 대회인 1961년에 처음 나왔다. 그해 남아프리카공화국에서 온 게리 플레이어가 아널드 파머를 1타 차로, 잭 니클라우스를 7타 차로 누르고 우승하기 전까지 마스터스는 미국인 잔치였다. 제25회 마스터스도 미국인 파머가 우승할 확률이 높았다. 마지막 홀에서 파만 해도 우승할 판이었다. 하지만 파머가 두 번째 샷을 벙커 안에서도 어려운 위치에 떨어뜨리고 4.5미터 거리의 보기 퍼트를 놓치면서 연장 없이 26세 플레이어의 마스터스 첫 우승이자 메이저 대회 두 번째 우승이 결정됐다.

플레이어는 커리어 그랜드슬램의 마지막 단추를 그로부터 4년 뒤인 1965년 US 오픈에서 끼웠다. 처음이자 마지막인 US 오픈 우승이

었다. 이때의 우승으로 그는 진 사라젠, 벤 호건 다음으로 4대 메이저 대회를 한 번씩 제패한 골퍼로 역사에 남게 됐다.

특별한 기록을 더 특별하게 만든 것은 그가 들고 나온 무기였다. 바로 유리섬유 샤프트. 골프 클럽의 헤드와 그립을 잇는 막대인 샤프트는 샷에 가장 지대한 영향을 미치는 부분이다. 무게와 강도의 미세한 차이에도 완전히 다른 샷이 나온다. 강철 소재의 스틸샤프트가 상식적이고 당연하던 시절에 그는 별난 선택으로 주목받았다. 남아프리카공화국 출신의 마스터스 우승만큼이나 유리섬유 샤프트의 US 오픈 우승도 특기할 만한 사건이었다.

유리섬유 샤프트의 요술

'더 높은 탄도의 샷이 가능하고 아이언 샷이 그린에 떨어질 땐 백스핀이 더 많이 작용한다. 더 먼 거리로 티샷을 보낼 수 있으며 샤프트마다 50만 가닥의 유리섬유가 들어가 있어 회전력이 가장 강할 때의 힘인 토크가 높아진다. 그 덕분에 임팩트 때 힘의 전달이 훨씬 효과적이다.'

이상은 플레이어가 유리섬유 샤프트에 대해 자랑한 내용이다. 골프용품 전문 매체에서 진행한 실험에서 그는 9홀을 유리섬유 샤프트로, 다음 9홀을 전통적인 스틸샤프트로 쳤는데 첫 9홀 성적이 34타였다. 스틸샤프트로 기록한 36타보다 나았다. 한 번의 라운드로 측정한 결과인 데다 고작 2타 차를 갖고 샤프트의 효과를 설명하기는 어렵다.

당연하게도 플레이어와 유리섬유 샤프트 사이에는 후원 계약이 끼어 있었다. 골프채보다 낚싯대로 더 유명하던 셰익스피어라는 회사가 그에게 자사의 유리섬유 샤프트를 쓰는 조건으로 20만 달러라는 파격적인 금액을 안긴 것이다. '유리'라는 이름에서 느껴지듯 유리섬유 샤프트는 쉽게 금이 가고 깨질 것 같은 느낌이었다. 커리어 그랜드슬램에 도전할 무기로는 어림없어 보였다.

1965년 6월 미국 세인트루이스 인근의 벨러리브 컨트리클럽. US 오픈 참가 선수들은 플레이어가 들고 온 클럽을 보고 다들 고개를 갸우뚱거렸다. 게다가 그의 캐디는 열여섯 살 청소년이었다. 당시 미국 골프협회는 로컬 캐디를 활성화하기 위해 캐디를 추첨으로 정했다. 플레이어는 제대로 증명되지 않은 샤프트와 너무 어린 캐디라는 불리해 보이는 조합으로 전장에 들어섰다. 그래도 그의 표정에서는 왠지 모를 자신감이 넘쳤다. 몸과 마음의 건강이 최고조였다는 게 훗날 그의 설명이다.

그는 연습을 하러 매일 대회장을 찾을 때마다 역대 우승자가 적힌 보드를 뚫어져라 쳐다봤다. 일종의 의식 같은 거였다. 보드 맨 위 칸은 전년도 챔피언인 켄 벤투리의 자리였는데 철자 하나하나가 금색으로 장식돼 있었다. 플레이어가 본 것은 벤투리의 이름이 아니라 자신의 이름이었다. 황금빛으로 쓰인 '게리 플레이어'를 머릿속에 그려본 것이다. 선수들이 흔히 실전에서 맞닥뜨릴 상황과 샷을 머릿속에 그려보는 것처럼 그는 우승에 따라올 영예에 반복적으로 자신을 대입했다.

버디 퍼트

또 하나의 의식은 매일 대회장 근처의 가톨릭교회를 찾아가 기도하는 것이었다. 그는 '우승을 허락해주세요'라거나 '행운을 주세요'라고 기도하지 않았다. '용기와 인내를 주소서. 역경이 온다면 받아들일 힘을 주소서'라고 기도했다. 그는 가톨릭 신자가 아니었다.

플레이어는 용기와 인내로 홀들을 하나씩 지워가며 우승을 향해 달렸다. 열여섯 살 캐디 프랭크 페이글Frank Pagel은 용감히 자신의 일을 해내고 있었고 유리섬유 샤프트는 깨지지 않고 인내를 거듭했다.

3라운드를 마쳤을 때 순위는 2타 차의 선두. 3년 전인 1962년 US 오픈에서 했던 약속을 실현할 시간이 다가오고 있었다. 1962년 대회에서 플레이어는 3라운드까지 선두를 2타 차로 추격하고 있었다. 최종 라운드에서 격차가 좁혀지는 대신 더 벌어지면서 우승에서 멀어졌지만 그는 대회 주최 기관인 미국골프협회에서 나온 사람에게 대뜸이런 말을 남겼다.

"조만간 이 대회에서 반드시 우승할 겁니다. 그러면 나는 얼마가 됐든 상금 전액을 암 환자 돕기와 주니어 골프 발전을 위해 쓰도록 미국골프협회에 돌려주겠습니다."

여덟 살 때 엄마를 암으로 잃은 플레이어였다. 아버지가 금광에서 일해 번 돈과 대출금에 의지해 근근이 골프 선수라는 꿈을 키울 수 있었다.

미국골프협회 임원에게 우승 공약을 내걸고 한 달이 지난 1962년 7월 플레이어는 PGA 챔피언십에서 우승했다. 디 오픈, 마스터스에 이은 메이저 대회 3승째였다. 이제 커리어 그랜드슬램에 남은 한 조각은 US 오픈 우승뿐이었다.

다시 1965년 US 오픈으로 돌아가보자. 플레이어는 최종 라운드에서 마지막 3홀을 남겨두고 호주의 켈 네이글Kel Nagle보다 3타 앞서 선두를 달렸다. 훗날 캐디의 고백에 따르면 그는 완전히 무아지경에 빠져 골프를 하고 있었다. 캐디 페이글은 "그때 내가 할 일이라곤 그저 방해만 하지 않는 것뿐이었다"고 돌아봤다.

플레이어는 골프백에 늘 꿀단지를 넣어 다녔다. 완전히 경기에 몰입해 있을 때도 6개 홀을 마칠 때마다 꿀을 한 입씩 떠먹는 걸 잊지 않았다. 그렇게 에너지를 보충해가며 트로피를 향해 직진했다.

우승 길목에서 제동이 걸린 곳은 파3인 16번 홀이었다. 티샷이 밀려 그린 오른쪽 벙커에 빠졌다. 벙커 샷은 홀을 많이 지나갔다. 긴 파 퍼트는 홀에서 1미터 거리에 멈췄다. 평소 같았으면 놓칠 일이 없는 거리이지만 그의 보기 퍼트는 홀을 튕겼다. 더블 보기. 이때 앞 조의 네이글은 17번 홀에서 버디를 잡았다. 불과 1분 전만 해도 3타 차였는데 갑자기 동타가 됐다.

플레이어도 17번 홀에서 버디 기회를 잡았지만 2미터 조금 넘는 거리의 퍼트가 홀 가장자리를 스치고 쭉 지나가버렸다. 이전 홀에서 2타를 잃은 충격이 가시지 않은 듯했다.

분위기는 5년 전인 1960년 디 오픈에서 파머를 1타 차로 누르고 '깜짝 우승'을 차지했던 네이글 쪽으로 완전히 넘어가고 있었다. 네이글은 18번 홀에서도 버디를 넣을 것 같았다. 그런데 한 바퀴만 더 구르면 들어갈 퍼트가 홀 2.5센티미터 앞에서 딱 멈춰버렸다. 그렇게 둘

버디 퍼트

은 합계 2오버파 282타로 동점을 이뤄 연장으로 가게 됐다. 플레이어에게는 천만다행이었다. 연장이 다음 날로 넘어가면서 네이글에게 호의적인 흐름이 끊길 여지가 생겼다.

、 과연 다음 날 연장의 분위기는 확실히 달랐다. 흔들리던 플레이어는 다시 고삐를 틀어쥐고 2번과 3번 홀에서 버디로 출발했다. 10미터 거리의 롱 퍼트를 연속으로 넣었다. 네이글은 반대였다. 첫 홀을 보기로 시작하더니 5번 홀에서는 티샷을 갤러리 쪽으로 보내고 두 번째 샷도 갤러리를 맞힌 끝에 더블 보기로 홀아웃했다. 전반 9홀을 마쳤을 때 이미 스코어는 5타 차로 벌어져 있었다. 최종 1오버파를 적은 플레이어가 결국 3타 차로 우승했다.

비미국인의 US 오픈 우승은 1920년의 테드 레이 이후 처음이었고 유리섬유로 메이저 대회를 제패한 것도 처음 있는 사건이었다. US 오픈에서 두 차례 우승한 줄리어스 보로스Julius Boros는 "US 오픈을 낚싯대로 우승하다니! 이런 기적은 처음 본다"고 했다. 보통의 선수라면 그랜드슬램이 걸린 큰 대회에서 낯선 실험을 시도할 엄두조차 못 냈을 텐데 플레이어는 달랐다. 안 될 것 없다는 특유의 배짱과 이를 뒷받침하는 치밀한 배포로 결과를 만들어내며 다시 한 번 자신의 진가를 증명해냈다.

플레이어는 2만 5000달러에 이르는 우승 상금을 약속대로 미국골프협회 측에 바로 전달했다. 2만 달러는 주니어 골프 발전에, 5000달러는 암 치료 연구에 쓰이게 했다. 연장 합류에 따라 받은 1000달러 보너스는 캐디 페이글에게 줬다. 1000달러 보수와 함께 페이글이 받은 총 2000달러는 당시 투어 프로의 캐디가 단일 대회 우승으로 받은 가장 큰 돈이었다.

불과 몇 년 전만 해도 플레이어는 주머니의 푼돈 몇 푼이 전부였던 가난한 이방인 골퍼였다. 디 오픈에 처음 출전할 때 그는 호텔방을 구할 돈이 없어 세인트앤드루스 해변에서 잠을 청하기도 했다. 싼 곳을 찾고 찾다 겨우 구한 방은 하룻밤에 1달러 50센트 하는 허름한 곳이었다. 그런 시간들을 거쳐 온 그는 US 오픈 우승을 돌아보며 "의심의 여지가 없는 신의 섭리"라고 설명했다.

괴물을 쓰러뜨린 9번 아이언 샷

플레이어의 여섯 번째 메이저 대회 우승인 1972년 PGA 챔피언십은 최종 라운드 막판의 9번 아이언 샷 한 방으로 기억된다. 메이저리그 야구 월드시리즈에서 나오는 끝내기 홈런처럼 영원히 회자될 짜릿한 한 방이었다.

대회가 열린 곳은 미시간주의 오클랜드 힐스 컨트리클럽 남코스. 1951년 이 코스에서 US 오픈 우승을 차지한 벤 호건은 아주 간단명료하게 코스에 '괴물'이라는 딱지를 붙였다. 호건의 우승 스코어는 나흘간 7오버파였다. 그 후로 난코스엔 자연스럽게 괴물이라는 별명이 따랐지만 누가 뭐래도 '오리지널 괴물'은 오클랜드 힐스 남코스다.

1972년 PGA 챔피언십 때 코스의 길이는 7000야드가 넘었다. 1951년 US 오픈 때보다 거의 100야드 이상 길어졌다. 최종 라운드 후반 9홀을 남기고 10명이 2타 차 이내에서 우승 경쟁을 펼치는 안갯속 혼전 양상으로 빠져들었다. 그야말로 괴물과의 사투였다.

10명 중 하나인 플레이어는 408야드짜리 파4인 16번 홀에서 고민에 빠졌다. 그곳은 오른쪽으로 휘어진 코스의 끝에 그린이 자리한 도그레그 홀로, 크고 위협적인 연못이 그린을 방어하고 있었다. 그의 티샷은 오른쪽으로 밀려 거대한 버드나무 뒤편 러프에 떨어졌다. 버드나무의 길게 늘어뜨린 가지가 시야에 걸려 그린을 바로 공략하기가 여간 까다로운 게 아니었다. 심지어 비 내리는 춥고 음산한 날이었다. 나뭇가지를 피한 뒤 무거운 공기를 뚫고 날아가는 완벽한 타격이 아닌 이상 십중팔구 그린 앞 연못에 빠질 것 같았다. 14번과 15번 홀에서 연속으로 보기를 범해 공동 선두를 내준 터라 더욱 암울했다. '이번 대회는 틀렸다'는 말이 절로 나왔다.

하지만 이런 상황은 사실 그리 낯선 게 아니었다. 플레이어는 경기에서 발생 가능한 거의 모든 상황을 주도면밀히 훈련해온 선수였다. 나뭇가지들을 장애물로 설치해 놓고 그 아래를 낮게 깔려 가는 펀치 샷으로 통과하는 훈련도 있었다. 10번 연속으로 성공하지 못하고 한 번이라도 나뭇가지를 건드리면 0부터 다시 시작했다.

시뮬레이션 훈련을 떠올린 플레이어는 공이 놓인 자리부터 면밀히 살폈다. 그 위치에서 그린과 그 위의 핀은 보이지 않고 그 앞의 물만 보였다. 갤러리의 간이 의자를 빌려 그 위에 올라가 그린을 한 번 확인했다. 그러던 중 주변에서 잔디의 팬 자국인 디보트가 눈에 들어왔다. 이 흔적 하나가 클럽 선택에 결정적 힌트를 제공했다.

그 디보트가 연습 라운드 때 플레이어 자신이 낸 자국이라는 사실을 다른 사람은 몰라도 그는 확실히 알았다. '아, 그날 8번 아이언으로 쳤던 그 자리구나.' 다만 그날과 다르게 풀은 젖어 있었고 그래서 플라이어가 날 확률이 높았다. 평소보다 백스핀이 덜 걸려 거리가 더 많이 나가는 현상을 말한다.

플레이어는 망설임 없이 8번보다 한 클럽 짧은 9번을 꺼내 들었다. 거리가 조금만 모자라도 물에 빠지는 참혹한 결과가 들이닥칠 텐데도 확신을 갖고 모험을 걸었다.

9번 아이언으로 친 풀스윙이 한참을 솟구쳐 일단 나무는 넘었다. 플레이어의 간절한 눈빛을 뒤로하고 공이 착지한 곳은 그린 위. 90센티미터 옆이 바로 홀이었다. 최악의 위기에서 간단히 버디를 잡았다. 그렇게 플레이어는 앞서 짧은 파 퍼트를 놓친 짐 제이미슨Jim Jamieson을 결국 2타 차로 누르고 우승을 캐냈다. 최종일의 2오버파 72타를 더해 우승 스코어는 1오버파 281타.

1968년 디 오픈을 제패한 뒤 4년간 16개 메이저 대회에 참가해 우승하지 못하던 그에게 그날의 승리는 기나긴 가뭄을 씻어내는 시원한 빗줄기였다. 니클라우스와 리 트레비노의 득세 속에 조금씩 뒤로 밀려나던 플레이어는 1972년 PGA 챔피언십 우승으로 다시 전면에 이름을 세울 수 있었다.

최종 라운드 첫 4홀 중 3개 홀에서 보기를 범할 때만 해도 어려워 보였고 16번 홀에서 티샷한 뒤에는 더 힘들어 보였지만 '틀렸다' 싶은 생각은 그 홀에서 버디를 잡은 뒤 '이걸로 우승'이라는 생각으로 바뀌었다.

플레이어는 "두 번 다시 나오기 힘든 훌륭한 샷을 보고 사람들은 행운이라 하겠지만 사실은 치밀한 계획과 용기, 확신의 결과물이다. 메이저 대회의 결정적 순간에 볼 수 있는 결정적 샷은 어디서 뚝 떨어지는 게 아니라 드라이빙 레인지에서 몇 시간 동안 갈고 닦은 것"이라고 했다. 또 "그런 샷을 더욱 돋보이게 하는 것은 압박을 견디며 그 샷을 실행에 옮기는 선수의 능력"이라고 했다.

강인한 체력이
멘털의 우위를 만든다

플레이어가 1965년 커리어 그랜드슬램을 완성했을 때 나이가 29세였다. 최연소 기록이었다. 이 기록은 1년 뒤인 1966년 잭 니클라우스가 디 오픈에서 우승하면서 깨졌다. 니클라우스는 26세에 그랜드슬램 과업을 이뤘다. 26세보다 더 어린 나이에 4대 메이저 대회를 한 번씩 제패한 선수가 있다. 독자들도 짐작하겠지만 타이거 우즈다. 2000년 세인트앤드루스 올드 코스에서 그랜드슬램에 다다랐을 때 고작 24세였다.

플레이어의 최연소 기록은 이렇게 금세 깨졌지만 PGA 챔피언스 투어로까지 시야를 넓히면 단연코 독보적이다. 50세 이상 선수들이 뛰는 챔피언스 투어는 그 나이 전까지 이룬 뚜렷한 업적이 없으면 들어가지 못하는 곳이다. 그는 챔피언스 무대에서도 US 시니어 오픈과 시니어 PGA 챔피언십, 더 시니어 오픈, 시니어 플레이어스 챔피언십까지 4대 메이저 대회를 석권하고 이를 포함해 메이저 대회 9승을 올렸다. 커리어 그랜드슬램에 이어 챔피언스 투어에서도 4대 메이저 대회를 전부 제패한 선수는 그가 유일하다. 플레이어는 "커리어 그랜드슬램보다 '시니어 슬램'이 더 자랑스럽다"고 말할 정도로 노년에 이룬 업적에 자부심이 크다.

전쟁터에 나서는 형의 당부

2013년 미국의 ESPN 매거진이 내놓은 누드 화보 '바디 이슈'를 보면 플레이어는 군살 하나 없는 매끈한 몸으로 드라이버를 휘두르고 있다. 그는 여섯 자녀에 손주를 21명이나 둔 77세 할아버지였다. 바디 이슈는 스포츠 스타들의 노출 화보를 통해 건강한 몸의 아름다움을 직관적으로 보여주는 연간 프로젝트. 미국프로풋볼(NFL)의 콜린 캐퍼닉, 테니스 선수 존 이스너, 미국프로농구(NBA)의 존 월 등 펄펄 끓는 젊음의 근육질 몸매들 사이에서 플레이어는 전혀 이질감 없는 몸으로 '미스터 피트니스'다운 위용을 뽐냈다.

미스터 피트니스는 프로 초기인 1950년대에 일찌감치 얻은 별명이다. 강도 높은 근력 운동은 골프와 어울리지 않는다고 여겨지던 당시에 플레이어는 올림픽 국가대표 선수처럼 몸을 단련했다. US 오픈 전날 밤에도 150킬로그램 무게를 올려놓고 스쿼트를 했다. 니클라우스와 아널드 파머도 "역기로 운동하면서 골프를 할 수는 없다"며 비판적 반응을 보였지만 플레이어는 멈추지 않았다. "그때 웨이트트레이닝 프로그램을 본 동료 골퍼들은 나를 미친 사람 쳐다보듯 했다"며 당시를 돌아봤다.

플레이어는 노년에도 일주일에 나흘 이상 아침 6시부터 체육관에 나간다. 윗몸 일으키기의 일종인 크런치를 역기를 안고 1300개 찍고는 전속력으로 트레드밀을 달린다. 하체 운동 기구인 레그 프레스는 180킬로그램을 놓고도 좀처럼 멈출 줄을 모른다. 그는 "내 몸은 쉰 살에서 멈춘 것 같다"고 한다.

어떻게 해서 운동에 그토록 빠지게 됐을까. 일단 키가 168센티미터로 상대적으로 작은 편이어서 체격으로는 어렵고 체력으로 승부를 봐야겠다고 마음먹었던 데 이유가 있다. 니클라우스와 파머 둘 다 178센티미터였다.

그보다 앞서 운동에 빠지게 된 결정적 영향은 친형으로부터 왔다. 제2차 세계대전 참전을 앞두고서 형 이언은 아홉 살짜리 동생을 조용히 불러냈다.

"게리, 너 크면 무슨 일을 하고 싶니?"

"프로 운동선수가 될 거야."

"그래? 근데 넌 또래보다도 너무 작잖아."

잠시 뒤 이언이 들고 온 것은 낡은 역기였다.

"형이랑 약속 하나만 하자. 형이 집에 돌아오든 못 돌아오든 매일 이걸로 운동하는 거야. 늘 몸을 잘 관리하고 성전처럼 돌봐야 해. 평생 운동을 멈춰선 안 돼."

고작 아홉 살이었지만 전쟁터에 나서는 사람이 남긴 말의 무게 정도는 헤아릴 수 있었다. 그때부터 플레이어는 역기를 놓지 않았다. 이언이 돌아왔을 때 그는 동생이 자기와 한 약속을 착실히 지키고 있음을 한눈에 알아볼 수 있었다.

플레이어가 생각하는 이상적인 골퍼의 이미지는 '군살 없는 허리와 튼튼한 다리, 굵고 강한 팔뚝'으로 대표된다. 골프 스윙처럼 반복적인 동작을 하려면 근력 강화가 필수이며 오른손잡이이면 왼손잡이 스윙도 같은 횟수만큼 병행해야 밸런스가 유지되고 그래야 부상을 막을 수 있다는 설명이다. 골프는 평생 운동이지만 과체중이 되면 골프를 즐길 수 있는 기간이 짧아진다고 봤다.

그래서 대회장 갤러리 무리에 뚱뚱해 보이는 아이가 있으면 아이 아버지에게 직언했다.

"내 아버지와 아들 모두 당뇨를 앓았어요. 당뇨병에 걸리면 하루 두 번 인슐린을 주입해야 하고 눈과 간, 팔다리까지 제 기능을 잃게 돼요. 당장 식단 조절부터 시키세요."

플레이어는 이른바 '60/40 룰'을 지키라고 설파한다. 건강한 삶을 꾸려가는 데 60퍼센트는 먹는 음식이 좌우하고 40퍼센트는 어떤 운동을 하냐가 좌우한다는 것이다. 나이 들면 살이 찌게 마련이고 살이 찌면 운동량이 저하되기 때문에 나이가 들수록 먹는 양을 잘 조절해야 한다. 그래서 이제 그는 한창 때 식사량의 60퍼센트만 먹는다. 가급적 자주 젊은이들과 라운드를 가지며 활기를 얻기도 한다. 젊은 세대의 긍정적 에너지와 호기심은 전염성이 강해서 같이 있으면 젊어지는 기분이 든다고 한다.

운동이란 잠깐 따라 하다가 마는 일시적 유행이 아니라 일상에 스며든 것이어야 한다고 주장한다. 아주 단순한 운동이라도 나라는 존재를 구성하는 일부인 것처럼 자연스럽게 녹아들게 해야 한다는 것이다. 그는 "꾸준한 운동 덕분에 늘 누구보다 좋은 컨디션으로 경기에 나섰고 거기서 오는 자신감과 안정감에 힘입어 정신에서도 우위를 지키며 경기를 시작할 수 있었다"고 돌아봤다.

'저렇게 운동하다간 서른다섯 살도 되기 전에 투어 생활을 접어야 할 것'이라는 어두운 전망이 있었지만 플레이어는 그 누구보다도 오래 경쟁력을 유지했다. 1950년대와 1960년대, 그리고 1970년대에도 디 오픈에서 우승했다. 각기 다른 10년 단위의 기간에 3차례나 디 오픈을 제패한 이는 20세기에 플레이어가 유일하다.

43세에도 1978년 마스터스에서 우승했다. 그냥 우승도 아니고 7타차 열세를 최종일에 뒤집는 괴력의 우승이었다. 최종 라운드 마지막 10홀에서 버디 7개를 쓸어 담았다. 후반 9홀에서 30타를 쓰는 등 최종일에 64타 성적을 거둬 기적을 이뤘다. 50세가 다 된 1984년에도 PGA 챔피언십에서 준우승을 했다.

골프가 오래할 수 있는 운동인 건 맞지만 플레이어만큼 건강하게 오래 잘 치는 골퍼는 찾기 힘들다. 1998년 거센 돌풍 속에 치러진 마스터스에서 플레이어는 63세 나이로 컷을 통과했다. 당시 최고령 기록이었다. 니클라우스와 파머가 마스터스와 작별한 뒤에도 계속 오거스타 내셔널에 출석하며 최다 출전 기록을 썼고 73세에도 더 시니어 오픈에 출전했다. 나이와 같거나 나이보다 적은 타수를 치는 에이지 슈트를 3000번 넘게 기록했다.

"면역 체계를 활발하게 하려면 수면의 질이 좋아야 하며 그러려면 깨어 있는 시간에 부지런히 몸을 움직여야 한다"는 게 그의 지론이다. 나이보다 18타 적게 치는 것 등 끊임없이 목표를 설정해야 한다고 말한다.

운동으로 건강하고 멋진 몸을 만드는 건 젊은이들만의 일이 아님을 보여준 그는 ESPN '바디 이슈' 공개에 앞서 트위터에 이렇게 적었다.

"자기 관리는 나이를 따지지 않는 법입니다."

글로벌 골프 앰배서더

"플레이어는 골프계에서 가장 특별한 커리어를 지닌 인물 중 한 사람임에 틀림없습니다. 우리 브랜드가 지향하는 바를 단적으로 보여줄 최상의 모델이라고 확신합니다."

골프 클럽 브랜드 PXG의 설립자 밥 파슨스는 플레이어를 후원 계약하게 된 배경을 이렇게 설명했다. 2019년 마스터스를 앞두고 PXG는 플레이어와의 계약을 발표했다. 젊고 유망한 선수와의 계약을 놓고 물밑 전쟁을 벌이던 업계에 PXG와 84세 플레이어 간의 계약은 신선한 충격이었다. 당시 플레이어는 골프공 브랜드 온코어와도 계약했다. 온코어 측은 "플레이어가 골프라는 경기에 끼친 영향력은 코스 안팎에서 지대하다. 그 영향력이 우리 회사의 성장에도 도움이 되기를 바라는 마음에서 후원하게 됐다"고 설명했다.

나이와 국경을 따지지 않고 골프로 소통하는 왕성한 활동은 그의 상품 가치에 이처럼 영속성을 부여한다. PGA 투어 24승과 PGA 챔피언스 투어 19승 경력만큼 눈에 띄는 것이 전 세계를 다니며 거둔 프로 통산 165승이다. PGA 투어를 기반 삼아 활동하지만 세계 곳곳을 누비며 새로운 경쟁을 즐겼다. 남아공 오픈에서 13승, 호주 오픈에서 7승을 올렸고 일본과 칠레까지 가서 우승컵을 수집했다.

누적 비행 거리는 1600만 마일에 이른다. 머무른 시간으로 따지면 비행기 안에서 3년 이상을 보낸 셈이다. 골프를 넘어 모든 스포츠를 통틀어도 그 정도로 비행기 이동이 많은 선수는 찾아보기 어렵다. 잦은 이동 또한 운동과 연결된다. "비행에 지친 몸을 깨우고 산소를 주입하려면 운동이 필수"라는 것이다.

어머니를 일찍 여의고 아버지도 자주 못 봤던 어린 시절의 결핍 때문인지는 몰라도 플레이어는 가족을 끔찍이 챙겼다. 대회에 아내와 여섯 자녀를 모두 데리고 다녔다. 보모까지 함께해 한 군단을 이뤘다. '블랙 나이트'라는 근사한 별명은 늘 상하의 모두 검은색 옷을 입고 경기해 붙여진 것인데 그러고 보면 이것도 가족과 관계가 있다. '선수 고유의 브랜드를 발전시켜야 하며 여기엔 트레이드마크가 필요하다'는 아버지의 의견을 적극 수용한 결과다.

가족들과 투어 대회를 함께하는 문화는 요즘 젊은 선수들 사이에도 퍼지고 있는데 플레이어는 수십 년 앞서 이를 실천에 옮긴 셈이다. 근력을 키우는 격한 운동도 마찬가지다. 몸 키우기를 좋아하는 골퍼로는 우즈와 로리 매킬로이가 유명하지만 플레이어는 그들보다 훨씬 일찍 근력 운동의 중요성을 깨닫고 실행했다.

플레이어는 자선 활동을 펼치며 골프 앰배서더 역할도 충실히 하고 있다. 골프로 골프 밖의 세상을 바꾸고 있다. 그가 아내 비비언과 함께 1983년에 만든 '게리 앤 비비언 플레이어 파운데이션'은 골프계에서 가장 중요한 자선 재단 중 하나다. 남아프리카공화국과 미국에 각각 본거지를 두고 있으며 주로 불우 아동 돕기에 팔을 걷어 붙여왔다. 요하네스버그 외곽의 불우 아동을 먹이고 재우고 교육시키는 것으로 시작해 전 세계로 대상을 넓혀 나갔다. 모금을 위한 자선 골프 대회를 중국에서도 열 만큼 세계 곳곳을 필드로 삼았다. 그가 참석하는 그 대회에는 늘 사람이 모이고 그만큼 또 돈이 모인다. 그렇게 모은 수천만 달러로 학교와 아동 보호 시설을 지었다. 교회와 노인 보호 시설도 짓고 2021년 췌장암으로 세상을 떠난 아내를 떠올리며 암 연구 기관을 지원했다.

플레이어는 "전 세계를 다니며 느낀 것은 가난에 시달리는 아이들이 너무 많다는 것"이라며 "골프는 내게 축복받은 삶을 선물했고 그래서 죽는 날까지 이 훌륭한 스포츠의 발전에 내가 할 수 있는 모든 것을 바치기로 했다"고 밝혔다. 또 "그늘에 있는 사람들의 삶이 바뀌게 돕고 싶고 그게 바로 골프가 할 수 있는 일"이라고 했다.

그가 생각하는 골프 라운드는 역경을 이겨내는 과정이다. 모름지기 위대한 선수는 역경을 즐겨야 하는 법이고 그래서 티잉 구역에 오르면서 이런 기도를 하곤 했다.

"역경을 허락하소서. 그 역경을 어떻게 이겨내는지 보여드리게 하소서."

골프가 주는 역경을 위대한 골퍼가 이겨내는 것처럼 골프 밖의 문제들은 골프가 해결할 수 있다고 믿었다. 골프가 빈곤을 보듬고 질병을 치유하는 데 앞장설 수 있다고 믿었다. 그럼으로써 골프가 더 널리 알려지고 사랑받을 수 있다고 플레이어는 믿어 의심치 않았다.

후회를 통한 진화

게리 플레이어는 엉뚱하게도 인종차별 정책을 지지하는 듯한 글을 썼다가 홍역을 치른 적이 있다. 1966년에 낸 책 <그랜드슬램 골프>에 나오는 내용 때문이었다.

"나는 (헨드릭) 페르부르트와 아파르트헤이트로 대표되는 남아프리카공화국의 국민이며 남아프리카공화국은 야만에 맞서 문명의 가치를 지키는 나라다. 그 가운데 아프리카인들은 주술에 의존하는 문화와 원시적인 관습을 따르는 것으로 알려져 있고 기독교 문화에 대한 이해가 부족하다. '분리'에 대해 생각해보자면 사실 세계 어디에나 있는 것 아닌가."

아파르트헤이트는 남아프리카공화국의 극단적인 흑인 차별·분리 정책이며 헨드릭 페르부르트는 그 정책을 계획하고 실행한 정부의 총리였다.

책 속 문제의 대목이 알려지면서 플레이어는 엄청난 후폭풍을 맞았다. 반대파들로부터 매주 살해 협박을 받았고 대회장에서도 공격받았다. 1969년 오하이오주에서 열린 PGA 챔피언십에서는 어디선가 날아온 얼음에 얼굴을 맞았다. 등 뒤로 전화번호부 책이 날아들기도 했다. 퍼트를 하려는데 다리 사이로 다른 볼이 굴러와 플레이를 방해했다. 플레이어는 결국 1타 차로 준우승에 그쳤다.

그는 대체 왜 인종차별 정책을 옹호하는 편에 섰을까. 그 시절 남아프리카공화국에서 살았던 사람들이 남긴 증언을 종합하면 분리 정책을 받아들이는 이가 당시는 흔했다. 특별한 문제의식을 갖지 않은 보통의 남아프리카공화국 국민이라면 무비판적으로 수용하는 분위기였다는 것이다. "게리는 자신의 조국에 대해 안 좋게 말한 적이 없다. 남아프리카공화국 국민임을 늘 자랑스러워했다. 그는 좋은 친구였다"는 흑인 골퍼 리 엘더Lee Elder의 말을 뜯어보면, 나라가 하는 일이라면 무조건적으로 지지하는 빗나간 애국심에 사로잡혀 있었던 게 아닌가 싶다.

플레이어는 아파르트헤이트 정부의 글로벌 앰배서더처럼 이용된 것으로 보인다. 1966년이면 서른한 살 나이로 커리어의 클라이맥스를 달리던 시기였다. 훗날 그는 "나는 전쟁(제2차 세계대전) 중의 독일 국민처럼 당시의 남아프리카공화국 정부에 일종의 세뇌를 당했다"고 주장했다.

"그들에겐 특히 젊은이들을 세뇌하는 강력한 선전·선동 기관이 있었다. 분리하되 평등을 추구하는 것은 바람직한 정책이라고 인식하게 했다."

잘못된 정책을 믿고 홍보하도록 조종됐지만 흑인 동료들을 누구보다 살뜰하게 챙긴 이가 바로 자신이었다는 게 그의 주장이다. 1960년 디 오픈에서 한쪽 가랑이는 흰색, 다른 한쪽은 검은색으로 구분된 바지를 입고 나와 눈길을 끌었을 때 그는 흑백 통합의 의미를 담은 것이라고 설명했다. 칼같이 구분된 바짓가랑이에서 그의 설명과 반대되는 의미를 읽는 사람도 물론 많았다.

어찌됐든 그는 어느 순간부터 아파르트헤이트 반대파가 돼 있었다. 여론에 떠밀린 것인지, 아니면 정부의 세뇌에서 깨어난 것인지 알 수 없지만 전 세계로 대회를 다니는 과정에서 자연스럽게 시야가 넓어진 영향은 있는 듯했다. "정부는 진실을 말하지 않고 국민을 속였다"며 "분리를 전제로 한 평등은 평등이 아님을 어느 날 깨닫게 됐다. 동시에 아파르트헤이트는 끔찍한 정책임을 알게 됐다"고 돌아봤다.

페르부르트가 피살된 뒤 차기 총리로 뽑힌 이가 골프 애호가인 발타자르 요하너스 포르스터였다. 플레이어는 새 총리를 만난 자리에서 스포츠판까지 번진 분리 정책을 철폐해달라고 요청하며 엘더를 남아프리카공화국에 초청하자고 제안했다. 1971년에 엘더는 남아프리카공화국에서 열린 대회에 참가했다. 이를 계기로 골프 외 스포츠들도 흑인 선수의 참여에 전향적인 입장으로 돌아서기 시작했다. 1980년대와 1990년대에 플레이어는 아파르트헤이트 철폐 캠페인에 앞장서기도 했다. 흑인 최초의 PGA 투어 멤버인 찰리 시퍼드Charlie Sifford가 골프장 안팎에서 겪는 차별을 바로 옆에서 목격한 뒤였다.

"손바닥 뒤집듯 한다는 얘기는 물론이고 배신자라는 말도 들었다"

는 플레이어는 "과거의 일을 깊이 후회한다. 후회를 통해 깨우침을 얻고 비로소 '진화'하게 된 것이라고 봐주면 좋겠다"고 했다. 그가 재단 사업을 시작한 가장 큰 이유는 빈곤층 흑인 가정의 아이들에게 교육 받을 기회를 제공하기 위해서였다.

웨지의 마법사는
맨땅에서 탄생했다

🚩

리 트레비노Lee Trevino (1939~)
우승: US 오픈 2회, 디 오픈 2회, PGA 챔피언십 2회,
PGA 투어 29회, PGA 챔피언스 투어 29회

칩샷의 목적은 톡 하고 밀면 들어갈 짧은 거리에 공을 갖다 놓는 것이다. 칩샷이 그대로 들어가버리는 경우도 있다. '칩인'이다. 칩인이 한두 번 나오면 '운이 좋은가 보다' 하고 넘어갈 수 있지만 그 이상이면 뭔가 있다는 얘기다.

리 트레비노는 과장을 조금 보태 칩인을 밥 먹듯 했다. 낮고 빠르게 돌진하던 공이 그린에서 한 번 또는 두 번 튀고는 급격히 백스핀이 걸려 홀로 끌려 들어갔다. 사람들은 그의 기술을 '버닝 웨지 샷'이라고 불렀다. 멕시코계 미국인의 아이콘으로, 또 '슈퍼 멕스'라는 애칭으로 1970년대를 주름잡았던 '웨지의 마법사'.

마법사는 가난한 집안에서 자랐다. 다섯 살부터 목화밭에서 일해야 했다. 그러다 삼촌이 선물한 공 몇 개와 구식 클럽으로 골프와 인연을 맺었다. 그걸로 근처 골프장에서 도둑 연습을 하며 골프와 친해졌다. 열네 살에 학교를 나와 캐디와 구두닦이를 하며 돈벌이를 시작했는데 캐디가 좋은 건 일을 마치면 최소 300개씩 연습볼을 칠 수 있었기 때문이다. 맨땅이거나 풀이 있다고 해도 듬성듬성했지만 상관없었다. 공이 놓인 위치가 어떻든 간에 편안히 웨지를 돌리는 기술은 아마 그때 익힌 모양이다.

본격적으로 기술을 끌어올리는 단계에서도 트레비노는 텍사스 엘파소의 황량한 땅에서 연습했다. 흙먼지를 몰고 와 잡초까지 뽑아가는 거센 바람 탓에 모터사이클용 고글을 써야 했다. 불편해도 바람에 강한 샷을 만드는 데 그보다 더 좋은 환경은 없어 보였다.

혼자서 최적의 스윙을 연구해 로 페이드 샷을 몸에 익혔다. 왼쪽으로 가다가 오른쪽으로 휘는 낮은 탄도의 구질이다. 바람 속에서 트레비노처럼 원하는 구질을 잘 구현하는 선수는 거의 없었다. 야구로 치면 기교파의 최고봉. 그는 "최고의 스윙이란 반복 가능한 스윙인데 그게 바로 내가 가진 강점"이라고 했다.

잔인한 골프의 신이여

해병대 시절 보직이 기관총 사수였던 것도 왠지 예사로워 보이지 않는다. 전역 후 엘파소의 한 골프장에 소속 프로로 들어간 트레비노는 내기 골프로 푼돈을 벌며 감각을 되살리기 시작했다. 고향에 가둬

두기엔 너무 아까운 재능이었다. 그래서 1966년 나간 대회가 US 오픈 출전권이 걸린 퀄리파잉이었다. 퀄리파잉에 합격하고 본선에서 컷 통과까지 해 이듬해 루키로 드디어 PGA 투어 생활을 시작한다.

1972년 7월 스코틀랜드 뮤어필드에서 열린 디 오픈은 그의 '칩인 쇼'로 기억되는 대회다. 3라운드에서 14번부터 18번 홀까지 5개 홀 연속으로 버디 행진을 벌였다. 벙커에서 1타를 줄이는 벙커 샷 버디에 9미터 거리에서 성공한 칩인도 있었다. 그날 66타를 쳐 2위를 1타 차로 밀어내고 단독 선두로 최종 4라운드를 맞게 됐다.

마지막 날 두 홀을 남기고는 토니 재클린Tony Jacklin과 공동 선두를 이뤘다. 재클린이 얌전한 모범생 같았다면 트레비노는 영락없는 개구쟁이였다. 17번 홀 티샷이 감겨 왼쪽 벙커로 들어가자 트레비노는 클럽을 내동댕이쳤다. 벙커로 걸어가며 인상을 팍 쓰고 손으로 허공을 허우적대면서 뭐라고 계속 중얼거렸다. 티샷 실수에 대한 자책이었을 것이다. 공은 그 벽이 수직으로 떨어지는 이른바 항아리 벙커 안에서도 턱 바로 아래 까다롭게 놓여 있었다.

불안한 자세로 안간힘을 다해 걷어낸 뒤 트레비노는 중심을 잃고 뒤로 넘어졌다. 벙커 탈출에는 성공해 페어웨이에 갖다 놓았지만 세 번째 샷을 깊은 러프로 보냈다. 핀까지 120야드를 남기고 부드럽게 걷어낸 공은 다시 그린 뒤쪽 러프로 갔다. 잘해야 보기이고 칩샷에서 실수라도 나온다면 더블 보기로 스코어가 불어날 수 있는 최대 위기였다. 그 사이 재클린은 그린 주변에서 어프로치를 잘 보내 5.5미터 거리의 버디 퍼트를 남겨놓고 있었다.

트레비노는 재클린의 상황을 전혀 신경 쓰지 않는 것 같았다. 그저 바로 지금 자기가 할 일에만 온 신경을 쏟았다. 볼을 떨어뜨릴 곳을 정한 뒤 러프로 올라와 양발을 모으고 자신감 있게 클럽 헤드를 떠나보냈다. 연습이 아니라 대회라는 점을 빼곤 그에게는 어쩌면 익숙한 상황이었다. 캐디로 일하며 틈틈이 연습볼을 칠 때, 엘파소의 황량한 땅에서 바람과 맞서 싸울 때 수도 없이 어려운 상황들과 씨름하고 극복했었다.

모은 양발을 지면에 고정한 채 트레비노는 손목만 이용해 감각적으로 톡 끊어 쳤다. 그립을 짧게 내려 잡고는 임팩트 단계에서 끝내는 감각적인 시도였다. 공의 궤적은 퍼터로 굴린 것처럼 부드러웠다. 아주 낮게 떠서 나아간 뒤 그린에 통통 튀고는 이상적인 스피드로 예쁘게 굴러가더니 쏙 들어가버렸다.

트레비노는 대회를 준비할 때부터 이런 상황을 기다리고 있었는지도 모른다. 일주일 내내 주로 연습한 게 이런 범프 앤드 런 샷이었다. 발뒤꿈치를 모으고, 무릎은 구부리되 타깃을 향하게 자세를 취했다. 왼손은 지면과 평행하게 유지하고 백스윙 때 오른 손목을 꺾는 게 노하우였다. 오른손을 탄도와 방향을 조절하는 운전대라고 생각했다. 양손은 항상 클럽 앞에 위치하게 했고 강하게 타격해 스핀을 주는 게 생명이었다.

트레비노는 원래 메이저 대회를 준비하는 전초전으로 그 전주에 다른 대회에 나가곤 했는데 이때는 대회보다 연습이 필요하다고 느꼈다. 텍사스에 아직 개장하지 않은 코스를 소개받아 일주일간 매일 아침 18홀을 돌았다. 집에 와서 또 몇 시간 동안 연습볼을 쳤고 아이들과 수영하며 놀아준 뒤 오후 4시부터 다시 연습에 물입했다. 그렇게 규칙적인 일주일을 보내고 나온 대회였다.

17번 홀에서 마술처럼 파 세이브에 성공했을 때 옆에 있던 캐디가 더 흥분해 허공에 주먹을 내질렀다. 트레비노는 그 자리에서 꼼짝하지 않다가 개구쟁이처럼 슬며시 웨지를 던져버리는 세리머니를 펼쳤다. 대회에서 기록한 네 번째 칩인이었다.

동반하던 플레이어가 보면 맥이 탁 풀려버릴 장면이었다. 5.5미터 거리의 버디를 못 넣은 것까지는 그래도 괜찮았다. 그런데 라인을 잘못 본 탓인지 짧은 파 퍼트가 그냥 왼쪽으로 지나가버렸다. 스리 퍼트 보기로 5언더파. 트레비노가 1타 앞서게 됐다. 트레비노가 듣기로 그때 재클린은 "이건 공정하지 않아. 골프의 신은 왜 나를 싫어할까"라고 외쳤다고 한다.

트레비노는 마지막 홀에서 아이언 샷을 홀 2미터 안쪽에 붙이고는 신이나 이번에는 아이언을 던졌다. 모자를 벗고 고개를 젖혀 햇빛을 잠깐 즐기기도 했다. 반면 벙커 샷을 하고 턱을 힘겹게 올라가는 재클린은 이제 애처로워 보이기까지 했다. 그는 마지막 홀에서도 보기를 범해 2타 차의 3위로 내려갔다. 트레비노는 최종 라운드에서 71타를 더해 합계 6언더파 278타로 마쳤고 막판에 66타로 분전한 잭 니클라우스가 1타 차인 5언더파를 기록해 2위가 됐다.

앞서 1971년 잉글랜드 로열 버크데일 골프 클럽에서 열린 디 오픈에서 우승했던 트레비노는 이렇게 대회 2연속 우승을 달성했다. 제

100회, 101회 디 오픈을 연속 제패한 것이다.

그는 그린 주변에서 어프로치를 시도할 때 아주 다양한 테크닉을 갖고 있었다. 그린과 꽤 떨어져 있어도 웨지 대신 퍼터로 굴리는 '텍사스 웨지 샷'의 달인이었다. 디 오픈 코스는 그린과 그린 밖의 경계가 흐릿해 그린이 페어웨이 같고 페어웨이가 그린 같은 곳이 많은데 이런 환경에서 정교한 텍사스 웨지는 강력한 무기가 됐다. 그는 "페어웨이 잔디가 퍼트가 가능할 만큼 짧게 커팅된 곳에서는 굳이 칩 샷을 시도할 필요가 없다"며 "엘파소에서 연습하던 시절엔 핀까지 50~100야드 거리에서도 때때로 퍼터를 들었다"고 했다.

사랑할 수밖에 없는 경쟁자

1972년 디 오픈에 니클라우스는 시즌 첫 메이저 대회인 마스터스와 두 번째인 US 오픈을 모두 정복하고 나간 터였다. 1971년 PGA 챔피언십부터 메이저 대회 3연승을 휩쓴 파죽지세였다. 1972년 디 오픈도 당연히 그가 우승 후보 1순위였다. 그때까지 이미 메이저 대회 11승을 올리고 있었다.

천하의 니클라우스도 어쩌지 못하는 이가 트레비노였다. 트레비노에게 밀려 메이저 대회에서 준우승한 경우가 4차례나 되고 1972년 디 오픈은 그중 세 번째였다.

PGA 투어 2년차인 1968년 트레비노는 US 오픈에서 우승하며 메이저 대회 첫 타이틀을 품었는데 이때 4타 차로 밀린 2위가 니클라우스였다. 1971년 US 오픈에서도 니클라우스를 꺾었고 그 여세를 몰아 2주 뒤에 열린 캐나다 오픈과 다시 일주일 뒤에 열린 디 오픈까지 휩쓸었다. 같은 해에 그 3개 대회를 우승한 것은 사상 최초 기록이었다. 불과 20일 사이에 트로피 3개를 쓸어 담은 것이다.

1971년 6월 펜실베이니아주 메리언 골프 클럽에서 열린 US 오픈. 2라운드까지도 상위권에 이름을 올리지 못한 트레비노는 3라운드부터 시동을 걸었다. 69타를 쳐 합계 1오버파를 적으며 공동 4위로 올라갔다. 1언더파로 앞선 2위에는 니클라우스가 있었다.

3라운드 선두였던 아마추어 짐 시몬스Jim Simons가 4라운드에 들어 76타로 무너지면서 판이 깔렸다. 시몬스와 같은 조에서 경기한 니클라우스는 71타를, 트레비노는 69타를 쳐 둘이 합계 이븐파 280타를 작성하며 공동 선두로 마쳤다. 마지막 18번 홀에서 트레비노는 2미터 좀 넘는 파 퍼트를 놓쳐 1언더파로 달아나지 못했고 니클라우스도 막판에 4.5미터 거리의 버디 퍼트가 살짝 빗나가 우승을 결정짓지 못했다. 둘은 월요일에 18홀 결투를 벌이게 됐다.

긴장감이 최고조에 달한 연장 첫 홀 티잉 구역에 묘한 분위기가 돈 것은 트레비노가 꺼낸 '뱀' 때문이었다. 앞서 대회 개막을 앞두고 그는 기념품 가게에서 장난감 뱀을 샀다. 그러고는 사진 촬영 때 소품으로 썼다. 메리언 골프 클럽의 무시무시한 러프를 보여주기 위해서다. 얼마나 깊고 빽빽한지 뱀도 보이지 않을 정도라고 말하고 싶었던 모양이다. 그런데 연장전을 시작하기 직전에 트레비노가 며칠 전에 산 장난감 뱀을 꺼내 니클라우스 쪽으로 던진 것이다.

이를 두고 몇몇 매체에서는 트레비노가 경쟁자를 놀라게 하려는 의도로 짓궂은 장난을 친 것처럼 보도했다. 실제로는 오히려 니클라우스가 원한 장난이었다. 골프백에서 새 장갑을 꺼내려다 장난감 뱀이 집히기에 트레비노는 주변의 갤러리들에게 그걸로 장난을 쳤는데 이를 재미있게 지켜보던 니클라우스가 자기도 좀 보자고 던져달라고 요청한 것이라고 한다.

경기 전까지 분위기는 이렇게 가벼웠지만 트레비노가 첫 홀을 보기로 시작하면서 결투는 한 치의 물러섬도 없이 진행됐다. 2번 홀에서 보기, 3번 홀에서 더블 보기를 범한 니클라우스가 초반 2타 차로 뒤졌지만 5번 홀에서 버디를 잡아 금세 1타 차로 따라붙었다. 11번 홀까지도 1타 차의 긴장이 계속 이어졌다.

그렇게 맞은 12번 홀. 니클라우스의 먼 거리 버디 퍼트가 들어가려다가 홀 입구에서 오른쪽으로 살짝 틀어지는 것을 유심히 지켜본 트레비노가 거의 같은 곳에서 버디 퍼트를 넣었다. 이로써 2타 차. 승부는 224야드의 긴 파3인 17번 홀에서 사실상 결정 났다. 니클라우스의 티샷이 오른쪽 벙커에 폭 박혔다. 공이 모래에 반쯤 파묻혀 달걀 프라이 모양이 된 프라이드 에그 라이의 위기 상황이었다.

그런 날이 있다. 이상하게 샷이 벙커에 자주 들어가고 들어갈 것 같은 퍼트는 아주 미세한 차이로 어긋나는. 니클라우스에게는 그날이 그런 날이었다. 벙커에서 탈출은 잘했지만 핀에 가까이 보내지는 못했다. 반면 트레비노는 니클라우스가 벙커 샷을 한 그 벙커 옆에서 롱 퍼트를 기가 막히게 핀 가까이 붙여 가볍게 파를 지켰다.

　　　　　　　　　　　　　　　　　　　버디 퍼트

니클라우스가 투 퍼트로 보기를 적으면서 둘 간의 거리는 3타로 벌어졌다. 2언더파 대 1오버파. 트레비노의 두 번째 US 오픈 우승이자 메이저 대회 2승째였다. 마지막 파 퍼트를 넣은 트레비노는 모자를 벗어 던지는 세리머니를 선보인 뒤 곧바로 니클라우스에게 악수를 청했다.

메이저 대회 18승이라는 대기록을 쓴 니클라우스는 연장전 우승이 3차례이고 연장 패배는 딱 한 차례인데 유일한 연장 패배가 그때 트레비노에게 당한 것이다. 니클라우스는 "우승을 놓칠 땐 누가 우승하는지에 대해 아예 관심이 없다. 근데 트레비노가 여러 번 내 위에 있었다는 건 의식이 되더라"고 돌아봤다. 그는 트레비노를 "좋은 선수이자 이기기 힘든 경쟁자"라면서도 "그런데도 그와의 경기는 언제나 즐겁다"고 했다.

"트레비노는 공을 홀에 넣는 방법을 어떻게든 찾아내곤 한다. 누군가 자신을 이기게 놔두지 않겠다는 마음으로 똘똘 뭉쳐 있다. 그런 마음가짐을 가진 선수는 경쟁자라 해도 사랑할 수밖에 없다."

훗날 트레비노는 이런 말을 했다.

"나는 우승 확률이 낮은 언더독으로 분류되는 걸 좋아했다. 강력한 우승 후보로 꼽힐 땐 오히려 잘한 적이 없다. 나는 모든 면에서 언더독인 사람이고 사실 그걸 즐겼다."

또 이렇게 돌아봤다.

"잭과 견줄 만큼의 재능이 내게 없다는 사실에는 의심의 여지가 없다. 웨지 플레이 하나는 확실히 그보다 나았을지 몰라도 드라이버, 롱 아이언, 퍼트까지 잭이 나보다 뛰어났다. (…) 나는 한번 실수하기 시작하면 성질을 못 이겨 스스로 무너지는 스타일인데 잭과의 승부 땐 골프화 끈을 좀 더 조이고 허리띠도 한 칸 더 졸라맸다."

　US 오픈과 디 오픈을 각각 두 차례씩 우승한 트레비노는 1984년 44세 나이에 PGA 챔피언십 두 번째 우승이자 메이저 대회 6승째를 해냈다. 그때 2위 그룹을 4타 차로 따돌렸다. 4라운드 연속으로 70타 이하 스코어(69-68-67-69)를 적은 것은 PGA 챔피언십 역사상 그때가 최초였다. 그는 메이저 대회 첫 우승인 1968년 US 오픈에서 4라운드 연속으로 언더파(69-68-69-69)를 쳤는데 이것도 US 오픈 최초 기록이 었다.

트레비노의 백엔 퍼터가 6개 있었다

리 트레비노는 자기 자신에 대한 평가가 늘 야박했다. 잘하는 것 몇 가지를 빼곤 재능이 부족한 골퍼라고 여겼다. 이런 인식은 지칠 줄 모르는 노력의 밑천이 됐다.

정식 골프 레슨을 받아본 적도, 코치의 도움을 받아본 적도 없지만 눈썰미 하나는 끝내줬다. 어느 날 댈러스 지역 주민인 벤 호건이 왼쪽에서 오른쪽으로 휘어지는 페이드 샷을 치는 것을 유심히 지켜보고는 그길로 바로 연습장으로 달려갔다. 왼쪽으로 심하게 휘어져 나가는 훅으로 오랫동안 고생하던 터에 호건의 샷을 보고 동작을 그대로 따라 하고 싶었던 것이다. 그렇게 1년 동안 페이드 샷만 파고들었다. 다운스윙의 궤도에 공 4개가 줄지어 있다고 상상하며 차례로 치고 나가는 연습을 하니 효과가 좋았다. 트레비노는 커리어 내내 이렇게 익힌 페이드 샷으로 코스를 공략했다.

탄도가 낮은 샷을 잘 구사한 그는 US 오픈과 디 오픈, PGA 챔피언십을 두 차례씩 제패했다. 하지만 마스터스 우승은 없었다. 공동 10위가 최고 성적이었다. 출전하지 않고 대회를 거른 적도 많았다. 한 해에 메이저 대회 두 곳을 정복한 1971년에도 마스터스는 참가조차 하지 않았다. 오거스타 내셔널의 코스 세팅 자체가 자신과 맞지 않는다고 느꼈다. 러프가 없어 장타자에게 유리하고 페이드보다는 오른쪽에서 왼쪽으로 휘어지는 드로 구질을 치는 선수가 이득을 보는 코스라고 생각했다. 아무리 마스터스라도 맞지 않는 코스에서 소모전을 벌이기보다는 건너뛰는 게 합리적이라고 그때는 판단했다. 하지만 훗날엔 마스터스에 충분히 도전하지 않은 걸 가장 크게 후회했다.

우승 확률이 낮은 언더독으로 불리는 걸 즐긴 만큼 헌신적으로 연습했다. 작열하는 태양 아래서 몰입 상태로 연습볼을 치고 빠른 회복을 위해 일찍 잠자리에 드는 날들을 반복하다 보면 무의식중에 '나는 이미 준비돼 있다'는 정신 무장이 됐다. 연습을 게을리하고 대회에 나가면 경기가 잘 풀리고 우승이 가까이 와도 '난 준비되지 않았는데' 하는 불안이 생겨 스스로 부담을 지우게 되는 식이었다. 그에게 연습은 불안감을 없애는 방법이었다.

PGA 투어에서 본격적으로 활약하기에 앞서 5년가량 하루 최대 15시간씩 클럽을 쥐고 살았다. 새벽 5시에 코스에 도착해 빠르게 18홀을 돌고는 연습 티로 가 하나씩 꼼꼼히 수백 개 볼을 쳤다. 그러면 오후 2시가 됐다. 샤워를 하고 일터에 나가 밤 11시~12시까지 일하는 게 일상이었다.

그는 퍼터를 자주 바꾸는 선수로도 유명했다. 퍼터를 새끼 고양이에 비유하곤 했다.

"새끼 고양이들은 태어나서 일주일은 눈도 제대로 못 떠 엄마를 알아보지 못하죠. 퍼터도 그래요. 처음엔 눈을 못 뜬 상태여서 누가 자기를 쥐고 있는지도 모르죠. 근데 한번 잘 쓴 퍼터를 다음 주 대회에 또 들고 나가면 그때부터는 말을 듣지 않아요. 그때는 눈 뜨기 전인 다른 퍼터를 꺼내는 수밖에 없다는 겁니다."

그래서 퍼터를 최소 6개나 갖고 다녔다. 대회 기간에 아내가 근처 동네에서 사온 제품으로 교체한 그날 바로 불꽃타를 치기도 했다.

트레비노는 미디어를 잘 이용한 선수였다. 대회에 앞서 열린 기자 회견에서 라이벌 선수의 약점을 묻는 질문이 나오면 이렇게 답하는 식이었다.

"그 선수한테서 약점을 찾기란 매우 어려워요. 드라이버를 멀리 치고 훌륭한 아이언 플레이를 하며 퍼트도 흠잡을 데 없으니까요. 그런데도 굳이 약점을 꼽아야 한다면 웨지 플레이가 아닐까요?"

트레비노는 생각했다. '기자들은 내 말을 보도할 테고 그러면 그 선수는 기사를 읽게 되겠지. 웨지를 칠 때마다 기사를 의식할 테고 그러면 힘이 들어가서 분명히 실수가 나올 거야.' 경기하는 동안 자신의 플레이에만 집중하는 게 아니라 상대의 루틴도 틈틈이 살폈다. 홀을 두어 번 쳐다본 뒤 퍼트하던 선수가 갑자기 다섯 번을 쳐다본다? 이유 없이 걸음이 빨라진다? 날씨가 덥지도 않은데 물을 갑자기 많이 마신다? 그는 생각했다. '아, 저 친구, 긴장했구나. 기회가 왔다!'

왓슨부터
매킬로이

꼭 울어야 할
필요가 있나요?

⚑

톰 왓슨 Tom Watson (1949~)
**우승: 디 오픈 5회, 마스터스 2회, US 오픈 1회,
PGA 투어 39회**

미국 미주리주 캔자스시티 출신의 톰 왓슨은 딱히 더 이뤄야 할 것
도 없는 골퍼였다. 4대 메이저 대회를 석권하려면 PGA 챔피언십 우
승이 남아 있었지만 최고 전통의 디 오픈을 이미 5차례 우승한 뒤였
다. 마스터스는 두 차례, US 오픈도 한 차례 제패했다. 모두 1970년대
중반부터 1980년대 초반까지 이뤄낸 성취였다.

2009년의 디 오픈은 전성기가 훨씬 지난 그에게 그야말로 참가에
의의를 두는 정도의 대회 같았다. 하지만 이런 예상은 보기 좋게 빗나
갔다. 육순이 다 된 그는 첫날부터 맹렬한 기세로 26년 만이자 통산
아홉 번째 메이저 대회 타이틀을 향해 달려갔다.

육순에 고관절 수술에도 버디 행진

2009년 7월 16일, 제138회 디 오픈이 시작된 스코틀랜드 턴베리의 에일사 코스. 세계 골프 명예의 전당에 입회한 게 21년 전인 1988년이니 왓슨은 그 자신의 표현대로 옛날 사람이었다. 도박사들이 책정한 그의 우승 배당률은 1500대 1. 그의 우승에 돈을 걸어 적중하면 1500배를 준다는 것으로 그만큼 우승 확률을 낮게 본다는 뜻이다.

육순 생일이 코앞인 데다 고관절 전치환술을 받은 게 불과 9개월 전이었다. 고관절의 손상된 일부 뼈를 제거하고 인공관절을 넣은 몸으로 그는 코스를 걷고 공을 띄우고 그린에서 굴리기를 반복했다.

고약한 날씨로 악명 높은 턴베리에 산들바람이 불어 평화로운 기운이 감돌 때부터 뭔가 다른 조짐이 엿보였는지도 모른다. 그 속에서 햇살처럼 온화한 미소를 띤 그가 이변을 만들고 있었다. 1라운드에서 티샷에 난조를 보이던 타이거 우즈가 디 오픈에 참가한 이래 가장 부진한 1오버파를 적으며 공동 68위까지 밀리는 사이 왓슨은 전반 2개, 후반 3개씩 부지런히 버디를 적립했다. 보기 없는 플레이로 5언더파 65타를 적은 그는 선두 미겔 앙헬 히메네스Miguel Ángel Jiménez에게 1타 뒤져 공동 2위를 달렸다.

전년 US 오픈에서 우승했던 우즈는 다음 날 2라운드를 마치고 짐을 싸야 했다. 그날 4오버파를 쏟아내 이틀간 5오버파를 적고 공동 74위에 그쳐 컷 탈락했다. 프로로 전향한 이래 컷 통과에 실패한 두 번째 메이저 대회로 남았다.

첫날과 달리 비바람이 불며 180도 돌변한 환경에 왓슨도 흔들렸다. 4번 홀부터 4개 홀 연속으로 보기를 기록하며 4타를 헌납한 것. 그렇게 쭉 밀려나다 쓰러져도 전혀 이상할 게 없었다. 6년 전인 2003년 6월의 US 오픈처럼.

당시 왓슨은 첫날 65타를 치고 공동 선두에 나섰었다. 그의 30년 지기 캐디인 브루스 에드워즈Bruce Edwards는 그해 초 루게릭병 진단을 받고도 '보스'의 골프백을 내려놓지 않았다. 둘은 서로를 위해 선물 같은 스코어를 합작한 뒤 눈물을 쏟았다. 그러나 왓슨은 2라운드에서 72타, 3라운드에서 75타로 미끄러져 공동 28위에 만족해야 했다. 그 후 에드워즈는 1년이 채 안 돼 결국 죽음을 맞았다.

왓슨은 스멀스멀 피어오르는 6년 전 US 오픈의 기억을 보란 듯이 걷어찼다. 다시 중반부터 버디 4개를 적으며 기어이 타수를 잃지 않고 이븐파를 맞춘 것. 18미터 떨어진 먼 거리 버디 퍼트가 16번과 18번 홀 두 번이나 들어갔다. 마지막 18번 홀에서 퍼트에 성공할 때 그는 허공에 한쪽 다리를 차 올리는 즉흥 세리머니를 펼쳐 열광하는 팬들의 흥을 돋웠다. 훗날 그는 "첫날 65타를 친 뒤에 응원이 쏟아졌다. 이메일 계정이 먹통이 될 정도였다"고 회고했다.

2라운드에 언더파 스코어를 낸 선수가 7명에 불과했으니 이븐파면 대성공이었다. 왓슨은 이틀 합계 5언더파를 적어 무명의 스티브 마리노Steve Marino와 함께 2위와 1타 차의 공동 선두로 반환점을 돌았다.

1라운드 뒤 "곧 예순인 선수에게 나쁘지 않은 출발"이라고 자세를 낮췄던 왓슨은 2라운드를 마치고는 말을 바꿔 "우승할 생각이 없었다면 여기 오지 않았다"며 우승 도전을 공식화했다.

1타 차 선두로 맞은 72번째 홀

토요일 3라운드. 북서쪽에서 불어오는 묵직한 바람에 코스는 더 건조하고 단단해졌다. 그만큼 그린에 볼을 멈춰 세우기가 어려웠다. 왓슨은 3개 홀을 남긴 15번 홀까지 3타를 반납하고 있었다.

반전이 필요하던 그때 전날 18미터 거리의 퍼트에 성공했던 16번 홀이 다시 한 번 효자 역할을 했다. 그 홀에서 9미터 거리의 버디에 성공하며 공동 선두 자리를 되찾았다. 내친 김에 17번 홀에서도 버디를 터뜨렸다. 왼쪽 페어웨이에서 하이브리드 클럽으로 부드럽게 휘두른 스윙이 목표 방향보다 살짝 오른쪽으로 공을 보냈다. 하지만 러프에서 한 번 크게 튄 공은 왼쪽으로 방향을 틀면서 그린까지 굴러가 핀 옆에 살포시 자리를 잡았다. 이글 퍼트가 살짝 홀 오른쪽으로 흘러 나갔지만 가볍게 또 1타를 줄이면서 그는 마침내 단독 선두를 꿰찬다.

18번 홀 그린으로 향할 때 갤러리 스탠드를 보고 두 팔 들어 파도타기 응원을 유도할 만큼 그는 오랜만에 맛보는 메이저 대회 우승 경쟁을 흠뻑 즐기고 있었다. 그때 캐디 닐 옥스먼Neil Oxman에게 슬쩍 던진 한마디는 이것이었다.

"이봐, 브루스가 우리와 함께하고 있는 것 같지 않아?"

옥스먼도 죽은 브루스의 오랜 친구였다. 친구가 세상을 떠나자 자신이 왓슨의 골프백을 멨다.

3라운드 마지막 홀을 파로 마무리하며 1오버파 71타로 선방한 왓슨은 메이저 대회 54홀 최고령 1위라는 신기록을 썼다. 1867년 46세 올드 톰 모리스Old Tom Morris의 디 오픈 우승, 1968년 48세 줄리어스 보로스의 PGA 챔피언십 우승, 1965년 52세 샘 스니드의 그레이터 그린 스보로 오픈 우승이 줄줄이 언급됐다. 그때까지 4언더파 206타를 기록하며 1타 차로 단독 선두에 나선 왓슨이 4라운드에도 자리를 지키면 올드 톰 모리스의 디 오픈 최고령 우승, 보로스의 메이저 대회 최고령 우승, 스니드의 정규 투어 대회 최고령 우승 기록을 모두 깰 수 있었다.

언론은 '스포츠 역사상 가장 위대한 승리가 탄생할 것 같다'며 분위기를 띄웠다. 왓슨 본인도 "첫날 사람들은 '웬 늙은이가 반짝하는구나' 싶었을 테고 이틀째는 '뭐 그런가 보다' 했을 거다. 오늘은 '어, 저러다 저 늙은이가 우승하는 거 아냐?' 하고 생각할 것"이라며 스포트라이트를 즐기는 표정이었다.

그렇게 시작된 4라운드. 첫 3홀에서 보기만 2개를 범해 휘청거렸지만 그는 버티고 또 버텼다. 4번 홀부터는 보기가 나오면 그때마다 버디로 만회하며 악착같이 우승을 향해 걸어 나갔다. 20대인 로스 피셔 Ross Fisher가 기세등등하게 3타 차 선두로 튀어 나갔지만 이내 5번 홀에서 쿼드러플 보기를 범해 한꺼번에 4타를 잃고 나가떨어졌다. 그렇게 피치를 올리며 치고 나갔던 선수들이 차례로 낙마하면서 어지러웠던 선두 자리다툼도 조금씩 정리돼갔다.

190센티미터가 훌쩍 넘는 거구인 스튜어트 싱크 Stewart Cink가 마지막 18번 홀에서 버디를 보태 최종 스코어 2언더파로 먼저 경기를 마친 가운데 왓슨은 17번 홀에서 가볍게 버디를 잡았다. 두 번째 샷이 그린을 넘어갔지만 러프에서 퍼터로 굴린 볼을 핀 옆에 붙였다. 그 버디로 3언더파를 만들어 드디어 1타 차 단독 선두가 됐다. 2언더파를 기록 중이던 앞 조의 리 웨스트우드Lee Westwood는 티샷을 벙커에 빠뜨려 진땀을 빼고 있었다.

18번 홀 티잉 구역에 올라간 왓슨은 1라운드 첫 홀에 임할 때처럼 가벼워 보였다. 그 한 홀의 결과에 따라 골프 역사가 바뀐다는 사실을 혼자만 모르는 것처럼 태연히 티샷으로 페어웨이 한가운데를 갈랐다. 왓슨은 웨스트우드가 보기로 마무리해 1언더파로 우승 경쟁에서 밀려나는 모습을 뒤에서 지켜봤다. 이제 남은 것은 무난하게 파를 지켜 1타 차로 우승하거나 아니면 화려한 버디로 피날레를 장식해 턴베리 코스를 단독 콘서트장으로 만드는 일뿐이었다.

9번 아이언을 들었더라면

두 번째 샷을 하러 공이 놓인 지점으로 걸어가면서 왓슨은 살짝 숙인 고개를 좀처럼 들지 않았다. 쨍하게 비친 햇빛에 눈이 부셨거나 뭔가 깊은 생각에 빠져 있었거나 둘 중 하나였을 것이다. 어느 쪽이든 그에게 가장 필요한 것은 평상심이었다. '이 샷에 모든 것이 달렸다'는 압박감을 지우고 지금까지 켜켜이 쌓아온 경험에 기대 그저 루틴에 몸을 맡기면 됐다.

그린에서 보기 퍼트를 하는 웨스트우드의 바지 자락이 방정맞을 만큼 빠르게 펄럭거리고 있었다. 뒤에서 샷 순서를 기다리던 왓슨도 이 모습을 유심히 지켜봤다. 바람을 잘 계산해야 했다. 대회 개막 전날 밤 왓슨은 아내 힐러리에게 이런 말을 했다.

"여보, 나, 왠지 우승할 것 같아."

평소 이런 말을 입 밖에 내는 남편이 아니었다. 하지만 그는 연습 라운드를 할 때부터 예사롭지 않은 편안함을 느꼈다. 메이저 대회로만 5차례나 쳐본 코스이기는 해도 지나칠 만큼 마음에 평화가 충만했다. 이런 느낌은 출전 명단을 들여다보면서 더욱 강해졌다. 참가 선수의 95퍼센트가 턴베리에서 처음 경기해보는 친구들이었다.

왓슨은 일기예보를 면밀히 분석해 바람 방향과 세기에 따라 준비했다. 연습 라운드 때의 바람 방향이 2라운드부터 완전히 바뀌리라는 걸 누구보다 잘 알고 있었다. 대회 내내 아름다운 아이언 샷으로 경탄을 불러일으킨 데는 치밀한 바람 계산이 결정적이었다.

마지막 72번째 홀에서 핀까지 남긴 거리는 187야드. 클럽 선택을 두고 캐디에게 의견을 구하는 스타일은 아니었지만 이때의 왓슨에게는 어느 때보다 강한 확신이 필요했다. "어떻게 생각해?"라는 물음에 캐디 옥스먼이 답했다.

"8번 아이언이 좋을 것 같아요."

원하던 대답이었다. 8번을 꺼내든 왓슨은 힘 있게 풀스윙을 했다. 높이 솟구친 공을 보면서 그는 그제야 마른 입술에 물기를 묻혔다. '완벽한 샷이다.' 공이 원하는 곳에 떨어지리라 믿었고 그러면 우승이라고 봤다.

공중에 한참 머물다 떨어진 공에 관중의 환호가 쏟아졌다. 핀 앞쪽 이상적인 위치에 내려앉은 공은 핀 방향으로 구르기 시작했다. 하지만 이내 갤러리 스탠드가 조용해졌다. 스핀이 덜 걸린 탓에 굴러가는 속도가 줄지 않았고 그대로 핀을 지나 그린을 넘어가버린 것이다. 그린 뒤 둔덕마저 넘어 러프에 걸치고 나서야 질주를 멈췄다.

최상의 결과를 만들지는 못했지만 그래도 여기서 2타 만에만 넣으면 우승이었다. 웨지로 띄운 뒤 굴러가게 하는 방법과 퍼터로 처음부터 굴리는 방법 중에 그는 후자를 택했다. 허리를 굽혀 공이 놓인 위치를 골똘히 지켜보는 사이 관중 속의 아내 힐러리는 깍지를 꼈다가 팔짱을 꼈다가 하며 안절부절못하고 있었다.

공 바로 뒤 러프의 잔디는 역결로 누워 있었고 핀 앞까지는 쭉 오르막이었다. 이를 고려해 왓슨은 강한 임팩트로 승부를 걸었다. 하지만 너무 강한 나머지 공은 핀 왼쪽으로 꽤 많이 지나갔다. 반드시 넣어야 하는 파 퍼트의 거리는 2.5미터.

두 손을 모아 기도하는 팬도 있었지만 안타깝게도 기도는 통하지 않았다. 강했던 첫 퍼트와 달리 이번에는 너무 약했다. 공이 홀 한 뼘 앞에 멈춰 서자 수천 명의 탄식이 동시에 쏟아졌다. 대회 내내 그렇게 말을 잘 듣던 퍼터가 마지막에 주인을 배신하고 말았다.

그렇게 합계 2언더파 동타를 이뤄 싱크와 연장을 벌이게 됐다. 하지만 내용은 조금 싱거웠다. 4홀 스코어 합산 방식의 연장에서 왓슨은 보기-파-더블 보기-보기를 적었다. 싱크는 파-파-버디-버디. 4오버파와 2언더파로 갈린 가운데 왓슨은 6타 뒤져 준우승에 만족해야 했다. 연장 세 번째 홀에서 티샷을 깊은 러프에 빠뜨려 탈출에 어려움을 겪을 때 승부는 사실상 결정된 것이나 다를 바 없었다.

마지막 홀에서 싱크의 우승 세리머니를 조용히 기다렸다가 따뜻한 축하를 건네는 왓슨의 표정은 쓸쓸함과 거리가 있었다. 비록 완벽한 마침표는 아니었지만 '절대 불가능'을 '충분히 가능'으로 바꿔놓았다는 사실을 갤러리들의 오랜 기립 박수가 증명하고 있었다. 2000년대 디 오픈 우승자의 평균 연령이 32세라는 자료도 그의 위대했던 도전에 빛을 더한다.

캐디 옥스먼은 마지막 라운드 18번 홀 두 번째 샷 상황을 훗날 이렇게 자책했다.

"(8번보다 한 클럽 짧은) 9번 아이언을 권했어야 했는데…."

하지만 왓슨은 "나는 절대 지난 샷에 대해 '이렇게 할걸'이라고 돌아보지 않는다. 때로 행운이 함께하지만 그 반대인 경우도 있는 법이고 그게 곧 골프"라고 말했다.

3라운드까지 3타 차로 밀리다가 열세를 뒤집고 우승한 싱크도 아픔이 있는 선수였다. 2001년 US 오픈에서 40센티미터 거리의 퍼트를 놓치는 바람에 연장에 가지 못하고 3위에 머물렀던 기억이 있다. 그는 이렇게 소회를 밝혔다.

"복잡 미묘한 감정을 느끼며 왓슨과 연장을 치렀다. 그가 세월을 거꾸로 돌리는 과정에 일원으로서 함께했다는 사실이 행복하다."

대회를 정리한 왓슨은 끝까지 아쉬워하는 기자들에게 한마디를 던졌다.

"생각과 똑같이 되지는 않았지만 거의 꿈을 이룬 셈 아닌가. 장례식도 아닌데….”

　6년 뒤인 2015년 7월 세인트앤드루스 올드 코스에서 왓슨은 디 오픈 은퇴 경기를 치렀다. 아침에 내린 비로 경기가 지연돼 그가 속한 조가 경기를 마칠 쯤엔 거의 밤 10시가 다 된 시각이었다. 그런데도 마지막을 함께하려고 코스를 떠나지 않은 갤러리들에게 그는 모자를 벗고 90도로 허리를 굽혀 경의 어린 감사를 전했다. 눈물을 원하는 듯한 사람들에게 그는 한마디를 던졌다.

　“그런데 꼭 울어야 할 필요가 있나요?”

　　　　　　　　　　　　　　　　　　　　　　　· **버디 퍼트**

필 미컬슨은 왜 왓슨을 저격했나

2014년 9월 라이더컵을 마친 스코틀랜드 글렌이글스에서 미국팀 기자회견이 진행됐다. 대회 결과는 16.5 대 11.5의 유럽팀 승리. 이로써 미국은 2000년대 이후 3회 연속 패배를 포함한 1승 6패의 굴욕적인 전적을 안게 됐다. 그래도 보통의 기자회견이라면 아쉬운 점은 아쉬운 대로 남겨두고 잘됐던 점을 언급하며 서로를 격려하기 마련인데 이때의 기자회견은 아주 많이 달랐다.

라이더컵 마지막 승리인 2008년과 그 후의 상황을 비교해달라는 취재진 요청에 필 미컬슨은 작정한 듯 리더십의 차이를 지적해 기자들의 눈을 동그랗게 만들었다.

"(2008년 미국팀 단장인) 폴 에이징어Paul Azinger는 선수 전원을 경기 안팎의 모든 과정에 참여시키며 각자가 가진 최고의 기량을 끌어냈어요. 경기에 나설 선수 조합과 그 안에서 각 선수가 할 일, 경기가 예상대로 풀릴 때와 그렇지 않을 때의 대비 등 게임 플랜이 확실히 세워져 있었고요. 같은 조로 경기할 가능성이 큰 선수들을 묶어 소그룹으로 나누고 그룹 내 선수끼리 친하게 지내게 한 것도 효과가 좋았습니다."

이번엔 그런 식으로 운영되지 않았느냐는 질문에 미컬슨은 "그렇습니다. 의사 결정에 참여한 선수가 한 명도 없었습니다"라고 확인했다. 단장 톰 왓슨을 '저격'한 것이다. 미컬슨은 테이블의 맨 왼쪽에 앉아 있었고 오른쪽으로 몇 명의 선수를 지난 자리에 왓슨이 자리하고 있었다.

미컬슨의 말을 어떻게 생각하느냐는 질문이 곧바로 왓슨에게 향했다. 왓슨은 "내 생각은 다르다"고 했다.

"라이더컵은 12명 전원이 힘을 모으는 대회이다 보니 소그룹 운영은 필요하지 않다. 각 매치에 나설 2명씩의 선수 조합은 부단장과 충분히 상의해 결정한 것이다. 나는 에이징어 단장과는 다른 철학을 갖고 있어서 똑같이 따르지는 않았다. 우리는 선수들이 충분한 연습 라운드를 통해 여러 동료와 한 번씩 호흡을 맞춰보게 하는 방식으로 최적의 조합을 찾으려 노력했다."

해명했지만 왓슨은 오히려 집중 타깃이 됐다. '미컬슨의 말이 불충으로 들리나' '애초에 승리를 위한 철학이 있기는 했나' '에이징어가 남긴 좋은 선례를 굳이 무시한 이유는 뭔가' 등 날 선 질문이 쏟아졌다. 이에 왓슨은 "부단장의 의견을 존중했다" "요점은 이번 주 유럽이 더 좋은 경기를 했다는 것" 등 답변을 내놓아 역풍을 맞았다.

한 팀 2명이 각자 자기 공을 치고 나가는 첫날 오전의 포볼 매치에선 미국이 근소하게 앞섰다. 그러나 하나의 공을 번갈아 치는 방식이라 조합과 호흡이 훨씬 더 중요한 오후 포섬 매치에서 문제가 생겼다. 4개 매치에서 미국은 1무 3패로 철저히 밀렸다. 오전 매치에서 대승을 거둔 영건 듀오 조던 스피스와 패트릭 리드Patrick Reed를 오후 매치에 내보내지 않은 결정에 대해 비판이 나왔다. 다음 날에도 포볼에서 잡은 우위를 포섬에서 너무 쉽게 내주는 패턴이 반복됐다. 마지막 날 12명 전원이 나서는 싱글 매치에서 전세를 뒤집지 못한 끝에 미국은 고개를 떨구고 말았다.

1년 뒤인 2015년 스코틀랜드에서 열린 디 오픈은 왓슨의 디 오픈 고별전이었다. 대회를 앞두고 열린 기자회견에서 전년 스코틀랜드에서의 일에 대해 질문을 받은 그는 또 한 번 논란을 일으켰다.

"미컬슨은 라이더컵 둘째 날 경기에 자신이 기용되지 않은 데에 실망해 대회가 끝나고 기자회견에서 분한 감정을 표출했던 것 같다."

대회 뒤 전체적인 팀 운영과 리더십에 대해 광범위한 지적이 있었는데도 그는 선수 개인의 불만 정도로 받아들이고 있었던 셈이다. 문제의 라이더컵 기자회견 뒤 논란이 커졌을 때는 "모든 책임은 단장에게 있다"며 한 발 물러섰던 그는 뒤늦게 불편했던 속내를 드러냈다.

공식 석상에서 팀의 단장을 비판한 미컬슨의 행동을 두고 또 다른 비판이 나오기도 했지만 왓슨의 팀 운영이 효과적이지 않았던 것은 분명해 보였다. 필승 조합과 전략을 위해 활발한 소통이 있어야 할 팀 미팅에서 어떠한 의견 교환도 이뤄지지 않았다는 증언이 나왔기 때문이다. 첫 이틀간의 매치 결과를 두고 팀 미팅 때 왓슨이 선수 탓을 했다는 얘기도 있었다.

단장 추천 선수인 와일드카드를 선발하는 과정부터 뒷말이 있었고 가장 컨디션 좋은 선수를 매치에 투입한다는 공언을 첫날 오후 경기부터 스스로 어겼다. 베테랑 미컬슨을 제대로 활용하지 못하고 지친 기색이 뚜렷한 선수를 계속 기용하는 바람에 승점을 날렸다. 왓슨의 결정은 대회 내내 즉흥적이었다. 같은 조로 묶을 만한 선수들에게 몇 달 전에 언질을 줘 함께 훈련하게 한 유럽팀과 대조적이었다.

골프의 현인으로 불린 왓슨이지만 라이더컵의 현인으로 불리지는 못했다. 라이더컵은 똑같은 골프이지만 결코 똑같은 골프가 아니었기 때문이다. 자존심과 개성이 강한 선수들을 한데 묶을 때 그 안에서 또 개인의 성향을 존중하는 균형이 요구됐다. 와일드카드 선발과 선수 조합 등의 결정을 이해시키는 일부터 홈 팀이라면 조금이라도 유리한 코스 컨디션을 확보하려는 노력, 12명 중 출전 선수 8명과 대기 선수 4명을 가르는 합리적 기준 설정, 선수들과의 관계 형성, 선수들 중에 동기부여를 맡을 일종의 연설자를 지정하는 것, 팀 미팅 분위기를 늘 긍정적으로 만드는 일까지 눈에 보이지 않는 캡틴의 역할은 이렇게나 많다. 왓슨은 여러 결정에서 독단적이었고 준비 부족을 드러냈다.

2014년 대회 뒤 사태의 심각성을 깨달은 미국 골프는 라이더컵 태스크포스까지 조직했다. 전임 단장과 선수, PGA 경영진 등이 머리를 맞댔다. 이들이 논의한 것은 단장 선임 절차 개선안, 선수들의 목소리를 더 많이 반영하는 제도 도입 등이었다.

의도된
미스 샷

세베 바예스테로스 Seve Ballesteros (1957~2011)
우승: 디 오픈 3회, 마스터스 2회, 유러피언 투어 50회

골프 세계를 둘로 나눈다면 당연히 미국 골프와 유럽 골프로 구분해야 한다. 1927년부터 시작된 라이더컵은 미국과 유럽 중 어느 쪽이 더 강한지, 그래서 어느 쪽이 세계 골프의 대표인지를 가리는 가장 흥미로운 방식이다.

역대 전적은 미국이 압도적으로 우세하지만 세베 바예스테로스의 시대에는 얘기가 달랐다. 1997년 스페인의 발데라마 골프 클럽에서 열린 제32회 라이더컵에서 유럽팀 단장 바예스테로스는 몸이 열 개라도 부족했다. 유럽팀 선수들이 어떤 샷으로 어떻게 위기를 헤쳐 나가야 할지 막막해할 때마다 그가 거기 있었다. 경험을 공유하고 활력을 불어넣었다. 타이거 우즈가 대회 데뷔전을 치른 미국팀을 상대로 유럽팀이 1점 차로 신승했을 때 선수보다 더 주목받은 이는 단장 바예스테로스였다.

그는 선수로 4회, 단장으로 처음 유럽팀 우승을 이끌면서 유럽 골프를 르네상스로 안내했다. 영혼의 단짝 호세 마리아 올라사발José María Olazábal과 라이더컵에서 한 조로 나간 경기에서 11승 2무 2패를 기록했다. 이 전적은 여전히 깨지지 않는 기록이다.

특유의 카리스마로 1980년대 필드를 주름잡은 스페인의 골프 영웅 바예스테로스. 2012년 라이더컵 마지막 날 유럽팀 선수들은 상하의를 흰색과 남색으로 맞춰 입고 나와 라이더컵의 영웅인 그를 기렸다. 바예스테로스가 최종일 경기에 즐겨 입던 색이었다. 오랜 부상에 시달리다 2007년 은퇴한 그는 이듬해 뇌종양 진단을 받았고 3년 뒤인 2011년 54세를 일기로 숨을 거뒀다. 그가 사망한 뒤 처음 열린 라이더컵이 2012년 대회였다.

유럽팀 선수들은 골프백에 그의 실루엣을 수놓기도 했다. 주먹 쥔 오른팔을 굽히는 세리머니로, 1984년 디 오픈에서 우승을 예감할 때 취한 동작이다. 세인트앤드루스 올드 코스에서 치른 그 대회에서 바예스테로스는 톰 왓슨을 넘어 클라레 저그를 품었다.

그해 대회 최종일 18번 홀에서 바예스테로스는 부담스러운 어프로치샷을 남겨놓고 있었다. 그의 눈앞부터 그린 입구까지 성난 파도 같은 둔덕이 도사리고 있었다. '죄악의 계곡(valley of sin)'이라 이름 붙은 둔덕이었다. 그러나 그는 준엄한 심판을 유유히 피했다. 짧은 스윙으로 높게 띄운 피치 샷이 핀 2미터 앞에 붙어 버디 찬스를 잡은 것.

최종일을 선두로 시작한 뒤 조의 왓슨은 17번 홀에서 트러블 샷 상황을 맞아 애를 먹고 있었다. 버디 퍼트를 놓치지 않은 바예스테로스가 결국 합계 12언더파 276타로 우승했다. 올드 코스에서의 디 오픈 사상 최소타 기록이었다. 왓슨은 디 오픈을 5차례나 제패한 대선수이지만 올드 코스에서는 우승하지 못했다. 가장 좋은 기회가 바로 그해 1984년 대회였는데 2타 차로 밀려 공동 2위에 만족해야 했다.

바예스테로스는 유독 하이라이트가 많은 선수다. 결정적 순간에 요구되는 샷이나 퍼트를 실수 없이 해내곤 했다. 지금 하려는 얘기는 1988년 7월 14일부터 닷새간 열렸던 디 오픈에 관한 것이다. 1979년 대회 우승이 디 오픈과 메이저 대회 첫 우승이었던 그는 9년 전과 같은 코스에서 또 한 번 불꽃을 일으키려 하고 있었다.

비가 만든 트로이카의 레이스

셋째 날 잉글랜드의 로열 리덤 앤드 세인트 앤스 골프 클럽은 폭우에 점령됐다. 여러 그린이 물에 잠기면서 주최 측은 토요일 경기 전부를 취소하는 어려운 결정을 내렸다. 어쩔 수 없이 일요일에 36홀을 한꺼번에 치러야 할 상황에 처했다. 하지만 코스 컨디션이 여전히 여의치 않아 결국 일요일에 3라운드를, 월요일에 최종 4라운드 경기를 치르기로 확정했다. 디 오픈 사상 처음으로 월요일의 챔피언이 탄생하게 된 것이다.

당연한 얘기지만 우천순연은 대회 흥행에 좋을 게 없다. 부푼 기대를 안고 코스를 찾았던 토요일의 갤러리들은 허탈하게 발걸음을 돌려야 했고 편성이 꼬여버린 TV 중계사도 난처하기는 마찬가지였다. 휴일에 끝낼 대회를 평일까지 끌게 된 주최 측은 경기 속도라도 높일 심산으로 2명이 아니라 3명씩 같은 조로 묶었다. 그래서 7언더파 선두인 짐바브웨의 닉 프라이스Nick Price, 5언더파 2위인 잉글랜드의 닉 팔도, 그리고 역시 5언더파의 바예스테로스가 월요일 챔피언 조로 나서게 됐다.

프라이스는 메이저 대회 첫 우승에 대한 갈망이 대단했고 팔도는 디펜딩 챔피언이었다. 바예스테로스는 1979년 바로 이 코스에서 메이저 대회 첫 우승에 성공한 리덤 세인트 앤스의 왕이었다. 우연히 삼두마차 경주가 펼쳐지면서 갤러리와 전 세계 골프 팬들은 새로운 흥분 속으로 빠져들고 있었다.

리덤 앤드 세인트 앤스 골프 클럽의 6번과 7번 홀은 모두 파5 홀이다. 세 마리 말은 490야드의 짧은 파5인 6번 홀에서 모두 버디를 놓치지 않으며 그때까지 엇비슷이 달렸다.

프라이스가 7언더파 선두를 지키는 가운데 바예스테로스와 팔도 그리고 샌디 라일Sandy Lyle까지 6언더파 대열에 합류해 1타 차 추격전을 이어갔다. 1984년과 1985년 각각 우승한 바예스테로스와 라일에다 1987년 우승자 팔도까지 최근 디 오픈 4개 대회 챔피언 중 3명이 메이저 대회 무승의 프라이스를 몰아붙이는 형국이었다. 여기에 미국에서 이름을 떨치던 프레드 커플스Fred Couples까지 연속 이글에 힘입어 5언더파로 맹렬히 따라붙고 있었으니 바야흐로 5파전으로 판이 커질 분위기였다.

우승 후보가 갑자기 늘어난 것처럼 혼돈이 정리되는 일도 갑작스러웠다. 549야드로 이 코스에서 가장 긴 7번 홀. 바예스테로스와 프라이스가 나란히 2온을 하고 이글 퍼트를 넣은 반면 팔도는 스리 퍼트를 범해 파에 그쳐 대열에서 이탈했다. 툭 건드리기만 해도 급경사를 타고 휘어져 나가버릴 무자비한 위치에 두 번째 샷이 멈추는 불운이었다. 9언더파의 프라이스를 바예스테로스가 8언더파로 뒤쫓는 가운데 팔도는 6언더파로 멀어졌다.

그보다 더 잘 칠 수 없는 샷

챔피언 조가 전반 9홀을 마친 시점에 바예스테로스와 프라이스가 9언더파로 공동 선두에 서고 팔도가 6언더파로 뒤따랐다. 각각 퍼트 실수와 샷 난조에 흔들린 라일과 커플스는 4언더파로 내려가 있었다.

결국 메이저 대회의 승부는 최종 라운드 후반 나인에 결정 난다고 하지 않던가. 파5인 11번 홀에서 바예스테로스는 만만찮은 거리의 버디 퍼트를 쉽게 넣어버렸다. 그 홀까지 6개 홀에서 버디 4개에 이글 하나. 6연속 버디를 잡은 것이나 매한가지였다.

먼저 버디를 챙겨 달아나는 공동 선두의 모습을 보고 잘 버티던 프라이스도 압박을 받을 만했다. 프라이스의 버디 퍼트가 홀을 스쳐 지나가면서 바예스테로스가 처음으로 단독 선두에 나섰다. 프라이스는 10언더파로 1타 차의 2위. 팔도는 5언더파로 외로운 싸움에 내몰리고 있었다.

12번 홀에서 바예스테로스가 보기를 범해 다시 10언더파 동타가 됐다. 프라이스에게로 흐름이 넘어갈 차례였다. 다음 홀에서 프라이스의 두 번째 샷은 거의 들어갈 뻔했다. 이글이 될 뻔한 버디. 몰리는 쪽은 이제 바예스테로스였다. 하지만 그는 상대의 압박을 비웃기라도 하듯 2미터 남짓한 버디 퍼트를 놓치지 않았다. 11언더파로 다시 동타.

이어 14번과 15번 홀은 둘 다 똑같이 보기-파로 넘어갔다. 돌아보면 바예스테로스는 커리어 최고의 순간을 앞두고 잠깐 숨 고르기를 했던 것 같다.

16번 홀 티잉 구역에 섰을 때 바예스테로스는 어떤 생각을 했을까. 1979년 대회를 떠올리지 않을 수 없었을 것이다. 9년 전 같은 코스, 같은 대회의 최종일 경기에서 그는 그 홀의 티샷을 오른쪽으로 보냈다. 주차 구역이 있는 곳이다.

실수가 아니었다. 바람을 이용하기 좋은 지점을 찾아 일부러 그쪽으로 친 것이었다. 코스와 환경에 대한 이해와 샷 컨트롤에 대한 확신이 있었기에 가능한 모험이었다. 공은 검은색 차량의 앞 범퍼 아래에 놓여 있었다. 드롭을 한 지점에 서니 그린 위 핀이 훤히 보였다. 완벽한 공략 각도이자 이상적인 거리였다. 가장 잘 다루는 클럽 중 하나인 샌드웨지를 들고 가볍게 그린에 올린 그는 이후 버디에 성공해 우승에 쐐기를 박고는 만세를 불렀다. 그는 당대 최고 골퍼인 잭 니클라우스를 3타 차로 누르고 메이저 대회 첫 승에 골인했다.

이번엔 주차장을 겨냥할 필요는 없었다. 357야드짜리 홀에서 아이언 티샷으로 안전하게 페어웨이를 지킨 바예스테로스는 핀까지 135야드를 남겼다. 이어 9번 아이언을 떠난 공이 관중의 탄성과 함께 핀에서 단 몇 센티미터 거리에 멈췄다. 더 가까운 거리에서 두 번째 샷을 하고도 핀에 붙이지 못한 프라이스는 파에 그쳤다.

2개 홀을 남기고 1타 차로 바예스테로스의 리드. 승부의 향방이 다시 요동칠지도 모를 일이었지만 바예스테로스는 16번 홀 두 번째 샷을 "결정적인 샷이었다"고 돌아봤다. 남은 홀에서 리드를 지킬 자신이 있었다는 뜻이다.

1타 차로 들어선 마지막 18번 홀에서 티샷이 페어웨이를 살짝 벗어나고 두 번째 샷이 그린 왼쪽에 갤러리가 모여 있는 러프로 갔을 때도 우승을 놓칠지 모른다는 의심은 정말 없었을까. 핀과 멀기는 했어도 어쨌든 프라이스가 두 번째 샷을 그린에 올려놓은 이상 바예스테로스는 절대 실수가 나와서는 안 되는 부담스러운 상황에 처했다. 자신이 어프로치샷에 실수하고 프라이스가 먼 거리 버디를 넣어버리면 눈앞에서 우승을 날려버릴 수도 있는 상황이었다. 더욱이 공이 놓인 곳은 그린 높이보다 낮아 상당히 어려운 위치였다.

긴박한 분위기에 갤러리들도 숨죽인 채 바예스테로스의 운명을 지켜보고 있던 그때 툭 하는 소리와 함께 공이 러프에서 빠져나왔다. 허리와 무릎을 잔뜩 구부린 어드레스 자세로 그는 시간을 더 들일 것도 없이 평소처럼 대담하면서도 부드러운 스윙으로 공을 떠나보냈다.

살짝 떠올랐다가 금세 착륙한 공은 홀을 향해 돌진했다. 빠르다 싶던 스피드는 홀 앞에서 늦춰졌고 공은 홀 가장자리를 살짝 스치기까지 했다. 그보다 더 잘 칠 수 없는 샷이었다. 바예스테로스는 확신의 주먹을 허공에 내질렀다. 그러나 프라이스의 버디 퍼트가 안 들어가면서 사실상 끝난 경기에 관중의 환호성이 커지자 바예스테로스는 손을 들어 자제를 요청했다. 프라이스가 파 퍼트도 실패해 1타를 잃은 뒤 바예스테로스는 쉽게 파 퍼트를 마무리했고 그제야 만세를 부르며 관중석 쪽으로 손키스를 보냈다. 바예스테로스 11언더파, 프라이스 9언더파, 그리고 팔도는 5언더파.

1984년 디 오픈에서 우승하고 4년간 메이저 대회 우승이 없었던 바예스테로스는 16번 홀의 9번 아이언 샷과 마지막 홀의 어프로치샷으로 메이저 왕좌에 화려하게 복귀했다. 다섯 번째인 동시에 마지막 메이저 대회 트로피였다.

최종일 65타로 코스 레코드를 작성한 바예스테로스는 '인생 최고의 라운드였다'고 자평했다.

"프라이스도 챔피언의 자격을 보여줬어요. 다만 내가 좀 더 운이 좋았죠. 챔피언이 한 명뿐이어야 한다는 건 안타까운 일입니다."

압박감 속에서 69타라는 준수한 스코어를 내고도 준우승에 그친 프라이스는 "이렇게 졌을 땐 그저 인정하고 승자를 축하하면 됩니다"라는 말을 남겼다. 그는 4년 뒤인 1992년 PGA 챔피언십에서 메이저 대회 첫 우승에 성공했다.

눈물의 마스터스

디 오픈에서 세 번 우승한 세베 바예스테로스는 마스터스에서도 두 번 우승했다. 그는 "오거스타에서 나는 늘 편안한 느낌을 받았다"고 했는데 가장 큰 환희뿐 아니라 가장 큰 좌절도 안긴 대회가 마스터스였다.

그는 자서전에 이렇게 썼다.

"가끔 1986년 마스터스를 되돌아볼 때마다 소리 없이 흐르는 눈물을 멈출 수 없다. 세월이 지났으니 아무렇지 않아야 하는데 여전히 아프다."

최종 라운드 13번 홀에서 그는 크게 휘는 드로 구질의 티샷에 이어 정확한 6번 아이언 샷으로 완벽에 가까운 이글 기회를 만들었다. 핀까지는 2미터도 안 되는 거리. 멈춘 공을 보고 바예스테로스는 그의 캐디인 친형 비센테와 악수를 했다. 그러고는 이글 퍼트를 놓치지 않았다. 그는 "13번 홀에서 사실상 우승이라고 생각해버렸다"고 돌아봤다.

다음 파5 홀인 15번 홀에서도 드라이버 샷이 완벽한 자리에 떨어졌다. 신이 난 비센테는 동생의 등 뒤에서 박수를 쳤다. 형제는 조금 있으면 마스터스 세 번째 우승을 차지하리라는 믿음을 공유하고 있었다. 그러면서 대회 직전에 작고한 아버지에게 형제가 합작한 우승을 바칠 수 있다는 기대 또한 품었다.

　　하지만 두 번째 샷에서 형제는 실의에 빠졌다. 그린을 노린 4번 아이언 샷이 두껍게 맞은 것. 바예스테로스는 치는 순간 짧다는 걸 깨달았다. 공은 그린에 미치지 못하고 물에 빠졌다. 그렇게 15번 홀에서 보기를 범해 공동 선두를 허용한 데 이어 17번 홀에서도 한 타를 잃었다. 결국 그는 7언더파에 그쳐 경기를 4위로 마쳤다. 우승자는 9언더파를 적은 잭 니클라우스였다. 바예스테로스는 "패배하는 과정도 뼈 아팠지만 아버지에게 우승을 바치지 못했다는 회한이 더 컸다"고 돌아봤다. 이듬해 마스터스에서도 우승할 기회를 잡았지만 연장 끝에 놓쳤다.

　　바예스테로스는 게임즈맨십으로도 유명한 선수였다. 비신사적 술수나 게임을 자신에게 유리하게 이끌려는 시도쯤으로 해석되는 용어로 스포츠맨십의 반대 의미라고 할 수 있다. 반칙은 아니지만 당하는 입장에선 교묘한 반칙으로 느낄 수 있는 행위다.

　　1991년 월드 매치 플레이 챔피언십 때의 일이다. 상대 선수인 닉 프라이스가 러프에서 어프로치샷을 준비하고 있을 때 등 뒤에서 바예스테로스가 케이크 조각을 한입 베어 물었다. 갑자기 요란한 소리가 난 것은 백스윙을 하던 도중이었다. 먹던 음식이 목에 제대로 걸린 듯 고통스러워하는 바예스테로스의 기침 소리였다. 움찔한 프라이스는 공을 그린이 아니라 벙커로 보내고 말았고 바예스테로스는 미안해서 어쩔 줄 몰라 했다. 우승은 결국 바예스테로스의 차지였다.

이른바 케이크 사태는 고의로 보기엔 무리가 있지만 라이더컵에선 노골적으로 상대의 심기를 불편하게 했다. 유럽팀 단장을 맡은 1997년 대회 때 미국팀 선수인 브래드 팩슨Brad Faxon에게 건넨 인사는 "와이프는 왜 안 데려오고?"였다. 팩슨이 이혼 절차를 밟고 있다는 건 모르는 사람이 없을 정도로 널리 알려진 사실이었다.

바예스테로스는 라이더컵만 되면 갑자기 기침병이 도졌다. 상대팀 선수의 리듬을 흩뜨리려는 의도가 다분했다. 미국팀 선수들은 기침을 멎게 하는 사탕을 갖다 놓는 퍼포먼스로 바예스테로스의 속 보이는 행동을 비꼬기도 했다. 별문제가 없어 보이는 플레이에 괜한 트집을 잡는 건 예삿일이었다. 경기위원을 불러 상대의 룰 위반 여부를 따지며 흐름을 끊고 흔들기를 시도했다.

타이거 우즈도 게임즈맨십의 대가였다. 바예스테로스와 비교하면 우즈가 좀 더 '세련된' 방식을 썼다. 라이벌 필 미컬슨과 같은 조로 맞대결할 때 주로 쓰던 방식이다. 기자 출신 작가인 앨런 십녁의 미컬슨 전기에 따르면 우즈는 늘 미컬슨보다 먼저 홀아웃하려 했다. 구름 관중이 자신을 따라서 먼저 자리를 뜨게 만들어 미컬슨이 어수선한 상황에서 남은 퍼트를 하게 하려는 의도였다. 티잉 구역으로 향할 때도 인기를 이용했다. 일부러 꾸물거려 미컬슨이 먼저 올라가게 했다. 이후 우즈가 도착하면 티샷을 준비하던 미컬슨은 관중의 움직임과 웅성

거리는 소리에 영향을 받을 터였다.

레이저처럼 뻗어가는 어프로치샷을 바로 앞에서 감상하게 하려고 군이 티샷을 짧게 보낸 적도 많다. 주눅 들게 하려는 심산이었다. 상대가 좋은 흐름을 타면서 빠르게 가고 있으면 걸음과 플레이 속도를 늦췄고 상대가 여유 있어 보이면 걸음과 루틴에 속도를 붙였다. 미컬슨은 우즈의 스윙 코치였던 부치 하먼Butch Harmon을 2007년 고용하면서 이런 내용들을 알게 됐다.

인생을 건
리빌딩

닉 팔도Nick Faldo (1957~)
우승: 디 오픈 3회, 마스터스 3회, 유러피언 투어 30회

'스윙 교정.' 프로 선수는 물론이고 일반 아마추어 골퍼들에게도 두려운 단어 조합이다. 프로 골퍼는 자칫 잘못했다가 기존의 그럭저럭 괜찮았던 스윙마저 다 잃게 될까 봐 두려워하기 마련이다. 톱 레벨의 선수라면 스윙을 고치는 데 긴 시간을 투자하기가 더욱 겁난다. 그 시간에 다른 선수가 치고 올라와 자신의 자리를 뺏어갈 수 있어서다. 아마추어 골퍼는 스윙을 바꾸는 과정에서 불가피하게 겪을 수밖에 없는 미스 샷에 당황해하는 게 보통이다.

골프에서 스윙 교정은 야구나 축구 같은 팀 스포츠로 치면 리빌딩에 해당한다. 더 큰 목표를 위해 구단의 체질을 바꾸는 리빌딩에는 적잖은 희생이 따르기 마련이다. 1984년 27세의 잉글랜드 골퍼 닉 팔도는 일생일대의 선택을 앞두고 고민을 거듭하고 있었다. 이미 꽤 괜찮은 성공 가도를 달리고 있었는데도 그는 험난하고 지난한 리빌딩의 문턱에서 새롭게 태어날 자신을 상상해봤다.

2년간 하루 800개씩 친 연습볼

팔도가 남아프리카공화국 선시티에서 만난 사람은 데이비드 리드베터David Leadbetter였다. 리드베터는 그때 코칭 커리어는 아직 부족했지만 스윙 메커니즘에 대한 깊은 조예는 그 바닥에서 정평이 나 있었다.

"스윙이 도무지 만족스럽지 않아요. 갖고 있는 것의 75퍼센트 정도만 쓰고 있다는 느낌을 떨칠 수가 없다니까요."

팔도는 자신의 말을 귀 기울여 듣는 리드베터에게 내면에 쌓여 있던 의구심을 털어놓았다.

한 차례 출전하기도 어렵다는 미국과 유럽 간 골프 대항전 라이더컵에 유럽팀 대표로 이미 4번이나 출전한 팔도였다. 주 무대인 유러피언 투어에서 10개 넘는 트로피를 수집하고 PGA 투어에서도 우승을 신고한 뒤였다. 하지만 겉으로 보이는 것과 달리 그 스스로가 생각하는 자신은 25퍼센트나 부족한 골퍼였다. 그가 생각하는 만족이란 오로지 메이저 대회 챔피언 타이틀이었다. 메이저 대회 우승이라는 높은 산에 오르고 싶지만 지금 자신이 갖고 있는 장비로는 정복하기 힘들다고 판단했다. 대수술, 그러니까 리빌딩이 필요하다고 봤다.

리드베터는 '무려' 2년쯤 걸릴 것이라고 얘기했다. 보통 결단이 아니면 받아들이기 힘든 시간이었다. 이미 정상급 골퍼로 인정받고 있는 선수에게 황금 같은 2년을 투자하라니. 팔도는 고민했지만 얼마쯤 뒤 2년간의 프로젝트에 몸을 던지기로 결단을 내렸다. 메이저 대회 챔피언이라는 궁극의 목표를 되새기며 리드베터와 자신을 믿고 모험에 나서기로 한 것이다.

리드베터는 팔도의 스윙이 아름답고 놀라운 리듬을 갖췄지만 단점이 적지 않다고 봤다. 궤도가 너무 가파르고 몸과 팔의 연결도 좀 더 좋아져야 한다는 진단을 내렸다. 그래서 팔의 로테이션부터 시작해 각 부문에 걸쳐 무척 정밀한 리빌딩 작업에 들어갔다. 리드베터가 일하는 플로리다에 자리 잡은 팔도는 하루 500~800개씩 연습볼을 쳤다. 플로리다의 악명 높은 여름 볕에도 매일 그렇게 연습볼을 치고 쇼트게임 연습까지 끝내고 나서야 클럽을 손에서 내려놓았다. 스윙 역학의 각 단계마다 수천 개씩 볼을 치며 새로운 감각을 익혔다.

이때 나간 대회에서는 이전보다 훨씬 못한 성적을 냈다. 팔도에 대한 기대치가 높던 골프 팬들이 보기에는 엉망이라고도 할 수 있었다. 1985년 한 해 동안은 우승이 아예 없었다. 그러자 후원하던 스폰서 기업들이 하나둘 떨어져 나갔다. 프로 선수에게는 흔들리고도 남을 큰 시련이었다.

오로지 확신할 수 없는 미래만 보고 버텨내야 하는 상황. 팔도는 처음에 세운 목표만을 생각했다. 눈앞의 결과에 휩쓸리지 않고 기술적인 완성도에 집중했다.

그런데 알고 보면 그가 느낀 리빌딩은 그렇게 고통스럽지만은 않았던 모양이다. 외아들이어서 어릴 때부터 혼자 노는 법에 도가 텄다는 그는 골프를 배우고부터는 연습장에서 하루 종일 볼을 치고 공이 앞으로 나가는 걸 보는 게 그렇게 즐거울 수 없었다고 한다. 열네 살까지 골프채 한 번 휘두른 적도 없던 아이가 TV에서 1971년 마스터스와 디 오픈을 접하고부터 골프에 빠져들었다. '소년 팔도'로 돌아가 순수한 열정으로 스윙 교정에 매달린 것인지 그는 주니어 골퍼처럼 리드베터의 코칭을 공부하듯 파고들었다.

1986년 디 오픈에서 5위에 오르는 등 성과가 조금씩 드러나는 듯했지만 그는 서두르지 않았다. 여전히 대회를 준비하는 데보다 새 스윙에 몸을 맞춰가는 데에 신경을 썼다. 확실한 변화를 느낀 때는 1987년 봄이었다. 마스터스 출전 자격을 얻지 못해 그 주에 다른 대회에 나갔는데 느낌부터 확 달랐다.

교정을 진행한 스윙의 모든 부문에서 동작이 물 흐르듯 자연스럽고 편해졌다. 준우승이라는 성적은 덤이었다. 2년간의 준비가 모두 끝났음을 리드베터도 한눈에 알 수 있었다. 얼마 뒤 찾아온 유러피언 투어의 스패니시 오픈에서 들어 올린 우승컵은 메이저 대회 정복의 예고편이었다.

18개 홀 연속 파

두 달 뒤인 1987년 7월 스코틀랜드 걸런의 뮤어필드. 디 오픈에 나선 팔도는 첫날 3언더파 68타, 둘째 날 2언더파 69타를 쳐 선두와 1타 차인 공동 2위에 이름을 올렸다. 1위는 미국의 폴 에이징어. 거센 비바람 속에 진행된 3라운드에서 팔도는 에이징어와 똑같이 이븐파 71타를 쳤고 다음 날 1타 차를 유지한 채 최종일 경기를 맞았다.

4라운드도 날씨는 좋지 않았다. 안개가 자욱하고 바람이 강했다. 전반 9홀을 돌고 났을 때 에이징어와의 거리는 3타로 멀어져 있었다. 하지만 팔도는 그런 것보다 새로 몸에 옮겨 심은 스윙의 리듬만을 생각하는 것 같았다. 기회는 금세 찾아왔다.

에이징어가 17번 홀에서 티샷을 벙커에 빠뜨린 끝에 보기를 범해 팔도와 동타를 이뤘다. 마음이 급한 쪽은 오히려 에이징어였다. 마지막 18번 홀에서는 페어웨이에서 친 어프로치샷을 그린 왼쪽 벙커로 보낸 뒤 보기를 적었다. 후반 9홀 동안 에이징어는 보기를 4개나 범했다.

팔도의 스코어 카드는 이상하고 놀라웠다. 첫 홀부터 마지막 홀까지 전부 파. 마지막 홀에서 한 걸음 정도의 파 퍼트에 성공한 그는 컵 안의 공을 천천히 집어 올린 뒤 열광하는 관중을 향해 팔을 뻗어 보였다. 그러고는 의미심장한 표정으로 고개를 끄덕였다. 팔도는 최종 합계 5언더파 공동 선두로 먼저 경기를 끝냈다. 이제 에이징어의 18번 홀을 기다리는 일만 남았다.

에이징어의 두 번째 샷이 왼쪽으로 향하더니 벙커로 빨려 들어갔다. 이를 확인한 에이징어는 거칠게 모자를 벗으며 고개를 돌려 실망감을 드러냈다. 공은 정상적인 스탠스가 나오지 않는 까다로운 위치에 떨어져 있었다. 한 발은 모래에, 다른 한 발은 벙커 밖에 놓은 불편한 자세로 벙커 샷을 했고 공은 핀에서 많이 짧은 곳에 멈추고 말았다.

먼 거리 파 퍼트가 들어가지 않으면서 결국 최종 합계 4언더파 280타를 기록했다. 연장에 가기에는 1타가 모자랐다.

코스 밖에서 대기하던 팔도는 그제야 환한 표정으로 옷을 고쳐 입으며 시상식장으로 걸어갔다. 선수 생활을 건 도박 끝에 쟁취한 첫 클라레 저그, 첫 메이저 대회 트로피는 생각보다 가벼웠다.

승부는 벙커 플레이에서 갈렸다. 팔도도 8번 홀에서 티샷을 왼쪽 러프로, 두 번째 샷을 오른쪽 벙커로 보냈다. 핀까지 35야드나 떨어져 있고 벙커 깊이도 꽤 깊은 위기였다. 그러나 그는 그때까지의 스윙 리듬을 그대로 유지하며 부드럽게 모래 속의 공을 건져냈다. 소리 없이 날아간 공은 핀에서 90센티미터 거리에 딱 붙었다.

메이저 대회에 22회 출전한 끝에 이뤄낸 첫 우승이었다. 서른 살 생일 바로 다음 날 클라레 저그를 품은 그는 "우승할 것 같은 기분이 들었지만 그보다는 꼭 해야만 한다는 걸 잘 알고 있었다"고 말했다. 리드베터는 팔도를 이렇게 평했다.

"자신의 최대치를 끌어내려고 그렇게까지 파고들어 앞만 보며 달려가는 선수는 처음 봤다. 엄청난 재능과 열망, 목표 의식을 가진 선수들을 많이 봐왔지만 팔도만큼은 아니었다."

팔도의 성공과 함께 리드베터도 유명해졌다. 교습가의 대명사로 자리매김하면서 세계 곳곳에 리드베터 아카데미가 생기고 사람들이 몰렸다.

버디 퍼트

냉혹한 승부사,
친절한 안내자

팔도는 191센티미터의 큰 키에도 장타를 잘 치는 선수는 아니었다. 정교한 샷 거리 컨트롤과 그에 따른 영리한 공략의 코스 매니지먼트, 투쟁심 넘치는 경기 스타일로 메이저 대회 트로피를 수집해나갔다.

2년에 걸친 리빌딩 기간을 견딜 만큼 골프를 지독히 사랑했지만 함께하는 동료들과는 어울리기를 꺼려하고 거리를 뒀다. 2인 1조 경기가 많은 미국과 유럽 간 대항전 라이더컵에서 자기 플레이에만 집중하느라 신예 선수를 돌보지 않는다는 비판도 받았다. 둘이서 공 하나를 번갈아 치는 포섬 매치는 의견 교환 등 호흡이 중요한 법인데 팔도와 한 조가 된 신예 선수는 경기 내내 외로웠다고 고백했다. 상대가 쉬운 퍼트를 남겼을 땐 넣은 걸로 간주하고 집어 들게 하는 사인인 컨시드를 주는 게 보통인데 팔도는 줄 듯 말 듯 애매한 태도를 보여 미국팀을 불쾌하게 만들기도 했다.

1988년 US 오픈에서 미국의 커티스 스트레인지Curtis Strange와 18홀 연장을 벌인 하루 종일 팔도는 상대와 세 마디도 채 나누지 않았다고 한다. 그 대신 눈으로 말을 걸었다. 스트레인지에 따르면 팔도는 마치 '넌 여기서 반드시 실수할 거야'라고 말하는 듯한 표정으로 냉담하게 팔짱을 낀 채 상대방을 내려다봤다. 심리적으로 시종 싸움을 걸고 경쟁자를 주눅 들게 만드는 분야에서 타이거 우즈가 대가 중의 대가로 꼽히지만 그 전에 팔도가 있었다.

1990년대 말에는 리드베터와의 사이도 틀어졌다. 13년간 지속된 파트너십이 너무 쉽게 깨진 듯 보였다. 그러나 리드베터는 "가까이 하기 힘든 사람인 건 맞지만 그건 골프 퍼포먼스와는 아무 관계 없는 얘기다. 승부의 세계에서 모두에게 친절한 사람이 될 필요는 없다"고 했다.

방송과는 어울리지 않을 것 같지만 팔도는 TV 해설자로 뜻밖의 재능을 보였다. 차분하면서도 위트를 잃지 않는 설명으로 시종 편안한 흐름을 유지했고 통찰력 있는 해설을 곁들여 골수 골프 팬들에게도 사랑받았다. 미국 ABC 스포츠에서 마이크를 잡은 뒤 CBS로 스카우트됐고 2007년에는 마스터스 출전을 포기하면서까지 해설에 몰두했다. 2022년까지 CBS 중계 부스를 16년이나 지키며 친절한 골프 안내자로 임무를 다했다.

24년 만에 나온 마스터스 백투백 우승

1988년 6월 미국 보스턴 인근 브루클라인의 더 컨트리클럽에서 US 오픈이 열렸다. 주도권을 가진 쪽은 메이저 대회 첫 우승에 도전하는 스트레인지였다. 2라운드, 3라운드 연속으로 60타대 스코어를 적으며 1타 차 선두를 꿰찼다. 팔도도 2라운드, 3라운드 연속으로 60타대 타수를 치며 스트레인지에게 1타 차로 따라붙었다. 그는 이제 '메이저 대회 우승이 없는 강자'가 아니었다. 1987년 디 오픈 정복의 전율이 아직 가시지 않은 때였다.

최종 4라운드에서 팔도는 이븐파 71타를 적어 합계 6언더파 278타로 경기를 마쳤다. 뒤이어 스트레인지가 72타를 치면서 경기는 연장으로 넘어갔다. 팔도는 최종 라운드에서 14개 홀 연속으로 파를 기록하다 15번 홀에서 처음 버디를 잡았다.

다음 날인 월요일에 진행된 연장 18홀 결투. 둘 사이에 거의 대화가 없었다는 스트레인지의 회고처럼 경기 분위기는 긴장되고 냉랭하기만 했다. 팔도가 끊임없이 신경전을 걸었지만 스트레인지는 흔들리지 않았다. 결국 스트레인지가 4타나 차이를 벌리며 메이저 대회 첫 승이라는 과제를 풀었다.

스트레인지는 아주 이례적인 케이스였다. 팔도와 싸우던 선수들은 줄줄이 나가떨어지는 게 보통이었기 때문이다. 경쟁자들은 메이저 무대이기에 충분히 나올 수 있는 실수를 쌓다가 어느새 우승에서 멀어져 갔지만 그 시간에 팔도는 냉철한 대응으로 타수를 지키며 우승에 가까이 다가갔다. 메이저 대회 승수는 대부분 그렇게 올린 것이었다.

US 오픈 연장에서 패배하고 10개월쯤 지난 1989년 4월. 팔도는 마스터스 첫 우승이자 메이저 대회 2승째를 향해 달렸다. 1라운드를 2위로 출발해 2라운드에 공동 선두로 나섰다.

3라운드는 그의 날이 아니었다. 첫 홀부터 더블 보기를 범하는 등 12번 홀까지 3타를 잃었다. 물먹은 그린 위에서 그의 퍼트는 홀 근처에도 가지 못했다. 고약한 날이었다. 낙뢰 예보와 억수 같은 비가 선수들을 괴롭혔고 바람은 예상했던 것과는 반대 방향으로 불었다. 경기는 중단과 재개 사이를 오가다 결국 완전히 멈췄다.

3라운드 잔여 경기가 일요일로 넘어갔다. 선두와 4타 차로 벌어진 팔도는 다음 날 6개 홀에서도 고전한 끝에 1위에 5타나 뒤진 채 4라운드를 맞게 됐다.

팔도에게 마스터스는 여전히 높은 벽인 듯 보였다. 그러나 그는 일요일에 이어진 4라운드에서 선두 자리를 맡겨 놓기라도 한 듯 성큼성큼 계단을 올랐다. 첫 7홀에서 버디만 4개를 뽑아 전반에 32타를 쳤고 후반에도 보기 하나만 곁들여 버디 4개를 잡았다. 버디 8개와 보기 1개로 이날 스코어는 7언더파 65타. 최종 합계 5언더파를 기록해 선두로 경기를 마친 뒤 경쟁자들을 기다렸다.

16번 홀에서 오른쪽으로 크게 휘는 급격한 내리막 경사를 앞두고 4.5미터 거리의 버디가 들어갔고, 17번 홀에서는 9미터 거리의 버디 퍼트가 들어갔다. 들어가지 않았다면 멀리 달아날 강한 퍼트였는데 홀을 외면하지 않았다. 팔도는 믿기지 않는다는 듯 얼마간 멍한 표정을 지었다.

팔도를 포함해 무려 6명이 후반 9홀에서 우승 경쟁을 벌이는 접전이었다. 마이크 리드Mike Reid는 12번 홀에서 칩인 버디로 6언더파를 만들며 처음 단독 선두에 나섰다. 그린 밖에서 친 칩샷이 그대로 들어갔다. 하지만 14번 홀에서 짧은 파 퍼트를 놓치면서 앞선 버디의 빛이 바랬다. 15번 홀에선 공을 물에 빠뜨리며 더블 보기. 순식간에 6위로 미끄러져 내려갔다.

6명 중엔 마스터스 2승 등 메이저 대회 5승을 올린 세베 바예스테로스와 1986년 디 오픈 챔피언 그레그 노먼도 있었다. 바예스테로스는 선두를 1타 차로 쫓으며 16번 홀에 들어섰다. 그러나 이 홀에서 티샷이 짧아 공이 물에 빠지면서 세 번째 마스터스 타이틀도 함께 물거품이 됐다.

노먼은 9번부터 17번 홀 사이에 무려 6개 버디를 골라내며 공동 1위를 꿰찼다. 그러나 마지막 18번 홀에서 그린 주변에서 친 어프로치샷에 발목을 잡혔다. 촉촉이 젖은 솟아오른 형태의 그린을 앞에 두고 최대한 핀 가까이 떨어뜨린다는 것이 많이 짧았다. 파 퍼트를 넣지 못하면서 결국 1타가 모자라 연장에 합류하는 데 실패했다. 그 사이 팔도의 우승 확률은 점점 높아지고 있었다.

이제 남은 이는 마지막 조의 벤 크렌쇼Ben Crenshaw와 스콧 호크Scott Hoch뿐이었다. 호크는 15번 홀에서 버디를 넣어 6언더파 단독 선두가 됐지만 다음 홀에서 짧은 파 퍼트를 놓쳐 다시 5언더파가 됐다. 크렌쇼는 16번과 17번 홀 연속으로 버디를 잡아 5언더파를 만들었다. 18번 홀에서 보기를 범한 크렌쇼가 떨어졌고 파로 마친 호크가 팔도와 일대일로 서든데스 연장 승부를 벌이게 됐다.

10번 홀에서 진행된 첫 번째 연장에서 팔도는 벼랑에 몰렸다. 두 번째 샷이 짧아 벙커에 빠졌는데 벙커 샷까지 짧아 부담스러운 거리에 파 퍼트를 남겼다. 반면 호크는 두 번째 샷을 무난히 그린에 올렸다. 버디 퍼트는 넣지 못했지만 파는 충분한 거리에 붙여놓았다. 그때 팔도의 파 퍼트가 빗나가면서 그것으로 경기는 끝난 듯 보였다. 팔도가 보기 퍼트를 넣거나 말거나 호크는 가까운 거리에서 파 퍼트만 놓치지 않으면 우승할 것이었다.

1미터 조금 넘는 거리에서 보기 퍼트를 넣은 팔도는 무표정한 얼굴로 팔짱을 낀 채 호크의 마지막 퍼트에서 눈을 떼지 않았다. 거리는 60센티미터에 불과했지만 경사가 있어 쉽지만은 않은 퍼트였다. 메이저 대회 최고 성적이 공동 3위였던 호크는 승기를 잡고도 어딘지 불안해 보였다. 패배가 눈앞인데도 미동조차 없는 팔도와 극명히 대비됐다.

호크는 사방에서 각각의 퍼트 라인을 살펴가며 한참 공들여 우승 퍼트를 준비했다. 하지만 여전히 확신이 없어 보였다. 왼쪽을 많이 보고 경사에 태운 퍼트는 그러나 생각만큼 오른쪽으로 휘지 않았고 결국 홀 왼쪽 끝을 스치고 내려가버렸다. 덜 세게 치거나 왼쪽을 덜 봤어야 했다. 갤러리들의 탄식 속에 호크는 퍼터를 공중에 띄웠다 잡으며 안타까움을 표현했다.

팔도에게는 행운이었지만 그는 여전히 팔짱을 낀 채 무표정한 얼굴을 바꾸지 않았다. 11번 홀에서 진행된 두 번째 연장에서 팔도는 8미터쯤 되는 버디 퍼트를 성공해 승부를 결정지었다. 그때서야 만세를 부르며 믿을 수 없다는 듯 머리를 감싸 쥐었다.

1990년 마스터스도 2차 연장까지 갔다. 상대는 레이먼드 플로이드 Raymond Floyd. 메이저 대회 4승을 거둔 베테랑이었지만 흔들림이 없는 팔도에게 휘말려 11번 홀에서 어프로치샷을 물에 빠뜨리고 말았다. 팔도는 4라운드 첫 홀에서 더블 보기를 범해 한때는 선두 플로이드와 격차가 5타까지 벌어졌는데도 기어이 승부를 연장으로 몰고 간 뒤 상대를 무릎 꿇렸다. 1989년과 1990년 연속 마스터스 우승. 어릴 적 잭 니클라우스를 보고 꿈을 키운 팔도는 니클라우스의 1965년·1966년 우승 뒤 24년 만에 마스터스 백투백 우승 기록을 썼다.

6타 차 선두 노먼을 홀리다

5타 차를 뒤집었던 팔도는 마스터스에서 또 다른 미션을 부여받았다. 1996년 대회였다. 첫날 마스터스 역사상 최소타 타이기록인 63타를 치고 둘째 날 또 69타를 친 노먼이 2위 팔도보다 4타 앞서 선두를 질주했다. 타수 차는 3라운드에서 6타로 더 벌어졌다. 준우승만 두 번한 마스터스에서 노먼이 드디어 그린재킷을 걸치기 직전이었다.

변수가 있다면 마지막 날 같은 조의 상대가 팔도라는 것이었다. 한창 떠오르는 20대 필 미컬슨이 노먼의 파트너가 될 수도 있었다. 하지만 팔도는 3라운드에서 고전하면서도 18번 홀에서 어렵게 파 세이브에 성공했다. 미컬슨보다 1타 앞서며 단독 2위를 지켜내 라이벌 노먼의 최종 라운드 파트너가 됐다.

4라운드 7번 홀까지 노먼이 4타 차로 리드했다. 하지만 그다음 5개 홀에서 예고편도 없는 숨 막히는 추격전이 벌어졌다. 일단 팔도가 8번 홀에서 버디를 잡으면서 타수 차는 3타로 줄어든다. 그런데 비교적 잘 버티던 노먼이 9번~11번 홀에서 연속으로 보기를 범해 동타를 허용한다. 그린에 올라간 공이 굴러 내려가고 그린 주변에서 친 어프로치는 핀을 훌쩍 넘어갔으며 짧은 퍼트는 홀을 맞고 튕겨 나왔다. 그리고 파3인 12번 홀에서 친 티샷은 그린 앞을 때린 뒤 뒤로 튀어 물로 갔다. 보기-보기-보기-더블 보기.

뭔가에 홀린 듯한 4개 홀이 지나갔을 때 노먼은 팔도에게 단독 선두를 뺏기고 2타 뒤져 있었다. 15번 홀에서 이글 퍼트가 아슬아슬하게 빗나갔을 때 노먼은 그 자리에 벌러덩 누워버렸다. 그게 들어갔으면 1타 차로 팔도를 압박할 수 있었다. 맥이 빠졌는지 노먼은 파3인 다음 홀에서 티샷을 그린 뒤 물에 빠뜨려 또 더블 보기를 적었다. 공이 첨벙 빠지기도 전에 티잉 구역에 있던 노먼은 고개를 숙였다. 그 홀에서 팔도와의 거리가 4타 차로 완전히 멀어졌다.

최종 합계 12언더파를 기록한 팔도가 마스터스 세 번째 트로피이자 마지막 메이저 대회 우승을 챙겼다. 노먼은 5타 차로 밀려 준우승에 만족해야 했다.

6타 열세로 시작해 5타 차로 우승했으니 팔도는 마지막 날 하루 동안 노먼보다 무려 11타를 앞선 셈이었다. 그날 78타를 치며 무너진 노먼의 불운은 1989년 마스터스 당시 스콧 호크의 60센티미터 거리 퍼트 실패보다 더 유명해졌다. 노먼의 충격적인 하루는 시종 집중력을 잃지 않은 팔도의 일관된 플레이와 극명한 대비를 이뤘다. 흔들리지 않는 팔도의 플레이에 노먼은 알게 모르게 압박을 받았던 모양이다.

5언더파 67타로 최종 라운드를 마친 팔도는 노먼과 포옹하며 "누가 뭐라 해도 움츠러들 필요가 없습니다"라는 말을 귓가에 건네며 용기를 줬다. 이날 이후 노먼은 팔도를 다시 보게 됐고 둘은 가장 가까운 낚시 친구로 발전했다.

1993년 디 오픈도 팔도와 노먼의 결투로 기억되는 대회다. 3라운드까지 팔도가 공동 선두를 달리고 노먼이 1타 차로 뒤쫓고 있었다. 팔도는 마지막 날 216야드짜리 파3인 11번 홀에서 홀인원을 터뜨릴 뻔했다. 공이 홀에 맞고 굴러가 홀인원이 되지는 않았다. 그날 팔도는 67타를 치며 썩 괜찮은 하루를 보냈는데도 노먼이 워낙 잘 쳤다. 64타를 친 노먼이 2위 팔도보다 2타 앞서 우승했다. 그러니까 1996년 마스터스에서 팔도는 제대로 설욕에 성공한 셈이었다.

팔도는 마스터스 3승, 디 오픈 3승을 올리며 메이저 대회 6승을 거뒀다. 메이저 대회에서 처음 우승한 1987년부터 마지막으로 우승한 1996년까지 10년간 6승을 거둔 것은 당시 메이저 대회 최다승 기록이었다. 세계 랭킹 1위에 총 97주간 머무르기도 했다.

노먼은 1986년 한 해 동안 4대 메이저 대회에서 모두 3라운드까지 선두를 달렸다. 그런데 그해 메이저 대회 우승은 디 오픈 하나뿐이었다. 다른 메이저 대회에서는 매번 최종 4라운드에 들어 흔들렸다. 준우승에 그치거나 아예 쭉 미끄러졌다. 메이저 대회 통산 우승은 2회로 그쳤지만 세계 1위에 총 331주간이나 이름을 올렸다.

두 번의 인생샷

1990년 US 오픈에서 팔도는 1타가 부족해 연장에 가지 못하고 공동 3위로 마쳐야 했다. 마지막 홀에서 3.5미터쯤 되는 버디 퍼트만 넣었더라도 연장에 합류할 수 있었는데 아깝게 놓쳤다. 그는 마지막 홀 퍼트가 너무 셌던 것이 아니냐고 묻는 기자에게 이렇게 따졌다.

"스트로크는 완벽했어요. 무슨 근거로 너무 셌다고 말하는 거죠?"

그리고는 바로 다음 달 세인트앤드루스 올드 코스에서 펼쳐진 디 오픈에서 무려 5타 차로 우승을 차지했다. 1987년에 이은 두 번째 디 오픈 제패였다. 마스터스에 이은 그해 메이저 대회 2승째였는데 '시즌 메이저 대회 2승'은 1982년 톰 왓슨이 이룬 이후 8년 만의 기록이었다.

한없이 차가운 이미지를 가진 팔도도 필드에서 뜨거운 눈물을 보인 적이 있다. 1992년 뮤어필드에서 치른 디 오픈 때였다. 3라운드까지 4타 차로 넉넉히 리드하다가 우승을 놓칠 뻔했는데 막판 결정적으로 버디 2개를 잡아 1타 차 선두 자리를 지켜냈다. 우승을 결정짓는 위닝 퍼트를 넣은 뒤 팔도는 참았던 울음을 터뜨렸다. "다잡은 우승을 놓쳐 버리면 어쩌나 걱정이 컸다"는 그는 "놓쳤다면 아마 충격에서 헤어 나오기 힘들었을 것"이라고 털어놓았다.

그해 뮤어필드에서 치른 마지막 4홀은 팔도에게 인생 최고의 홀

버디 퍼트

이었다. 14번 홀까지 보기만 4개를 범해 심히 위태로운 경기를 이어 간 탓에 4개 홀을 남기고 존 쿡John Cook에게 2타 뒤져 있었다. 그러나 15번 홀부터 페이스를 되찾은 팔도는 버디-파-버디-파로 2타를 줄여 결국 재역전에 성공했다.

15번 홀에서 5번 아이언으로 친 두 번째 샷은 그린 앞 왼쪽에 떨어 진 뒤 경사를 타고 왼쪽으로 계속 굴러가더니 핀 바로 옆에 멈춰 섰 다. 스핀이 덜 들어간 상태로 낮게 날아가는 녹다운 샷이 맞바람을 뚫 고 기가 막히게 적중한 것이다.

16번 홀에서 그린 뒤 깊은 풀에서 친 칩샷은 손으로 굴린 듯했다. 잘 붙여 파를 지키며 선두 쿡을 1타 차로 압박했고, 17번 홀에서는 4번 아이언으로 갤러리들의 탄성을 자아냈다. 그린 앞쪽에 착지한 공이 단 단한 페어웨이를 타고 쭉쭉 굴러 핀 왼쪽 6미터 거리에 멈췄다. 방향 이 살짝 왼쪽으로 꺾이기는 했어도 거리는 딱 맞춘 '핀 하이'였다.

앞 조의 쿡은 마지막 18번 홀 그린 뒤에서 높이 띄운 어프로치샷이 너무 강한 나머지 어려운 퍼트를 남겼다. 파 퍼트가 오른쪽으로 살짝 빠지면서 쓴 웃음을 머금어야 했다. 그 사이 팔도는 17번 홀에서 투 퍼트로 가볍게 버디를 챙겨 1타 차로 선두 자리를 탈환했다.

팔도는 15번 홀의 두 번째 샷을 인생에서 가장 잘 친 5번 아이언 샷 으로 기억했다. 이어 17번 홀에서 버디에 다리를 놓은 두 번째 샷은 제일 잘 친 4번 아이언 샷이었다. 뼈아픈 역전을 허용해 흐름을 완전 히 넘겨준 듯 보였던 바로 그때 그는 인생 최고의 샷들을 쳐 반전을 만들어냈다.

18번 홀에서 두 번째 샷을 안전하게 그린 뒤 가장자리에 걸쳐놓은 팔도는 무난히 투 퍼트로 파를 지켰다. 우승을 확정하는 마지막 퍼트가 들어가는 순간 관중은 일제히 "예" 하는 함성을 내질러 대단원을 알렸다. 홀 속에서 공을 꺼낸 팔도는 금방이라도 울 것 같은 얼굴이었다.

버디 퍼트

애정 어린 조언과 도 넘은 참견 사이

2022년 7월 세인트앤드루스 올드 코스에서 열린 제150회 디 오픈은 타이거 우즈의 출전 소식에 큰 기대를 모았다. 2021년 2월 교통사고에서 큰 부상을 입어 선수 생명에 위기를 맞았던 우즈는 초인적인 의지로 이듬해 필드로 돌아왔다. 올드 코스는 그가 세상에서 가장 좋아하는 코스다. 2022년 캐머런 스미스Cameron Smith가 20언더파로 우승하기 전까지 2000년 우즈가 기록한 19언더파가 이 코스에서의 디 오픈 사상 최다 언더파 기록이었다.

어렵게 성사된 올드 코스 복귀전이니 '우승도 불가능하지 않다'라든가 '다시 나온 것만으로도 기적이다' 같은 말을 해줄 법도 한데 닉 팔도는 냉정했다.

"(우즈에게) 우승 기회는 없을 것이다. 굴곡이 심한 코스를 내내 걸어 다니는 것조차 벅찰 것이다. 실전 감각도 떨어져 있는 상태라 젊고 건강한 선수들을 앞지를 수는 없다."

2021년 한 방송사가 팔도에게 '퍼펙트 플레이어' 선정을 맡겼을 때도 우즈의 이름을 뺐다. 당시 팔도가 꼽은 부문별 최고 선수는 드라이버에 그레그 노먼, 아이언 플레이에 톰 와이스코프, 쇼트 게임에 빌리 캐스퍼, 퍼트에 세베 바예스테로스였다. 우즈가 없는 데 대해 의문이 잇따르자 자신이 활약하던 시기의 선수에 국한했다고 해명했다. 하지만 우즈를 인정하지 않는 속마음을 드러낸 것 아니냐는 해석을 사람들은 더 믿고 싶어 했다.

스스로에게 엄격한 선수였던 팔도는 남을 평가할 때도 아주 엄격한 기준을 들이대곤 했다. 2008년 라이더컵에서 유럽팀 단장을 맡았을 때 패배한 뒤 팀의 세르히오 가르시아Sergio Garcia를 "쓸모없는 선수"라고 무시하는가 하면 2021년엔 계속 컷 탈락하며 부진하던 리키 파울러Rickie Fowler가 마스터스 출전도 어려울 거라는 소식에 "광고 찍을 시간은 많아지겠다"고 비꼬았다. 언론 인터뷰나 개인 소셜 미디어 등 매체를 가리지 않고 후배들에게 직격탄을 날렸다.

단골 타깃은 로리 매킬로이다. 2013년 7월 디 오픈을 앞둔 기자회견에서 팔도는 이런 말을 했다.

"가장 좋은 연습은 아침 9시에 골프장에 나가 오후 5시까지 볼을 치는 것이다. 그러면 기회는 찾아오는 법이다. 그 이상으로 매킬로이에게 도움이 될 말은 없을 것이다."

매킬로이가 단기간에 메이저 대회 2승을 거두며 센세이션을 일으켰다가 주춤하던 때였다. 여자친구인 테니스 선수 캐럴라인 보즈니아키Caroline Wozniacki의 경기를 보러 유럽을 돌아다니던 때이기도 했다.

매킬로이도 보통내기는 아니었다. 그는 이어진 기자회견을 통해 팔도의 비판 섞인 조언을 뻘쭘하게 만들었다.

"난 아침 6시 15분에 연습장에 도착한다. 그리고 체육관에서 나가는 시각은 오후 6시 15분이다. 팔도는 8시간 연습을 추천한 모양인데 내 훈련 스케줄은 하루 12시간이다. 골프가 때로 마음먹은 대로 되지 않는다는 건 누구보다 잘 알지 않나. 팔도는 요즘 선수들이 얼마나 연습하고 노력하는지도 좀 알아야 한다."

그러나 팔도는 이후로도 멈추지 않았다. 2020년 6월 찰스 슈와브 챌린지라는 대회에서 매킬로이가 선두와 3타 차를 유지한 채 최종일을 시작했다가 역전 우승에 대한 기대를 깨고 74타로 무너져 32위까지 미끄러진 적이 있다. 그러자 팔도는 "매킬로이에겐 플랜 B라는 게 없다"고 꼬집었다.

"한 번의 나쁜 샷이나 한 홀에서 얻은 나쁜 결과가 왜 그다음 샷이나 홀에까지 악영향을 미쳐야 하나. 매킬로이는 실망이 너무 빨라 보인다. 분위기를 바꿀 실마리를 찾으려는 계획이 보이지 않는다."

재미있는 것은 개인적으로 조언하면 더 도움이 될 말들을 굳이 공개적으로 한다는 것이다. 2022년 마스터스에선 생중계가 아니라 몇 초 간 시차가 있는 지연 중계인데 결정적 상황을 미리 발설해 골프 팬들에게 뭇매를 맞기도 했다. 하필 마지막 홀에서 매킬로이가 벙커 샷으로 버디를 노리는 장면이었다.

아픔을 숨기지 않고
도움을 청할 용기

페인 스튜어트Payne Stewart (1957~1999)
우승: US 오픈 2회, PGA 챔피언십 1회, PGA 투어 11회

타이거 우즈의 시대가 열리기 바로 전의 골프는 다양성의 시대였
다. 유럽의 득세 속에 호주의 그레그 노먼과 짐바브웨의 닉 프라이스
가 이름을 날렸다. 미국엔 프레드 커플스와 데이비스 러브 3세Davis
Love III, 그리고 페인 스튜어트가 있었다.

1986년 남자 골프에서 세계 랭킹 시스템이 도입된 이후 1999년까
지 스튜어트는 세계 랭킹 10위 안에 머무른 기간이 총 250주나 됐다.
'메이저 대회 우승만 없는 최고의 선수'라는 달갑지 않은 수식을 뗀 것
은 1989년 PGA 챔피언십에서였다. 서른두 살에 메이저 대회 첫 승에
성공하고 이후 US 오픈을 두 번 제패했다. 1950년대와 1960년대에 출
생한 미국 골퍼 중에 그만큼 메이저 대회 우승이 많은 선수는 없다.

화려한 패션과 세리머니로 대중의 인기를 누렸지만 이면에서 그는 ADHD(주의력결핍 과잉행동장애)로 고통받고 있었다. 그때만 해도 치료가 까다롭고 치료법도 다양하지 않았다. 1994년 상금 랭킹 6위에서 123위로 급전직하하는 등 8년 동안 PGA 투어에서 단 1승에 그치는 극심한 슬럼프도 겪었다. 그런 그의 앞에는 두 선택지가 있었다. 고통을 애써 무시하고 혼자 씨름하는 것, 그리고 밖으로 한 발짝 나와 주위 사람들의 도움에 기대는 것이었다.

"네가 이긴 게 아니라 그가 진 거야"

1989년 8월 일리노이의 켐퍼 레이크스 골프 클럽에서 열린 PGA 챔피언십. PGA 투어 여덟 번째 시즌을 보내는 스튜어트는 그 전까지 투어 4승을 거두고 늘 톱 10에 진입하며 꾸준한 성적으로 입지를 다지고 있었다. 다만 이런 의문이 따라다녔다. '저렇게 스윙이 좋고 자신감으로 똘똘 뭉친 선수가 메이저 대회에선 왜 우승하지 못할까.' 29번째 메이저 대회 출전인 그해 PGA 챔피언십도 힘들어 보였다.

최종 라운드에서 전반에 타수를 줄이지 못해 9홀을 남기고 선두 마이크 리드에게 5타나 뒤져 있었다. 포기하지 않은 이는 스튜어트 혼자뿐인 듯했다. 그는 10번 홀로 향하며 ABC 방송 해설자인 제리 페이트 Jerry Pate에게 이렇게 말했다.

"백 나인에 31타를 치면 우승할 찬스가 올 거요."

공허한 배짱 같았지만 스튜어트는 정말로 후반 9홀에 31타를 쳤다.

5개 홀에서 버디 4개를 퍼붓는 등 버디만 5개를 잡았다.

이렇게 잘 쳐놓아도 리드가 무너지지 않는 이상 역전 우승은 먼 얘기였다. 그런데 정해진 시나리오가 있기라도 한 듯 리드가 크게 흔들리기 시작했다. 16번 홀에서 드라이버 샷을 물에 빠뜨려 보기를 적으면서 이때 경기를 마친 스튜어트와의 격차가 1타 차로 좁혀졌다. 17번 홀에선 칩샷 실수에 스리 퍼트까지 겹쳐 더블 보기로 2타를 반납했다. 이제 스튜어트가 1타 차로 선두. 18번 홀에서 리드는 2미터 거리의 버디 퍼트를 놓치고 결국 쓴잔을 들었다. 이렇게 스튜어트의 메이저 대회 첫 트로피가 완성됐다.

드라마틱했던 막판 경기 흐름만큼이나 사람들에게 충격을 준 것은 우승 후에 보인 그의 태도였다.

"17번 홀에서 나온 리드의 더블 보기에 다른 사람들처럼 나도 놀랐죠. 하지만 감정을 속이고 싶지는 않습니다. 그의 불행이 나의 이득이 됐으니까요."

앞서 리드가 기자회견장에서 털어놓은 좌절감에 함께 안타까워했던 기자들은 너무나 천연덕스러운 스튜어트의 우승 인터뷰에 말문이 막힌 표정이었다.

먼저 경기를 끝내고 리드의 실수를 지켜볼 때부터 스튜어트의 행동은 뒷말을 낳을 만했다. 한껏 들뜬 모습으로 중계 카메라에 다가가 셔츠와 모자의 로고를 가리키거나 장난스러운 표정을 지어 보였기 때문이다. 우승 기자회견 뒤에도 패자에 대한 배려를 찾아볼 수 없는 행동은 계속됐다. 급기야 한 동료 선수가 그를 거칠게 몰아세우는 일까지 벌어졌다.

"그만 좀 해. 네가 이긴 게 아니라 리드가 진 거니까."

스튜어트는 동료의 일갈에도 멈추지 않았다. 다음 날 참석한 자선 골프 행사에서 PGA 챔피언십 트로피를 들고 무대에 선 그가 60세의 아널드 파머를 향해 건넨 첫마디는 "갖고 싶죠?"였다. PGA 챔피언십 우승이 없어 커리어 그랜드슬램을 끝내 이루지 못한 파머였다. 스튜어트의 불편한 유머에 파머를 비롯한 참석자들은 쓴웃음을 지을 수밖에 없었다.

목요일부터 일요일까지 똑같은 루틴

스튜어트는 '닥터 C'로 불리는 스포츠 심리학의 권위자 딕 쿠프 Dick Coop 박사를 전적으로 믿고 따랐다. 그가 아니었다면 1980년대와 1990년대 골프에 뚜렷한 족적을 남기기 어려웠을 것이다. 메이저 대회 첫 우승도 쿠프 박사를 만난 뒤 얼마 지나지 않아 터진 일이었다. 마음의 병을 감추려고만 하지 않고 스튜어트처럼 용기를 내 인정하고 도움을 구하는 것도 쉬운 일은 아니다.

쿠프 박사는 스튜어트가 가진 문제 요소들을 무리하게 제거하려 들기보다 강점으로 전환하는 방법에 초점을 맞췄다. 집중력을 극대화할 여건이 만들어지면 스튜어트는 무섭게 파고들었다. 일상에서, 그리고 경기 상황에서 매우 충동적이고 산만한 모습을 자주 보였지만 자극이 높아지는 특정 상황에선 완전한 몰입 상태로 들어갔다.

1999년 6월 노스캐롤라이나 파인허스트 2번 코스에서 벌어진 US 오픈에서 쿠프 박사는 스튜어트의 캐디에게 특별한 주문을 했다. '저기까지만 천천히 가보자' '눈앞의 타깃에만 집중하자' 이 두 마디를 스튜어트에게 반복해 들려주라는 것이었다. 최종 라운드에서 스튜어트는 껌을 질겅질겅 씹으며 오로지 눈앞의 상황에만 몰두했다. 캐디는 "그 주에 스튜어트에게 클럽을 꺼내 준 건 딱 한 번뿐이었다"고 돌아봤다. 클럽을 선택할 때부터 망설임이 없었고 내내 주도적으로 라운드를 운영했던 것이다.

"닥터 C는 프리 샷 루틴을 강조하고 또 강조했어요. 목요일 오전의 첫 스윙부터 일요일 오후의 마지막 스윙까지 똑같은 루틴으로 들어가게 말이죠. 그 덕분에 압박감이 극에 달하는 순간에도 나는 샷을 하기 전 준비 동작에만 신경 쓰고 페이스를 잃지 않을 수 있었어요."

1999년 US 오픈에서 메이저 대회 3승째이자 PGA 투어 마지막 우승을 차지한 스튜어트의 말이다.

감정 조절이 서툴고 그래서 상황에 어울리지 않는 말이 튀어나오는 증상은 자연스럽게 호전됐다. 1989년 PGA 챔피언십에서 의도치 않게 상처를 줬던 리드를 몇 년 뒤 만났을 때 당시 발언을 후회하고 있다고, 더 나은 사람이 되기 위해 노력하는 중이라고 털어놓았다.

워터빌의 스튜어트와 페인스 밸리

오랜 슬럼프를 딛고 1999년 AT&T 페블 비치 내셔널 프로암과 그해 US 오픈에서 우승하며 완벽한 부활을 알린 스튜어트는 "아이들과의 시간이 마음에 평화를 가져다줬다"고 했다. 때로 자기중심적이고 충동성을 보이는 그였지만 가족과 어린이, 그리고 장애인 같은 사회적 약자를 위하는 마음은 누구보다 컸다.

그는 3년여 이어진 우승 가뭄을 1987년 베이 힐 클래식에서 씻은 뒤 우승 상금 전액인 10만 8000달러를 플로리다 병원 암센터에 기부해 사람들을 놀라게 했다. 2년 전 암으로 죽은 아버지를 추모하는 그만의 방식이었다. 넉넉한 상·하의에 길이가 짧은 바지와 긴 양말, 위가 납작한 형태인 플랫캡. 복고 스타일이면서도 촌스럽지 않은 그만의 패션도 "여러 사람 사이에서 눈에 띄는 가장 쉬운 방법은 다르게 입는 것"이라는 아버지의 조언에 따른 것이었다.

핼러윈이 낀 대회 기간에 두 자녀와 사탕을 얻으러 대회장 인근 동네를 집집마다 다니느라 대회 주최 측이 마련한 연회에 한참 늦는 일도 있었다. 아이들의 사인 요청이라면 30분이 걸려도 마지막 한 명까지 다 해주는 선수였고, 시각장애인 골퍼들과의 9홀 자선 경기에선 자진해 눈을 가리고 그들과 같은 조건에서 9홀을 다 돌았다. 이런 모습 때문일까. 그를 열광과 격정으로 가득 차 있지만 티 없이 맑고 주변을 마냥 웃게 하는 선수로 기억하는 동료도 상당히 많았다.

1999년 US 오픈에서 필 미컬슨과 일진일퇴의 공방을 벌이다 마지막 홀에서 파 퍼트에 성공해 1타 차 우승이자 유일한 언더파 스코어로 우승했는데 이때 그가 미컬슨에게 건넨 말도 가족에 관한 것이었다.

"넌 곧 아빠가 될 거야, 맞지? 세상에서 아빠가 된다는 것보다 더 특별한 일은 없을 거야."

다정하게 얼굴을 양손으로 감싼 채 눈을 마주치며 건네는 말에 패자 미컬슨의 얼굴에는 금세 미소가 번졌다.

아내의 출산이 임박한 시점에 무선 호출기를 갖고 다니며 경기하던 미컬슨이었다. 진통이 시작됐다는 삐삐가 울리면 경기 도중에라도 애리조나의 산부인과로 달려갈 생각이었다. 다행히 그런 일은 일어나지 않았고 다음 날 첫아이의 출생 순간을 아내와 함께할 수 있었다.

3홀을 남기고 미컬슨에게 1타 차 선두를 내줬던 스튜어트는 다음 홀에서 미컬슨의 보기로 다시 동타를 이룬 뒤 17번 홀에서 버디를 잡으며 단독 선두를 되찾았다. 그러고는 마지막 홀에서 5미터 거리의 파 퍼트를 넣었다. 1년 전 같은 대회에선 4타 차로 리드한 상태에서 최종 라운드를 맞고도 공동 선두로 마쳐 결국 연장에 끌려가 패배를 맛봤었다. 그는 오른 주먹을 내지르며 같은 쪽 다리를 뒤로 뻗는 폭발적이고도 경쾌한 세리머니로 전해의 아쉬움을 훌훌 날려 보냈다. 1997년 마스터스 우승자인 타이거 우즈도 당시 우승 경쟁을 펼쳤지만 스튜어트에게 2타 모자란 1오버파를 기록하며 공동 3위로 마감했다.

40대에 들어 스튜어트는 말과 행동이 확실히 이전과 달라졌다. 충동성이 사라진 자리를 평상심이 채워가고 있었다. 골프에도 진정한 전성기가 찾아온 것 같았다. 100회째인 2000년 US 오픈이 열린 페블비치 골프 링크스. 디펜딩 챔피언이자 강력한 우승 후보여야 할 스튜어트는 그러나 거기 없었다. 타이틀을 방어할 기회를 얻지 못했다. 거기 모인 사람들은 하늘의 스튜어트를 함께 그리워했고 바다를 향해 샷을 날리는 의식으로 고인을 추모했다.

1999년 US 오픈에서 우승하고 넉 달 뒤 스튜어트는 다음 대회 개최지인 댈러스로 이동하는 올랜도발 비행기 안에서 짧은 생을 마감했다. 이륙한 지 15분 만에 통신이 끊겼고 몇 시간 뒤 기체는 얼음 조각처럼 산산이 부서진 채 옥수수밭에서 발견됐다. 사고 원인은 기내 감압이었다. 추락하기 전에 이미 승객 4명과 승무원 2명이 전원 사망한 것으로 추정됐다. 비행기는 몇 시간 유령 비행을 하다 연료가 떨어지면서 추락한 것이다. 탑승객 중에 골프 선수가 있고 그건 우즈일 거라는 몇몇 방송사의 뉴스가 전파를 탔지만 곧 스튜어트로 정정됐다.

기체 잔해 속에선 망가진 골프채와 함께 하모니카 하나가 발견됐다. 스튜어트는 투어 선수이면서 하모니카를 연주하는 뮤지션이기도 했다. 블루스 록 계통의 그룹에 속해 앨범까지 냈었다.

록그룹 퀸의 보컬인 프레디 머큐리의 동상이 그가 사랑했던 스위스 몽트뢰에 자리한 것처럼, 스튜어트의 동상은 그의 마지막 우승 순간을 간직한 파인허스트 2번 코스, 또 아일랜드의 워터빌 골프 링크스에도 세워졌다. 스튜어트는 디 오픈 준비를 위해 워터빌에 갔다가 골프장과 마을, 그리고 마을 사람들에게 푹 빠지게 됐다고 한다.

2000년 7월 워터빌에서 열린 추모 행사에는 우즈도 참석했다. 스튜어트 없는 2000년 US 오픈에서 첫 US 오픈 우승을 차지한 우즈는 워터빌에서 그와 라운드를 함께 한 인연이 있었다.

"아일랜드에서의 골프는 처음이었는데 그때 동반 플레이어가 스튜어트였어요. 그날 그를 본 사람들은 그가 이곳을 얼마나 좋아하는지다 알 수 있었죠. 지금의 우리는 다 알 수 있어요. 그가 우리를 내려다보고 있고 우리를 기억하리라는 걸 말이죠."

2020년 우즈는 자신이 설계한 첫 퍼블릭 코스에 페인스 밸리라는 이름을 붙였다.

불운을 기회로 받아들이는 법

1999년 US 오픈 현장에서 쿠프 박사는 스튜어트한테도 한 가지 제안을 했다. 스코어 카드에 무언가를 적으라는 거였다. 'OTE' 'OTE' 'OTE' 'OTE', 4개의 OTE였다. OTE는 'opportunity to excel(도약의 기회라는 뜻)'을 줄인 말. 박사는 "나무 바로 밑으로 들어가버린 볼을 어떻게든 빼내야 할 때도 달리 생각해보면 그건 한 단계 도약할 기회다. 과거에 겪었던 비슷한 상황에서 실패했던 경험을 떠올려보자. 실패의 기억을 지울 기회가 아닐 수 없다"고 했다.

박사가 본 가장 결정적인 순간은 마지막 18번 홀에서 짜릿하게 성공한 우승 퍼트가 아니라 16번 홀에서 극적으로 잡은 파 세이브였다. "모두가 마지막 퍼트를 스튜어트의 우승 하이라이트로 꼽지만 16번 홀이 진짜 중요했다. 잘 넘기지 못했으면 아마 우승은 어려웠을 것"이라는 설명이다.

스튜어트가 16번 홀 그린 주변에서 친 세 번째 샷은 너무 커 핀을

8미터나 지나쳤다. 8미터 거리의 파 퍼트를 넣으리라고 기대하기는 어려웠고, 보기를 적는다면 거기서 승기는 필 미컬슨 쪽으로 넘어갈 상황이었다. 더욱이 연습 라운드에서도 전혀 넣지 못하던 거리의 퍼트였다.

하지만 박사의 말대로라면 그건 실패가 뻔한 암울한 상황이 아니라 OTE, 한 단계 올라설 기회였다. 스튜어트는 기회를 놓치지 않았다. 한 번의 퍼트로 마무리해 선두 미컬슨과 1타 차를 유지했고 이어 미컬슨이 파 퍼트를 놓치면서 해당 홀에서 동타가 이뤄졌다.

박사는 "인상적이었던 것은 퍼트에 성공한 뒤 그가 기뻐 날뛰거나 모자를 벗어 던지거나 하는 행동을 전혀 하지 않았다는 것이다. 그저 예삿일처럼 공을 주워 갔다"고 돌아봤다. 이 또한 훈련에 따른 것이었다. 위대한 샷을 하든 실망스러운 샷이 나오든 집중력의 리듬을 잃지 않는 훈련이었다. 그날 밤 박사가 스튜어트의 방을 찾아갔을 때 그한테선 우승 순간의 흥분을 찾아볼 수 없었다. 경기복을 정성스레 다림질하고 있던 그는 "나는 US 오픈 챔피언이다. 프로페셔널이 돼야 한다"고 말했다.

박사는 '퍼포먼스=잠재력-방해 요소'라는 공식을 전파했다. 선수들의 성공에 한계를 드리우는 방해나 간섭의 요소가 무엇인지 파악하고 이를 없앨 수 있게 돕는 게 자신의 역할이라고 봤다.

메이저리그 보스턴 레드삭스에는 원인 모를 문제에 시달리는 포수들이 있었다. 투수가 던진 공을 잡는 데는 아무런 문제가 없는데 받은 공을 미트에서 빼내 다시 투수에게 던져 줄 때 심각한 어려움을 호소

했다. 경기에 거의 영향을 미치지 않는, 너무나 당연하고 쉬워 보이는 동작인데도 이상하게 고통스러워했다.

박사의 진단에 따르면 그들이 두려워하는 것은 관중의 시선이었다. '실수로 잘못 던지면 어떡하나' '사람들이 얼마나 나를 한심하게 생각할까' 이런 생각에 사로잡혀 있었다. 실제로 관중의 시선이 쏠리지 않는 곳에선 전혀 문제가 없었다. 불펜 피칭 때 어떤 포수는 투수의 공보다도 더 빠른 속도로 정확히 공을 돌려주기도 했다.

이들은 박사가 제시한 방법을 따른 지 두 달 만에 정상으로 돌아왔다. 방법은 루틴 설정이었다.

"공을 받은 직후에는 시선을 아래로 떨궜다가 다음 순간 눈을 든다. 투수의 유니폼 상의에 적힌 '레드삭스' 글자가 보이면 바로 그때 공을 손에서 놓는 것이다."

손에 쥔 공을 떠나보내는 타이밍을 규정함으로써 결정에 따르는 스트레스 가능성을 제거한 것이다.

3년 사이에 마스터스를 두 번이나 우승한 괴물 장타자 버바 왓슨 Bubba Watson도 2021년 자서전에서 자신이 ADHD와 불안 장애를 함께 겪고 있다고 고백했다. 가끔 실수를 저지를 때 뒤따를 사람들의 비난과 비웃음을 미리 걱정하고 못 견뎌했다. 경기 중에 갤러리가 너무 가까이 있는 상황조차 참을 수 없었다고 한다. 불면증과 함께 체중이 확확 줄었고 삶의 의욕이 바닥으로 떨어졌다.

그런데 자서전에서 아픔을 고백한 뒤로 생활이 바뀌기 시작했다. 갤러리들을 의식하며 좋은 선수가 되려 하기보다는 좋은 아빠, 좋은 남편이 되기 위한 노력에 집중하는 사이 사라지던 의욕이 다시 생겨났다. 사탕 가게와 자동차 영업점, 골프 연습장, 마이너리그 야구팀, 의류 사업 등에 투자도 했다. 그렇게 일상에 활기가 돌았다. 가끔 속상해서 울 때도 있다는 걸 숨길 필요가 없음을 이제는 잘 안다는 왓슨은 이렇게 말했다.

"때론 괜찮지 않다고 얘기하는 것도 괜찮습니다."

저 산에 한 번 더
올라보자

타이거 우즈Tiger Woods (1975~)
우승: 마스터스 5회, PGA 챔피언십 4회, US 오픈 3회,
디 오픈 3회, PGA 투어 82회

1997년 스물두 살의 타이거 우즈는 자신의 스윙을 뜯어 고치겠다고 달려들었다. 전문가와 동료들은 미친 짓이라며 만류했다. 저러다 한순간에 기량이 꺾여 필드에서 사라지고 말리라던 해설자도 있었다.

그렇게 생각할 만도 했다. 프로로 전향하고 2년째인 그해 우즈는 PGA 투어 4승을 올리고 나이키와의 6000만 달러짜리 광고 계약에 사인했다. 마스터스에선 2위와 12타 차로 우승했다. 그런 분위기에서 나온 스윙 리노베이션 선언이었다.

이미 흠잡을 데 없는 스윙을 가졌지만 컨트롤이 잘 되고 효과적이며 더없이 일관된 스윙을 바랐다. 그런 스윙의 경지로 들어서려면 예전 스윙과는 완전히 다른 연습이 요구되고 그 때문에 당분간 성적은 사실상 포기해야 했지만 개의치 않았다.

"우승이 늘 발전의 바로미터인 것은 아니니까요."

우즈는 충분히 좋은 스윙을 버리고 일관되게 좋은 스윙을 구축하기 위한 작업에 돌입했다. 1998년에 1승을 보태는 데 그치고 메이저 대회에선 우승 없이 돌아섰지만 그럼에도 '나아지고 있다'는 믿음에 흔들림이 없었다. 천천히 그리고 확실히 새로운 스윙을 완전히 제어할 수준을 향해 한 계단씩 걸어 올라가고 있었다.

나이에 맞는 스윙은 따로 있다

1999년 우즈는 다시 사람들을 흥분으로 몰아넣었다. 뷰익 인비테이셔널에서 대회 최다 언더파 타이기록인 22언더파로 우승하더니 이후 8월부터 이듬해 초까지 6개 대회에서 연속 우승하기에 이른다. 그해 PGA 챔피언십에서 메이저 대회 두 번째 우승까지 차지했다.

그는 어떤 상황에서든 원하는 타입의 샷을 정확히 구사하는 선수가 돼 있었다. 우승이 항상 발전의 바로미터인 것은 아니었지만 원하는 발전을 이루자 우승은 매달리지 않아도 저절로 찾아왔다.

1998년 5월의 벨사우스 클래식은 그가 우승한 숱한 대회들 중에 딱히 주목받는 대회는 아니다. 3타 차로 리드한 상태에서 최종 라운드에 들어갔고 이븐파로 막아 1타 차로 겨우 우승했다. 물에 들어가려는 공을 러프가 잡아주거나 그린을 훌쩍 넘겼는데 칩샷이 들어간 장면도 있었다.

버디 퍼트

10개월의 우승 가뭄 뒤 이렇게 기대하지 않던 승수를 챙기고 나서 "스윙에 타이밍을 아직 잡지 못했다. 운이 좀 따른 것 같다"고 했다. 그가 1997년에 일으킨 센세이션과 비교하면 인상적인 우승이 아님은 분명했다. 하지만 돌이켜보면 미완성 상태의 스윙으로 우승해낸 거였다. 리노베이션이 진행되는 중간에 어중간한 스윙으로 이룬, 곱씹을수록 무서운 우승이어서 투어에 함께 나선 동료들을 두려움에 떨게 할 만한 사건이었다.

이미 성공을 거두고 있을 때 과감히 스윙 교정에 나선 대표적인 선수로 1980년대의 닉 팔도가 있었다. 팔도가 메이저 대회 첫 우승이라는 절실한 목표를 갖고 있었던 반면 우즈는 이미 메이저 대회 우승도 경험한 뒤였다. 우즈는 심지어 그 후로도 주기적으로 스윙에 변화를 줬다. 그때마다 일시적으로 성적이 나오지 않는 기간을 감수해야 했지만 결국 더 큰 우승과 격차로 보상받곤 했다.

우즈가 골프를 시작할 때는 나무클럽과 스틸샤프트가 대세였다. 이후 장비 발달이 거듭되며 클럽은 계속 가벼워졌고 결정적으로 혁신적인 골프공 Pro V1이 2000년 탄생하면서 선수들의 퍼포먼스가 비약적으로 발전했다. 투어 판도를 한순간에 바꿔놓을 수 있는 이런 숨 가쁜 환경 변화도 그를 늘 깨어 있게 하는 동력이었을 것이다.

2007년 플레이오프 시스템인 페덱스컵에서 눈부신 샷을 연속 선보이며 초대 챔피언에 올라 단번에 1126만 달러를 손에 넣었을 때도 '이래도 더 나아질 여지가 있나'라는 질문에 "물론이다. 내 골프는 올바른 방향으로 가고 있다"고 답했다. 타이거 우즈 크로니클, 그러니까 골프 황제의 연대기는 자신을 뛰어넘으려는 투쟁의 역사인 셈이다.

잭 니클라우스도 우즈와 비슷한 마인드를 갖고 있었다. 메이저 대회 18승으로 해당 부문 최다승 기록을 작성하고도 "이뤘어야 하는 걸 이루지 못하고 커리어를 끝냈다는 느낌을 지울 수 없다"고 했다. "늘 더 나아지기를 바랐다. 항상 산을 오르고 싶었다"고 고백했다.

접근법은 달랐다. 니클라우스는 주변 환경을 바꾸는 데는 크게 관심이 없었다. 스윙 코치를 교체한 적이 없고 코치를 대회장 드라이빙 레인지에 들어오게 하지도 않았다. 꼭 필요한 순간에만 관람석에 있는 코치에게 다가가 살짝 의견을 묻는 식이었다. 반면 우즈는 스윙 교정처럼 코치 교체에도 망설임이 없었다.

메이저 대회 8승을 함께한 코치 부치 하먼과 결별하고 2004년 행크 헤이니Hank Haney와 손잡았다. 맞바람을 비웃듯이 벙커마저 넘기며 280야드를 낮게 깔려 뻗어가는 2번 아이언 스팅어 샷이 바로 하먼과의 작업을 통해 탄생한 것이었다. 이후 헤이니와 함께 메이저 대회 6승을 올렸지만 2010년 정리하고는 션 폴리Sean Foley를 고용했다. 2014년엔 생체역학 전문가인 크리스 코모Chris Como를 스윙 컨설턴트로 받아들여 3년간 도움을 받기도 했다. 코치와 조금 다른 개념이지만 결국은 코치였다.

니클라우스와 달리 우즈는 드라이빙 레인지에서든 어디서든 모든 샷을 코치와 함께하고 적극적으로 피드백을 구했다. 이런 방식은 요즘의 투어 선수들 사이에서도 일반적인 흐름이 됐다.

우즈는 오로지 더 나은 경기력을 갖추는 데에 관심을 쏟느라 그 과

버디 퍼트

정에서 벌어지는 주변 문제에는 무신경했던 모양이다. 잦은 고용과 해고 사이에서 발생한 잡음은 어쩌면 당연한 것이었다. 헤이니는 우즈를 돕는 동안 일어났던 일들을 책에 써 2012년 출판했는데 내용 중에 사생활 폭로도 있어 곤란한 상황을 맞기도 했다. 그래도 우즈는 동요하거나 기조를 바꾸지 않았다.

젊었을 때 스윙 교정의 방향은 고민할 것도 없이 파워 증가였다. 더 멀리, 더 묵직하게 날아가는 공으로 아주 단순한 게임 플랜을 만들려고 노력했고 실제로 그렇게 됐다. 세월이 가면서 작은 힘으로 최대한 파워를 유지하는 스윙을 고민했다. 2014년 허리 디스크 수술을 받고 돌아왔을 때는 "젊을 때의 샷 거리가 나오지 않는다"며 '농구 황제' 마이클 조던 얘기를 꺼냈다.

"점프로는 젊은 선수들을 압도할 수 없게 되자 뒤로 물러서며 던지는 페이드 어웨이 슛을 장착하지 않았습니까."

챔피언이자 도전자

우즈가 쓴 도전의 역사는 부상과 극복의 역사이기도 하다. 젊을 때는 무릎이 말썽을 부렸고 마흔 무렵엔 고질적인 허리 통증에 시달려야 했다. 2014~2017년에 받은 허리 수술만 네 번. 2020년에도 수술대에 올랐다. 부상이 거듭되고 거기에 세월까지 쌓이면서 몸에 무리가 덜 가는 스윙으로 계속 변화를 줘야 했다. "어차피 승리하는 쪽은 내가 아니라 시간"이라는 말로 누구도 세월을 거스를 수 없음을 강조했지만 동시에 부상이 그어놓은 한계와 시간을 이기려 몸부림쳤다.

네 번째 허리 수술을 받고 2018년 3월에 나선 발스파 챔피언십. 우 즈라면 부상과 시간마저 이길지 모른다는 사람들의 막연한 기대를 그 는 현실로 증명해냈다. 이 대회에서 헤드 스피드가 시속 129.2마일까 지 나왔다. 시즌이 시작되고 그때까지 나온 투어 최고 기록이었다. 수 술을 받은 지 1년도 안 지난 40대가 스윙 데이터에서 20대와 30대들 을 압도했으니 미스터리였다.

스윙 변화의 승리였다. 전문가들은 왼발을 좀 더 많이 열어놓는 어 드레스, 조금의 끊김도 없이 한 동작으로 이뤄지는 백스윙의 출발, 큰 실수와 부상을 동시에 막는 최적의 백스윙 톱 포지션, 백스윙 톱에서 의 미세한 멈춤 동작 등에서 변화를 읽었다. 스피드를 내려고 예전보 다 좀 더 가벼운 샤프트로 바꾼 것도 특기할 만했다. 한마디로 편하면 서도 강력한 스윙을 갖췄다. 황제라는 수식어로도 부족할 정도의 성 공을 이미 거둔 뒤인데도, 더 편하고 강력한 스윙을 몸에 익히려 부상 과 재활에 지친 몸을 도전으로 몰아넣었던 것이다.

머리로는 아버지 얼 우즈의 아주 오래된 조언을 떠올렸다.

"처음 아버지한테 골프를 배울 때 익혔던 것들을 되새겼어요. 아버 지는 항상 이렇게 말씀하셨거든요. '골프 클럽과 유일하게 직접 접촉 하는 건 손이니까 네 손을 믿어야 한다'고."

기본으로 돌아가 손의 감각을 찾는 데 몰두한 노력은 그 어떤 전문 가들의 도움보다 더 강력한 효과를 냈다. 우즈는 "그렇게 세게 스윙하 는 느낌이 들지 않는데 실제로는 믿을 수 없는 스피드가 나옵니다"고

했다.

앞서 몇 년 간 입스(갑자기 몸이 경직돼 평소에는 잘하던 동작을 수행하지 못하는 것)라고 할 만큼 난조를 보였던 쇼트 게임도 전성기에 가깝게 정교해졌다. 집 뒷마당에 그린 4개를 만들어 거기서 살다시피 한 결과였다. 4개 중 하나에는 자신이 8차례나 우승한 코스인 베이 힐 클럽의 그린과 같은 종의 잔디 씨앗을 뿌렸고, 마스터스와 흡사한 환경에서 연습하려 오거스타 내셔널의 코스 관리 책임자를 고용하기도 했다.

마지막 홀에서 버디 퍼트가 짧아 2위에 그치며 연장에 가지 못했지만 1타 차의 준우승은 자신감을 끌어올리기에 아주 적당한 성적이었다. 6개월 뒤에 공개할 블록버스터의 훌륭한 예고편을 선보인 셈이었다.

니클라우스, 파머, 호건을 불러낸 우승

2018년 8월 PGA 챔피언십에서 준우승해 자신감을 이어간 우즈는 한 달여 뒤 플레이오프 최종전인 투어 챔피언십에 나섰다. 시즌 성적 상위 30명만 살아남는 무대에 그가 다시 섰다는 자체가 골프계엔 축복이었다. 중계 방송사인 NBC에 따르면 그해 메이저가 아닌 대회 중 가장 높은 시청률이 이 대회에서 나왔다. 1년 전의 같은 대회와 비교해 206퍼센트가 뛰었다.

1라운드와 2라운드를 내리 공동 선두로 마친 우즈는 사흘째에 3타 차로 벌리며 단독 선두로 올라섰다. 그러자 골프 팬들 사이에 거대한 홍분이 떠다니기 시작했다. 그는 4라운드를 1위로 시작한 경기에서 미끄러진 적이 딱 두 번뿐인 선수였다. 79승을 올리는 동안 챔피언 조로 마지막 라운드를 경기한 게 44회인데 이중 42회를 우승으로 마무리했다. 승률로 따지면 95.4퍼센트. 두 번의 역전패 중 메이저 대회 유일의 역전패는 2009년 PGA 챔피언십에서 한국의 양용은에게 당한 것이었다.

나흘간 선두를 지키는 와이어 투 와이어 우승을 전 세계 팬들은 이미 기정사실로 받아들이는 것 같았다. 다음 날 남녀노소 할 것 없이 우즈 팬, 골프 팬, 스포츠 팬은 이스트 레이크 골프 클럽에 다 모인 듯했다.

쉬운 경기는 아니었다. 2014년 대회의 우승자인 빌리 호셜Billy Horschel이 66타를 치며 쫓아오는 가운데 우즈는 15번 홀에서 겨우 물을 피한 티샷에 보기를 범했다. 16번 홀도 마찬가지였다. 2홀 남기고 2타 차로 쫓겼다. 하지만 갤러리들의 얼굴에선 한 치의 의심도 찾아보기 힘들었다. 그들의 기대대로 우즈는 17번 홀에서 파 세이브에 성공했다. 같은 조로 경기한 로리 매킬로이는 "우즈가 18번 홀에서 티샷을 페어웨이로 잘 보냈을 때 '이제 됐다' 싶었다"고 돌아봤다.

페어웨이를 걸어갈 때 "타이거"를 연호하는 갤러리들의 목소리가 무서우리만치 커져갔다.

"1980년 US 오픈의 마지막 장면이 떠오르지 않나요? 사람들이 니클라우스를 보면서 하나같이 '잭 이즈 백' '잭 이즈 백'을 외치던 그 대회 말이에요."

매킬로이의 말에 우즈는 빙긋이 웃어 보였다.

"근데 난 잭처럼 노란 바지를 입고 있진 않잖아."

전성기 때인 '올드 타이거'의 상징인 검은 바지와 붉은 셔츠를 그날도 입고 나온 우즈는 마지막 파 퍼트를 굴리고는 2타 차 우승에 기뻐하며 천천히 만세를 불렀다. 5년 만의 PGA 투어 정상 정복. 1876일간 기다린 '통산 80승'이었다. 줄어들기는커녕 계속 커지는 "타이거" 연호를 들으며 마이크 앞에 선 그는 "사실 마지막 순간에 눈물을 보이지 않으려 엄청 노력해야 했다"고 털어놓았다. 실제로 입술을 꽉 깨문 채 모자챙을 구부려 두 눈을 가렸다. 사진 포즈를 취하는 그의 손에는 우승자에게 주는 부상인 보비 존스의 퍼터 캘러미티 제인 복제품이 빛나고 있었다.

우즈의 80승 장면은 벤 호건의 제50회 US 오픈 우승 모습과 닮았다. 죽을 뻔한 사고를 겪고 복귀해 16개월 만에 불사신처럼 우승 퍼트에 성공한 호건에게 수많은 갤러리가 몰려가 자기 일처럼 기뻐했었다. 우즈의 우승 때는 보안 요원들의 등골이 오싹해질 정도로 갤러리의 열광이 폭발했다.

마지막 홀에서 두 번째 샷을 쳤을 때 사람들이 한꺼번에 코스 안으로 몰려들었다. 걸어가는 우즈와 홀린 듯 쫓아가는 들뜬 관중 사이의 가느다란 로프를 지켜내려 요원들은 안간힘을 쓰고 있었다. 모두들 뜨거운 역사의 증인이 되고 싶어 했고 각자의 시선에서 증거를 남기고 싶어 했다. 앞서 경기를 마친 선수들도 갤러리 무리에 섞여 같은 마음으로 휴대폰 카메라를 들었다. 아널드 파머의 광적인 팬클럽인 아니의 군대도 그 정도는 아니었을 것이다.

군중 틈에서 우즈는 '무사히' 그린으로 올라갔지만 뒤따르던 캐디는 빠져나오지 못하고 몇 분간 헤매야 했다. 우승 퍼트에 성공했을 때 터져 나온 환호에 클럽하우스 건물이 둥둥 울렸다. 그 안에 있던 사람들은 식탁 위의 물잔이 흔들릴 정도였다고 했다.

우즈는 "이 정도의 에너지를 느낀 건 처음"이라고 했다. 그가 느끼는 성취감이 갤러리의 행복감으로 그대로 전이되고 있었다. 올드 타이거에 열광했던 그 시절의 자신들을 다시 마주하는 경험이었다.

우즈는 "우승이라는 것이 내게, 그리고 다른 많은 이에게 큰 의미를 준다는 걸 새삼 깨닫게 됐어요"라고 했다. "무엇보다 한 번 더 산을 오르고 싶었어요. 그리고 정말로 이렇게 올랐을 때의 기분이란, 정말이지…."

무한한 신뢰와
주도적 수용

1997년 마스터스를 사람들은 18언더파 270타의 현실적이지 않은 스코어, 2위를 12타 차로 따돌린 무자비한 우승으로 기억하지만 우즈는 다른 무엇보다 메이저 대회 첫 우승과 함께 아버지 얼 우즈와의 포옹으로 기억한다.

심장병으로 생사의 갈림길까지 갔다가 목숨을 건진 얼은 의사의 만류를 뿌리치고 당시 오거스타를 찾았다. 마지막 4라운드를 앞둔 토요일 밤에 우즈는 아버지와 늦게까지 얘기를 나눴다. 2위와 이미 9타 차로 벌어져 있었지만 아버지는 "인생에서 가장 중요한 라운드가 될 것"이라고 했다. 또 이렇게 덧붙였다. "하던 대로 하면 다를 것도 없다. 너만의 작은 세계로 들어가서 해치워버려."

2006년 아버지를 떠나보낸 뒤에도 우즈는 "그때 아버지가 없었다면 우승하지 못했으리라는 건 분명한 사실"이라고 돌아봤다.

18번 홀 그린 뒤에서 아버지와 긴 포옹을 나눴던 우즈는 22년 뒤인 2019년 같은 장소에서 이번에는 어린 아들을 끌어안았다. "아이들에게 아버지가 메이저 대회 챔피언이 되는 모습을 꼭 직접 보여주고 싶었다"고 했다.

1997년 마스터스에서 얼은 '아들의 이번 우승이 의미하는 것은 무엇이냐'는 물음에 아주 간단히 "프라이드"라고 답했다. 2019년 마스터스를 통해 아버지 우즈의 메이저 대회 우승을 현장에서 처음 본 아들 찰리는 아버지를 무척 자랑스러워했다. 아들을 안고 흠뻑 웃는 우즈의 얼굴에선 22년 전 얼의 얼굴이 보였다.

'꺼져버려, 타이거!'

'미스터 프랑켄슈타인'. 일부 언론이 얼에게 붙인 별명이다. 소설 〈프랑켄슈타인〉 속의 프랑켄슈타인 박사가 얼이고 그가 만든 괴물이 아들 우즈라는 얘기다.

얼은 꽤 뛰어난 운동선수이자 전쟁 영웅이었다. 특수부대 소속으로 베트남전에 참전해 폭발물 설치 등의 임무를 수행했다. 죽을 고비를 넘긴 적이 한두 번이 아니었다고 한다. 골프도 군에서 배웠다. 베스트 스코어는 무려 63타라고.

얼은 아주 엄격한 아버지였다. 생후 10개월밖에 안 된 아들에게 클럽을 쥐어주며 스윙하게 했다. 두 살 때 TV 쇼에 데리고 나가 신동임을 확인시키기도 했다. 우즈는 네 살 때 프로와의 9홀 대결에서 이기고 여섯 살부터 각종 대회에서 트로피를 수집해나갔다. 그해 처음 레슨 프로를 붙여줬지만 얼은 아들을 남에게만 맡겨두지는 않았다. 아버지의 가르침은 계속됐다.

우즈는 열두 살에 정규 코스에서 처음으로 60대 타수를 쳤다. 전국 단위의 아마추어 대회에 나가기 시작할 때 이미 아버지한테서 전쟁 포로를 심문할 때 쓰는 심리 기술을 배운 뒤였다.

연습장은 차고였다. 얼은 샷 시범을 보여준 뒤 아들이 제대로 따라 하는지 체크하며 스윙 하나하나에서 눈을 떼지 않았다. 한창 재롱을 피울 어린애인데도 우즈에게 골프는 이미 놀이가 아니었다. 골프를 하고 있을 땐 다른 물건으로 소리를 내거나 크게 말해서도 안 됐다.

아이의 재능을 일찌감치 알아본 얼은 그 재능을 무한대로 키우고 싶었다. 그러려면 더 크기 전에 머릿속에 들어가 정신까지 점령해야 한다고 생각했던 모양이다. 퍼트할 때 옆에서 일부러 동전을 짤랑거리거나 퍼트 라인에 무언가를 툭 떨어뜨려 주의를 흩뜨리면서도 완벽히 넣기를 주문했다. 백스윙할 때는 소리를 질렀다. 열한 살이 되자 그냥 소리를 지르는 게 아니라 욕까지 섞었다. 우즈가 백스윙하는 동안에 얼은 "꺼져, 타이거" "바보 같은 놈" "똥 덩어리" 같은 말들을 던졌다. 심지어 대회 중에도 그랬다.

얼은 "남다른 재능을 가진 사람들이 연주하는 가장 창조적인 예술"이라며 아들에게 재즈 음악을 듣게 했다. 랩 음악은 듣지 못하게 했다.

우즈가 아빠를 골프로 처음 이긴 것도 열한 살 때의 일이었다. 그 후 단 한 번도 진 적이 없다. 18번 홀에서 얼이 퍼트를 놓쳐 승부가 결정됐을 때 우즈는 주먹을 내질렀다. 그 유명한 우즈의 피스트 펌프 세리머니는 그렇게 시작됐다.

얼은 자신이 운동선수로서 가진 실력을 차별 탓에 꽃피우지 못했다는 생각을 갖고 있었다. 대학 야구팀에서 포수로 활약했지만 경기가 끝나면 팀원들이 묵는 호텔이 아니라 다른 숙소로 가 자야 했다. 시대가 그랬다. 많은 지역에서 흑인의 시설 사용이 금지됐다. 얼은 공공장소에서 백인과 어울렸다는 이유로 경찰에 끌려가 벌금형에 처해지기도 했다. 얼의 말에 따르면 자신은 프로야구 선수로서 자질을 인정받았지만 메이저리그에서 받아주지 않았다.

"대학을 졸업한 뒤 갈 곳이 없다는 걸 깨달았어요. 단지 피부색 때문에 메이저리그에서 뛸 자격이 안 됐어요."

'나는 골프 선수다'

'캐블러네이션cablinasian'. 1997년 오프라 윈프리와의 인터뷰에서 우즈는 자신을 이렇게 규정했다. caucasian(코카시안), black(흑인), indian(아메리카 원주민), asian(아시아인)에서 각각 앞 두 글자씩 따와 만든 말이다. 실제로 부모로부터 다양한 인종의 피를 물려받기도 했지만, 아프리카계 미국인이라는 말로 자신을 한정 지으려는 사람들에 맞서 저항의 뜻을 드러낸 것이다.

우즈는 백인들의 운동에 도전해 그 어떤 백인도 이르지 못한 경지에 올랐지만, 차별의 벽에 부닥쳐 메이저리거의 꿈을 포기해야 했던 아버지의 한을 대신 풀었다거나 하는 식으로 의미를 부여하지는 않았다.

우즈가 US 아마추어에서만 세 번째 우승을 했을 때 아버지 얼은 "아들이 메이저 대회 14승을 거둘 것"이라고 '예언'했다. 그러면서 인도 독립의 아버지인 마하트마 간디보다 더 큰 영향력을 세계에 미치리라고 말한 걸로 전해진다. 훗날 인터뷰에서 얼은 "그런 식으로 말할 만큼 멍청하지는 않다"면서도 "카리스마가 남다른 아들이라 인도주의적인 면에서 간디처럼 세상에 영향력을 발휘하리라는 생각은 있었다"고 했다. "아들은 동서양 세계를 잇는 다리가 될 것이다. 선택받은 자이므로 사람들 사이를 넘어 국가들에 영향을 미칠 것이고, 전 세계가 이제 곧 무슨 뜻인지 알게 될 것"이라고 했던 인터뷰 기록도 있다. 얼은 확실히 우즈가 21세기의 간디나 예수 같은 인물이기를 바랐던 것 같다.

하지만 우즈는 골프를 통해 키운 자신의 영향력이 골프를 넘어선 개념으로 확장하는 현상을 경계했다. 사회 전반의 일에 대해 한쪽의 목소리를 강요하는 분위기를 불편해했다. 선수로서 최전성기를 달리던 2000년에 이런 일이 있었다.

전미유색인지위향상협회(NAACP)라는 인권 단체가 사우스캐롤라이나에서 열리는 스포츠 이벤트를 보이콧해야 한다며 스포츠 선수들을 양자택일의 벼랑으로 몰아넣고 있었다. 사우스캐롤라이나 주정부가 인종차별의 상징으로 여겨지는 남부연합 깃발을 적극적으로 금지하지 않고 있다는 이유였다. 우즈도 대회 보이콧에 지지 의견을 내달라고 강요받았지만 그의 대답은 명료했다.

"나는 골프 선수다. 그건 그들의 문제이지 내가 관여할 일이 아니다."

그 대신 골프 하나만으로도 골프 외적인 영향력까지 갖출 수 있는 수준으로 스스로를 끌어올렸다. 그가 코스 안에서 보여준 성취와 좌절, 극복의 과정은 그 자체로 코스 밖의 사람과 일들에 영감과 에너지를 전달할 정도로 파급력을 지닌다.

2018년 투어 챔피언십을 제패했을 때는 "1997년 마스터스는 아버지를 위해 우승하고 싶었다. 하지만 이번엔 나 자신을 위해 우승하고 싶었다"고 했다.

아버지의 훈련법을 전적으로 신뢰했지만 아버지가 바라는 이상적인 골퍼의 모습까지 추종하지는 않았다. 아들을 마음대로 주무른 극성스럽기만 한 아버지로 보일 수도 있었던 얼을 위대하게 만든 것은 바로 가르침을 수동적이 아니라 주도적으로 수용한 우즈의 태도였다.

얼에 따르면 아들이 다른 운동도 하면 좋겠다 싶어 야구를 시켜보고 풋볼도 제안했지만 우즈는 둘 다 잠깐 하는 듯하다가 골프에 방해된다는 이유로 그만뒀다. 얼은 "동료들 사이에서 호감을 주는 선수가 되는 것에 아들은 관심이 없었다. 모든 동료가 자기를 존중하고 존경하면 됐다. 아들은 그런 관계를 만들기 위해 노력한 것"이라고 했다.

열아홉 살이 된 우즈는 아버지의 혹독한 훈련법에 "때로 화가 나기도 하지만 결국 실력 향상으로 이어지리라고 믿고 있다. 배움이라는 게 원래 그런 것 아닌가"라고 했다. 백스윙 때 퍼붓는 욕은 심리 훈련이라고 받아들였다. "다른 사람들이 하는 말들에 귀를 닫고 골프에만 집중하라는 가르침이 그 지도법의 핵심이었다"고 돌아봤다. 우즈는 부상과 수술, 또는 스캔들로 공백이 길어질 때마다 '타이거의 시대는 이제 끝'이라는 말을 무수히 들었지만 귀를 닫고 재기를 준비해 결국 일어서곤 했다.

오로지 돈을 벌기 위해 아들에게 집착했다는 평가도 있지만 얼은 말년까지도 어린 아들을 키웠던 캘리포니아의 오래된 집에서 살았다. 오거스타 내셔널 12번 홀에 서 있는 아들을 그린 유화, 아들이 주인공인 매거진 표지들이 빼곡히 벽에 전시돼 있는 집이었다.

아들은 대회에 나가면서 아버지에게 티타임이 몇 시이고 언제까지 코스에 도착하면 되는지만 알려줄 뿐이었다. 경기가 끝나면 집에 돌아갈 시간만 얘기해주고는 항상 알아서 연습했다고 한다. 얼은 "아들을 한 번도 어린애 취급한 적이 없다. 동등한 인격체로 대했다. 우린 가장 친한 친구였다"고 주장했다. 우즈는 아버지의 바람을 삶의 기준으로 삼지 않았지만 어딜 가든 아버지의 헌신이 있어 지금의 자신이 있는 것이라고 얘기했다. 코스에서 연습을 하다 딸기를 발견하면 여러 개를 따서 아버지와 다정히 나눠 먹는 아들이었다.

아버지가 세상을 떠난 뒤 우즈는 해군 특수부대인 네이비 실의 샌디에이고 훈련 시설에 들어가 군인들과 몸을 부대끼며 뒹굴었다. 억눌렀던 슬픔을 꺼내놓고 아버지를 보내드리는 그만의 방식이었다.

우즈는 자신처럼 위대한 골퍼를 꿈꾸는 아이를 둔 골프 대디이기도

하다. 그는 실수에 민감하고 그래서 다음 샷에까지 영향을 받는 어린 아들 찰리의 모습을 안타까워했다. 골프에서 가장 중요한 샷은 바로 다음 샷이라는 벤 호건의 말을 인용해 "인생에서 가장 중요한 샷은 바로 다음 샷이어야 한다. 숨쉬기보다도 중요해야 한다"고 조언했다.

퍼팅 그린에선 자꾸 미션을 제시한다. 찰리가 어드레스를 취하고 퍼트하려 할 때 슬며시 다가가서는 퍼트 라인에 일부러 공 몇 개를 툭 던져 주의를 흩뜨리곤 하는 것이다. 아버지 얼이 어릴 적 우즈를 가르치던 바로 그 훈련법이다.

목적이자 수단으로서의
완벽

최고 메이저 대회인 마스터스와 '제5의 메이저 대회'라는 플레이어
스 챔피언십에서 우승하고, 잭 니클라우스가 만든 메모리얼 토너먼트
에서 3년 연속 우승까지 달성한 2001년. PGA 투어 주관 이벤트로는
그해 마지막 일정인 작은 대회가 12월에 열렸다. 대회 수익금은 불우
청소년을 위한 교육에 쓰일 예정이었다.

정규 대회도 아닌 자선 이벤트인 데다 모두가 골프 외의 일들로 분
주한 12월이라 월요일은 흡사 휴일 같았다. 하지만 그날도 우즈는 홀
로 체육관을 지켰다. 참가 선수들 중에 유일하게 그 주에 웨이트트레
이닝을 쉬지 않은 선수였다.

이날 이런 질문을 받았다. '도무지 깨지지 않을 것 같은 무언가

를 기어이 깨게 하는 당신 안의 원동력은 무엇인가요?' 우즈는 숫자 18을 말했다. 인터뷰어는 당연하게도 잭 니클라우스의 메이저 대회 최다승 기록인 18승을 떠올렸지만 우즈는 고개를 저었다.

"그건 사람들의 생각이죠. 18은 골프 스코어에서 퍼펙트한 숫자잖아요."

모든 홀에서 버디를 작성해야 도달할 수 있는 18언더파를 늘 목표로 삼는다는 뜻이었다. 파72 코스라면 54타에 해당한다. 참고로 우즈의 개인 최소타 기록은 투어에선 61타이고, 대회가 아닌 라운드에선 13언더파 59타다. 1997년 마스터스에 참가하기 며칠 전 플로리다에서 연습 삼아 돈 라운드였다.

우즈는 니클라우스의 업적들을 차트로 정리해놓고는 자신이 얼마만큼 따라갔는지 표시하곤 했다. 그의 캘리포니아 사이프레스 집 벽에는 니클라우스가 우승한 18개 메이저 대회의 이름이 적혀 있었다. 누구도 따라올 수 없는 목표치를 정해두고 싶었던 그는 니클라우스의 기록에 다다르거나 넘어선다면 영원히 따라잡힐 일이 없으리라고 생각했다.

그러다 시간이 지나 경험이 늘고 눈부신 경력이 쌓이면서 우즈는 자연스레 우승 횟수 이상의 목표로 관심을 옮긴 것으로 보인다. 그가 완벽을 추구할 때 초점은 완벽을 달성하는 데 있지 않았다. 완벽을 좇는 과정 자체에 있었다.

'작은 목표' 설정

2000년 6월 페블 비치 골프 링크스에서 열린 제100회 US 오픈 2라운드. 파5인 6번 홀에서 NBC 해설자인 로저 몰트비Roger Maltbie는 경악했다.

"이건 공정한 싸움이라고 할 수 없어요."

우즈의 두 번째 샷이 그린 경계에 떨어지면서 팬들의 탄성이 터져나왔을 때다. 그 샷은 그린 쪽에 떨어질 수 없는 샷이었다. 티샷은 깊이 100밀리미터의 푹신푹신한 러프에 잠겨 있고 앞에는 10미터는 족히 될 법한 커다란 나무들이 위압적으로 서 있었다. 숲처럼 우거진 나무들은 그가 선 지점과 그린 사이의 절벽에 자리하고 있었는데 그 너머의 그린은 워낙 높은 곳에 위치해서 전혀 보이지 않았다.

어드레스를 취하며 나무들의 높이를 다시 한 번 쓱 가늠한 다음 있는 힘껏 클럽을 휘둘렀다. 핀까지 205야드 떨어진 곳에서 7번 아이언을 떠난 공은 로켓처럼 솟구쳐 가뿐히 나무들을 넘더니 그린 입구에 떨어졌다. 오른쪽의 벙커로 흐르지도 않고 핀 앞에 멈춰 섰다. 간단히 투 퍼트 버디.

몰트비는 "어디로 갔는지 보이지 않던 공이 그린 앞에 뚝 떨어져 에지에 멈췄어요. 우즈 말고는 아무도 할 수 없는 샷"이라고 했다. 비슷한 두 번째 샷 위치에서 끊어 가는 레이업을 선택하지 않은 유일한 선수였다. 당시 캐디였던 스티브 윌리엄스Steve Williams는 "우즈는 그 홀에서 잠재적 위험에 대해선 아예 고려하지 않았다. 상황이 요구하는 최적의 샷만 생각할 뿐이었다. 어려운 상황에서 믿을 수 없는 샷을 만들어낸 것은 바로 그런 멘털 덕"이라고 돌아봤다.

1라운드에서 1타 차였던 2위와의 거리는 2라운드를 마쳤을 때 6타 차로 벌어졌다. 3라운드를 10타 차로 마치고 마지막 날 15타 차로 우승했다. 골프에서 보여줄 수 있는 모든 것을 눈앞에 옮겨놓은 대회였다. 최종 스코어 12언더파는 US 오픈 최초의 두 자릿수 언더파 기록. 15타 차는 1862년 디 오픈 때 올드 톰 모리스가 세운 13타 차를 넘은 것이다. 138년 만에 나온 '메이저 대회 최다 타수 차 우승'이었다.

그린 주변 러프에 공이 가면 잔인할 정도로 파 세이브가 어렵고, 그린 잔디는 울퉁불퉁해 볼이 본 대로 가지 않고 튀는 포아 아누아 품종인 데다 그린 크기도 너무 작았다. 까다롭기로 악명 높은 US 오픈의 코스 세팅에 강한 바람까지 선수들을 괴롭혔는데 우즈만은 자유자재로 샷을 컨트롤했다. 핀이 그린의 오른쪽에 꽂혀 있으면 그의 샷은 가운데로 가다가 오른쪽으로 절묘하게 꺾였다. 핀이 왼쪽에 있으면 샷은 핀에 가까워질수록 왼쪽으로 휘었다.

우즈의 압도적인 우승을 주변 사람들은 대회 전부터 예상하고 있었다. 라스베이거스에 들러 코치 부치 하먼과 미세하게 스윙을 조절했는데 이후 연습 삼아 라운드를 돌 때부터 심상치 않았기 때문이다. 우즈와 함께 라운드를 한 애덤 스콧Adam Scott은 "드라이버 샷으로 그린을 향해 370야드를 때려 이글을 잡더라. 그다음엔 세 홀 연속으로 버디를 하고 또 이글을 할 뻔했다"며 혀를 내둘렀다. 초속 13미터의 강풍에도 63타를 치며 해당 골프장 기록인 코스 레코드를 세웠다.

US 오픈 공식 연습 라운드에선 4번 아이언 하나로 195야드를 정확히 맞춰 치고 다음 홀에선 같은 클럽으로 230야드를 쳐 핀에 붙였다. 원하는 거리와 탄도, 구질을 완벽히 맞추고 만들어냈다. 연습 라운드 파트너였던 폴 고이도스Paul Goydos는 우즈가 어때 보였느냐는 취재진 물음에 "이번 대회는 끝났다. 그가 10타 차로 우승할 것"이라고 했다. 농담처럼 받아들인 기자들은 웃었지만 며칠 뒤 결과는 15타 차였다.

준비와 연습이 썩 잘 됐으니 보통 선수라면 결과는 하늘에 맡기고 컨디션 조절만 신경 쓰며 본 게임을 기다렸을 것이다. 우즈는 달랐다. 자기 안의 아주 작은 목소리도 지나치지 않았다. 퍼트가 어딘지 모르게 미덥지 않은 것 같다는 목소리였다. 주변 사람들은 완벽하다고 했지만 스스로 느끼기엔 부족함이 있었다. 생각한 퍼트 라인대로 가지 않고 살짝 왼쪽으로 당겨지는 공이 나왔던 것이다.

개막 전날 그는 퍼팅 그린에만 2시간 넘게 머물렀다. 굴리고 또 굴린 끝에 퍼터를 쥔 손의 위치가 평소 잡았던 느낌보다 아주 조금 아래에 있었다는 사실을 깨달았다. 이 부분에 신경을 썼더니 공이 똑바로 나아가기 시작했다. 1라운드에서 퍼트 수는 단 24개. 한 홀당 퍼트를 1.33개밖에 하지 않은 것이다. 전체 72홀 가운데 첫 22홀을 보기 없이 넘겼고 마지막 26홀에서도 한 개의 보기도 적지 않았다. 4라운드 동안 스리 퍼트는 전혀 기록하지 않았다.

앞서 US 오픈에서 2차례 우승하고 그해 마스터스에선 준우승한 어니 엘스Ernie Els는 3라운드에 출전한 선수 중 유일하게 언더파 스코어를 적으며 공동 30위에서 2위로 수직 상승했다. 하지만 그 결과 마지막 라운드에서 10타 차가 나는 우즈와 동반 플레이를 하게 됐다. 우즈는 대회 사상 '54홀 최다 타수 차 리드'를 안고 있었다.

다들 이미 끝난 게임이라고 생각하고 있을 때 우즈는 새로운 목표를 스스로에게 들이밀었다. 보기 프리 라운드. 그는 이때를 이렇게 돌아봤다.

"골프를 할 때 늘 작은 목표(mini-goals)를 설정합니다. 3홀이나 6홀, 9홀 목표를 각각 정해놓는 식이죠. 그날의 주된 작은 목표는 보기를 하지 않는 것이었어요. (…) 누군가 60타를 치며 무섭게 쫓아온다고 해도 나는 그저 내 작은 목표만 생각하며 내 마인드 셋대로 움직이면 됐죠."

16번 홀에서 4.5미터 거리의 만만찮은 파 퍼트가 홀 왼쪽을 타고 들어갔을 때 그날 가장 역동적인 피스트 펌프 세리머니를 펼친 것도 그 때문이었다.

"나한테 그 퍼트는 사람들이 생각하는 것보다 훨씬 더 큰 의미를 가진 퍼트였어요."

17번 홀에선 벙커에서 파를 건져냈다. 마지막 홀에서 버디 퍼트가 조금 엉뚱하게 흘러버렸을 때 그는 마치 역전패 위기라도 맞은 것처럼 무척 실망한 표정을 지었다. '어차피 우승'이라는 생각이 끼어들려는 그 짧은 마지막 순간까지 집중력의 레벨을 유지했다. 어렵지 않은 파 퍼트를 신중히 넣고 난 뒤에야 비로소 하얀 이를 시원하게 드러냈다. 보기 프리라는 작은 목표를 우즈는 초과 달성했다. 전반 9홀 연속으로 파를 지키다가 10번 홀부터 버디를 터뜨리기 시작해 67타로 마치고 그날 출전 선수 중 베스트 스코어를 적었다.

　　　　　　　　　　　　　　　　　　　　　　버디 퍼트

불규칙 바운드가 비교적 많이 나오는 포아 아누아 그린인데도 나흘간 3미터 이내 거리의 퍼트를 한 번도 놓치지 않았다. 성공률이 상대적으로 낮은 내리막 퍼트를 남기지 않고 되도록 오르막 퍼트를 남기기 위해 원하는 지점에 멈춰 세우는 정교한 볼 스트라이킹에 온 신경을 기울였다고 한다.

합계 3오버파를 기록하며 2위로 마친 엘스는 "마지막 라운드에서 첫 6홀을 치고 나서 게임이 끝났다는 것을 알게 됐다. 그때부턴 그저 우즈의 옆에서 걷는 걸 즐길 뿐이었다"고 했다. 우즈와 전 부인인 엘린 노르데그렌 사이에 다리를 놨던 스웨덴 골퍼 예스페르 파르네비크 Jesper Parnevik는 "우즈는 2타 차 우승이 가능한 상황이면 그걸 4타 차로 만들고 싶어 하고, 4타 차 우승이 가능해 보인다 싶으면 10타 차는 안 될까 생각했다. 늘 몇 발 더 나아간 지점에 시선을 뒀다"고 했다.

제100회 US 오픈은 우즈가 프로로 전향하고 출전한 100번째 대회이자 니클라우스의 US 오픈 고별 무대였다. 우즈는 한 달 뒤 디 오픈마저 제패해 니클라우스의 최연소 커리어 그랜드슬램 기록을 2년이나 앞당겼다. 그리고 또 한 달 뒤 PGA 챔피언십 2연속 우승에 성공했다. 그렇게 2000년 출전한 20개 대회에서 챙긴 승수만 9승에 달했다.

이듬해 4월 마스터스에서도 정상에 올라 '4개 메이저 대회 연속 우승'으로 '타이거 슬램'이라는 신조어를 탄생시켰다. 아마추어 보비 존스의 캘린더 그랜드슬램을 제외하면 현대적 의미의 4대 메이저 대회를 연속으로 접수한 것은 이때의 우즈가 최초다. 2000년 무렵 그는 PGA 투어 46개 대회에서 23승을 쓸어 담았다.

91홀을 버티고 11년을 견뎠다

2008년 6월의 US 오픈 우승은 사실상 한쪽 다리로 일군 것이었다. 우승하고 이틀이 지나 수술을 위해 남은 시즌을 포기한다고 발표할 때 당시 왼쪽 다리 두 군데에 피로 골절이 있고 무릎 전방십자인대가 찢어진 채였다고 알렸다.

피로 골절은 앞선 4월에 연골 관절경 수술을 받은 뒤 왼 무릎 근육 강화를 위해 재활을 너무 열심히 해서 생긴 것이었다. 전방십자인대는 운동선수의 활동에 필수적인 조직. 우즈는 US 오픈 주최 측인 미국골프협회의 핵심 관계자에게만 부상 사실을 알리며 입단속을 당부했다.

대회 코스인 샌디에이고의 토리 파인스 남코스는 그에게 특별한 곳이었다.

"어린 시절을 보낸 동네와 가까워서 소중한 기억이 많은 곳이에요. 그래서 무슨 수를 쓰든 나가고 싶었어요. 남은 시즌을 희생해서라도."

그해 1월 뷰익 인비테이셔널에서 대회 4연속 우승이자 여섯 번째 우승을 하고 난 뒤였는데 뷰익 인비테이셔널 대회장이 바로 토리 파인스였다.

무릎 보호대를 차고 라운드를 해봤는데 9홀에 50타 이하로 치기도 쉽지 않았다. 그래도 US 오픈 출전을 강행한 우즈는 토리 파인스로 가는 길에 보호대를 버렸다. 관절경 수술 이후론 18홀을 걸어본 일이 없었으니 그를 둘러싼 질문은 온통 무릎에 관한 것이었다. 우즈는 "항상 그렇듯 근력 운동과 유산소 운동을 한 뒤 얼음찜질과 스트레칭을

버디 퍼트

했을 뿐"이라고 했다.

　1라운드에서 선두에게 4타 차로 뒤지고 2라운드에서 1타 차로 좁혀질 때까지는 참을 만했지만 3라운드부터가 문제였다. 2번 홀에서 티샷을 한 뒤 거의 주저앉을 만큼 크고 묵직한 고통이 몰려왔다. 그런데도 그날 오히려 1타 차로 앞서 단독 선두로 올라섰다. 13번 홀에서 18미터나 되는 이글 퍼트를 넣어 분위기를 바꿨고 17번 홀에선 칩인 버디, 18번 홀에선 오른쪽으로 급격히 휘어지는 9미터 거리의 이글 퍼트를 넣었다.

　나흘째가 되자 고통을 애써 감추기도 어려운 지경이 됐다. 4라운드 첫 2홀에서 3타를 잃고 쭉 미끄러졌다. 절로 인상이 찡그려졌고 클럽을 지팡이 삼아 걸어야 했다. 그야말로 악전고투. 그러나 그는 완주조차 불투명해 보이는 상황에서 기어이 우승 발판을 마련했다.

　버디를 해야만 연장에 갈 수 있는 마지막 홀에서 티샷은 왼쪽 페어웨이 벙커에 빠지고 두 번째 샷은 오른쪽으로 치우쳐 러프에 들어갔다. 하지만 101야드를 남기고 친 60도 웨지 샷을 핀에서 3.5미터 거리에 떨어뜨렸다. 강한 듯 보인 퍼트가 튕겨 나가려다 들어갔을 때 우즈는 두 주먹을 세차게 뻗고 당기며 흥분을 감추지 않았다. 제 구실을 잃은 왼 다리를 힘겹게 끌면서도 18홀을 2오버파로 막아 합계 1언더파로 로코 미디엇Rocco Mediate과 공동 선두를 이뤘다.

　다음 날 18홀 연장에는 월요일 낮 시간인데도 갤러리 2만 5000여 명이 모였다. 우즈의 이날 플레이는 거칠 것 없던 2000년 US 오픈과 비교하면 안쓰러울 정도였다. 티샷을 하고 나면 확신에 찬 태도로 티를 뽑는 대신 고개를 숙이거나 클럽을 놓아버리는 횟수가 더 많았다. 벙커와 러프를 전전했고 어프로치는 짧거나 길어 어려운 퍼트를 남길 때가 많았다.

그래도 우즈는 10번 홀까지 3타를 앞섰다. 이후 연속해 보기를 범하는 사이 미디엇이 3연속 버디에 성공하면서 승기가 넘어가는 듯했다. 1타 뒤진 채 맞은 18번 홀에서 전날처럼 버디를 잡고 서든데스로 넘어갔다. 서든데스 첫 홀인 7번 홀에서 우즈는 파를 지켜 보기에 그친 미디엇을 제쳤다. 91홀을 버틴 끝에 캐낸 메이저 대회 14승째였다.

메이저 대회 최종 라운드를 선두로 맞았을 때 기록은 이로써 14전 전승이 됐다. 이 기록은 이듬해 PGA 챔피언십에서 양용은에게 역전패하면서 깨졌다.

그렇게 토리 파인스를 또 한 번 정복했을 때는 메이저 대회 15승까지 10년 넘게 기다려야 할 줄은 전혀 몰랐을 것이다. 다시 메이저 대회 트로피를 들기까지 자신이 10년 넘는 시간을 극복할 수 있으리라는 생각 또한 하지 못했을 것이다. 마흔넷 나이에 2019년 마스터스에서 우승 트로피를 다시 품었을 때 우즈는 "비현실적"이라고 소감을 밝혔다.

2019년 4월 14일 새벽 4시께 일어난 우즈는 그때부터 오전 9시 20분에 출발하는 최종 라운드를 준비했다. 까마득히 어린 후배들에게 밀리지 않기 위해 정성스러운 몸 풀기로 새벽을 깨우는 것은 언젠가부터 습관이 돼 있었다.

선두에 2타 뒤진 공동 2위로 시작한 우즈는 파3인 12번 홀에서 파를 지켜 공동 선두를 꿰찼다. 그 전까지 2타 차로 단독 1위를 유지하던 프란체스코 몰리나리Francesco Molinari가 티샷을 그린 앞쪽 물에 빠뜨렸을 때 바로 다음에 우즈가 어드레스를 했다. 158야드 거리에서 9번 아이언으로 친 티샷이 그린에 안착한 끝에 가볍게 파를 지켰다. 파5인 15번 홀에선 227야드 거리에서 아이언으로 2온에 성공해 버디를 챙겼다.

1타 차로 단독 선두에 올라 맞은 16번 홀에서 버디를 잡아 쐐기를 박았다. 179야드의 파3 홀. 8번 아이언으로 친 티샷이 핀 오른쪽 뒤에 떨어진 뒤 내리막 옆 경사를 타고 굴러 핀에 붙었다.

직전 마스터스 우승이던 2005년 대회에서 'ㄱ' 자 경사를 타고 들어간 칩인 버디로 골프 역사에 길이 남을 장면을 연출했던 바로 그 홀을 발판 삼아 메이저 대회 출전 사상 자신의 첫 역전 우승이라는 아주 특별한 의미를 쟁취해낸 것이다.

"6개월 전부터 마스터스에 맞춰 샷을 가다듬었다"는 우즈는 340야드 드라이버 샷과 칼날 같은 아이언 샷을 뽐냈다. 나흘간 잡은 버디 22개는 전체 2위 기록이었고 그린 적중률 80.5퍼센트는 1위였다.

13언더파를 적으며 1타 차로 우승. 11년 만의 메이저 대회 정상 탈환이자 14년 만의 마스터스 정복이었다. 14년이라는 긴 시간을 건너 다시 마스터스 챔피언에 오른 이는 우즈뿐이다. 그 시간 동안 많은 일이 있었다. 2009년 말 떠들썩한 부부 싸움의 원인이 외도 때문이라는 사실이 알려지면서 '추락한 영웅'이라는 오명을 썼다. 2010년 이혼의 아픔을 겪고 2014년부터는 허리 통증이 치명적으로 변했다. 3년간 받은 허리 수술만 네 번이다. 그 사이 세계 랭킹이 1199위까지 떨어졌었다. 마스터스 다섯 번째 우승을 축하하는 기자회견에서 진행자는 우즈에게 "집으로 돌아온 걸 환영한다"고 했다.

그해 마스터스는 너무 일찍 끝났다. 뇌우 예보에 챔피언 조의 출발 시각을 5시간이나 앞당겼기 때문이다. 그는 시상식까지 모두 마친 뒤 코스를 물끄러미 바라봤다.

"대회가 끝났는데도 어둠이 없는 건 좀 이상했어요. 깨끗이 비워져 완벽한 고요 속에 잠긴 코스가 햇빛으로 충만했죠. 그리고 내 몸에는 그린재킷이 걸쳐져 있었고요. 생전 처음 겪는 뭔가 비현실적인 느낌이었습니다."

또 우즈는 이렇게 말했다.

"1997년의 나는 '영원히 이렇게 할 수도 있을 것 같다'는 생각을 했다면 2019년의 나는 영원할 수 없다는 걸 잘 아는 사람이에요."

붉은 셔츠의 비밀

타이거 우즈는 PGA 투어 82승 가운데 79승을 붉은색 셔츠와 함께 거뒀다. 다크 레드, 라이트 레드, 버건디 등으로 변화를 주지만 어쨌든 붉은색이다. 최종 라운드에 다른 컬러의 상의를 입고 우승한 건 PGA 투어 첫 우승인 1996년 라스베이거스 인비테이셔널과 최전성기였던 2000년에 참가한 2개 대회가 전부다.

거의 모든 대회의 최종일에 붉은색 셔츠와 검은색 바지를 입었다. '선데이 레드'는 팬들에게는 그를 떠올리는 가장 쉬운 방법이면서 동료들에게는 두려운 신호 같은 거였다. 같은 조로 우승 경쟁을 펼치는 선수는 승리욕에 달뜬 그의 붉은색 모습에 주눅 들어버리곤 했다.

로리 매킬로이는 2012년 PGA 챔피언십에서 마지막 날 붉은색 셔츠를 입고 나와 8타 차로 크게 우승했다. 그는 "우즈와 같은 조였다면 입고 나오지 않았을 것이다. 2006년 루크 도널드Luke Donald에게 무슨 일이 있었는지 기억하고 있기 때문"이라고 했다. 도널드는 2006년

PGA 챔피언십에서 3라운드 끝에 우즈와 공동 선두에 올라 최종일에 챔피언 조에서 함께 대결을 벌이게 됐다. 대등하게 맞서겠다는 의미로 붉은색 줄무늬 셔츠를 입고 나섰는데 2오버파 74타를 적어 미끄러졌다. 퍼트가 계속 홀을 스치기만 해 공동 3위에 만족해야 했다. 선데이 레드 차림의 우즈는 68타를 치고 여유롭게 우승했다.

천하의 우즈가 복장에 연연할 만큼 우승 여부가 결정되는 마지막 18홀의 부담은 어마어마한가 보다. 선데이 레드는 어머니 쿨티다의 한마디에서 시작됐다. 우즈는 "어머니는 레드를 아들의 '파워 컬러'라고 믿었어요. 그래서 내가 붉은색 셔츠를 입기를 바랐습니다. 엄마 말은 잘 들어야 하는 법"이라고 했다. 대학 시절이나 그 이전부터 큰 대회의 마지막 날엔 붉은색 상의를 입었다고 그는 기억했다.

"일종의 미신이죠. 근데 꽤 잘 통했어요. 붉은색이 상징인 학교(스탠퍼드)에 들어가서 붉은 셔츠를 입고 꽤 잘 해냈어요."

2021년 2월 우즈는 목숨을 건진 게 기적일 정도로 큰 교통사고를 당했다. 운전 중이던 차량이 비탈길을 구르면서 다리가 으스러졌다. 그런데도 14개월 만에 마스터스에 출전해 첫날 언더파 스코어를 적고 컷을 통과하고 나흘 경기를 완주했다. 잘라내야 할 뻔했던 다리로 하루 8~9킬로미터씩 나흘간 걸었다. 그때도 마지막 날엔 붉은 셔츠를 입었다.

사람들은 마스터스 하면 우즈를 떠올릴 정도이지만 그는 파3 콘테스트엔 거의 나가지 않는다. 파3 콘테스트는 마스터스 개막 전날 파3 코스에서 가족과 함께하는 9홀 이벤트 경기를 말한다. 콘테스트 우승자는 해당 본 대회에선 절대 우승하지 못한다는 징크스가 있다. 우즈는 2004년 파3 콘테스트에 나가 홀인원도 하고 우승 경쟁도 펼쳤는데 미국골프기자협회 시상식에 참석하느라 연장전에 빠졌다. 홀인원은 짜릿했지만 그는 본대회에서 프로 데뷔 후 마스터스 최악 성적인 공동 22위를 했다.

본대회에 집중하겠다며 번번이 파3 콘테스트를 건너뛰다가 2015년 이벤트에 모습을 드러냈다. 11년 만의 등장. 딸과 아들에게 캐디용 점프 수트를 입히고 퍼트도 대신 하게 하며 단란한 한때를 보냈다. 파3 콘테스트를 경험해보고 싶다는 딸의 한마디에 징크스에 대한 걱정 따위는 가볍게 잊어버렸다.

경기 땐 찔러도 피 한 방울 안 나올 것 같은 냉혹한 승부사이지만 우즈에게도 눈물이 있다. 2020년 마스터스를 앞둔 기자회견에서 1년 전 4월에 거둔 11년 만의 메이저 대회 우승을 떠올리며 울먹였다. 2022년엔 세계 골프 명예의 전당 헌액식에서 딸의 소개에 눈물을 참지 못했다.

"아빠는 두 발로 서서 지금 이 자리를 빛내고 있어요. 도무지 포기를 모르는 사람이라니까요."

주니어 시절 부모가 자신의 대회 출전 경비를 마련하기 위해 집을 담보로 돈을 빌렸던 일을 떠올리고 우즈는 다시 감정이 북받쳤다.

디 오픈에서도 울었다. 2006년 우승을 확정했을 때 두 달 전 세상을 떠난 아버지를 떠올리며 펑펑 울었다. 2022년 7월 세인트앤드루스 올드 코스에선 18번 홀 그린으로 걸어가며 관중의 오랜 기립 박수에 눈물을 참느라 힘들어했다. 컷 탈락이 이미 확정된 상황. "이곳에서 두 번 우승한 나는 행운아다. 팬들과 그들의 박수, 따뜻한 환영…. 잭 니클라우스와 아널드 파머가 느꼈던 감정이 무엇이었는지 알 것 같다"고 했다. 니클라우스와 파머 모두 올드 코스에서 은퇴 경기를 치렀다.

우즈는 은퇴를 말하지는 않았지만 "여기서 열릴 다음 디 오픈은 2030년일 텐데 그때까지 몸이 따라줄지 모르겠다"고 했다. 2030년이면 은퇴하고도 남을 나이인 55세. 올드 코스에서의 디 오픈과는 사실상 작별한 셈이다. 숱한 부상, 그리고 죽을 고비까지 넘기는 동안 사무치게 그리워한 골프의 고향이었다.

자연 앞에
겸손한 골프

🚩

로리 매킬로이Rory McIlroy (1989~)
우승: PGA 챔피언십 2회, US 오픈 1회, 디 오픈 1회,
PGA 투어 23회

전년에 "타이거" 연호로 뒤덮였던 애틀랜타의 이스트 레이크 골프 클럽에 이번엔 "로리" "로리"가 울려 퍼졌다. 2019년 8월 플레이오프 최종전인 투어 챔피언십. 로리 매킬로이는 세계 랭킹 1위인 선두 브룩스 켑카에게 1타 뒤진 채 최종 라운드에서 같은 조로 결투를 벌이게 됐다. 7번 홀에서 켑카가 더블 보기를 범한 사이 매킬로이는 7미터 거리의 버디를 잡고 2타 차로 달아나며 승기를 잡았다. 잰더 쇼플리 Xander Schauffele가 막판에 추격에 나섰지만 매킬로이는 그를 4타 차로 밀어내고 플레이오프 우승 보너스 1500만 달러의 주인공이 됐다.

3년 만에 다시 '최후의 1인' 타이틀을 얻은 것. 시즌 상금과 보너스 등을 더해 2428만 달러를 벌어들임으로써 PGA 투어 역대 한 시즌 최다 수입 기록까지 썼다. '플레이오프 2회 최종 우승'은 타이거 우즈와 매킬로이 둘만 가진 기록이다.

우즈가 PGA 투어 79승 이후 1876일 만에 80승을 채운 2018년 대회에서 같은 조의 동반 플레이어였던 매킬로이가 바로 이듬해 우즈가 있던 자리를 꿰찬 것은 공교롭지만 한편으로는 운명 같다. 그는 2011년 US 오픈과 이듬해 PGA 챔피언십을 제패한 뒤 나이키와 계약 규모가 10년 1억 5000만 파운드에 이르는 것으로 알려진 스폰서십을 맺음으로써 우즈의 후계자로 공인받았다.

링크스 코스를 이해하기까지

매킬로이는 일찌감치 차세대 골프 황제로 불렸지만 우즈가 그 나이 때 풍겼던 카리스마를 갖고 있지 않은 것 같았다. 너무 솔직해서 경솔해 보이는 언행을 일삼아 논란의 중심에 섰다. 2011년 7월 잉글랜드 로열 세인트 조지스 골프 클럽에서 열린 제140회 디 오픈 때였다.

한 달 전 US 오픈에서 전체 라운드 내내 단독 선두 자리를 지키는 와이어 투 와이어로 메이저 대회 첫 승을 신고한 뒤였다. 2위 제이슨 데이Jason Day를 8타 차로 따돌리는 충격적인 우승. 코스와의 전쟁이자 골프에서 가장 어려운 시험으로 불리는 US 오픈인데 16언더파로 우승했다. 깨지지 않을 줄 알았던, 2000년 우즈가 세운 12언더파 기록을 스물두 살의 매킬로이가 4타나 경신해버렸다.

그해 디 오픈에서 맥킬로이는 당당히 우승 1순위 후보로 꼽혔다.

1년 전 세인트앤드루스 올드 코스에서 치른 디 오픈에선 1라운드에서 63타를 쳐 메이저 대회 최소타 타이기록을 세우기도 했다.

보기로 시작한 1라운드의 스코어는 71타. 선두와 5타 차로 뒤졌지만 최악은 아니었다. 2라운드에서 69타를 쳐 1위와의 거리를 4타로 좁혔다. 하지만 3라운드와 4라운드에서 각각 74타와 73타를 쳐 최종 합계 7오버파로 공동 25위까지 미끄러졌다. 2010년 US 오픈에서 컷 탈락한 것을 제외하면 메이저 대회에서 받은 최악의 성적표였다.

문제는 성적표를 받은 뒤의 태도였다. 매킬로이는 "날씨가 성적을 좌우하는 대회를 좋아하지 않는다. 1년 중 단 일주일을 위해 내 골프를 뜯어 고칠 수는 없는 노릇"이라고 했다. "이번 주에 보여준 골프는 내 스타일의 게임이 아니었다. 이런 마무리는 실망스럽지만 내년 이 대회에선 다를 수 있기를 바란다"고도 했지만, 날씨 핑계이자 대회에 대한 반감으로 들리는 처음의 말이 대중에게 안 좋은 인상을 줬다.

매킬로이는 여론의 뭇매를 맞았다. 날씨가 경기의 일부라는 골프의 본질에 정면으로 도전한 셈이었기 때문이다. 더욱이 북아일랜드 출신이라 바닷바람이 강한 코스가 익숙할 텐데도 그런 말을 했다며 현지 골프 팬들은 큰 실망감을 느꼈다.

차세대 골프 황제를 둘러싼 공기가 험악해지는 사이 대선배들의 반응은 좀 달랐다. 1991년 마스터스 챔피언이자 라이더컵 단장을 지낸 이언 우즈넘Ian Woosnam은 "아직 어린 친구다. 지금쯤 '내가 대체 무슨 소리를 한 거지' 싶을 거다"라며 "진정한 골퍼라면 세계 어디서든, 어떤 환경에서도 경기할 수 있어야 한다. 우즈도 그렇게 받아들였고 잭 니클라우스와 아널드 파머도 마찬가지"라고 했다. 모두가 매킬로이 한테서 우즈의 모습을 기대하는 상황에 선수가 느낄 부담을 이해한 우즈넘은 "매킬로이에 대해 좀 차분해지자. 그는 이제 막 커나가는 선수"라고도 했다.

디 오픈 우승을 포함해 메이저 대회에서 3차례 우승한 닉 프라이스는 "앞으로 디 오픈에 20~30번은 더 나와야 할 선수이므로 태도를 달리할 필요가 있다. 마음에 들지 않는 환경에서도 자신의 플레이를 펼칠 방법을 찾아야 한다"며 "모든 위대한 선수가 그렇게 했다. 꼭 좋아하지는 않더라도 배워나가리라고 생각한다. 충분히 그럴 수 있는 선수"라고 했다.

지난날 디 오픈에서 5차례 우승한 톰 왓슨의 얘기를 들어보자. 62세 나이에도 당시 2011년 대회에 참가해 3라운드를 강타한 혹독한 비바람을 견뎌내며 72타를 친 그다.

"사실 그 나이 때 나도 링크스 코스(스코틀랜드 해안에 면한 모래 언덕의 황야에 조성된 코스)를 치면서 같은 생각을 했어요. 한마디로 싫어했죠. 엉뚱하게 튀어버리는 볼이 싫고 딱딱하기만 한 그린도 싫고 바람은 말할 것도 없었죠. 샷의 의도를 받아주지 않는 불확실성이 싫었던 거예요. 하지만 매킬로이도 바뀔 겁니다. 악조건을 헤쳐 나가는 과정에서 겪는 어려움의 의미를 받아들이게 될 거예요."

링크스 코스의 골프에 적응하기까지 얼마의 시간이 필요할 것 같으냐는 물음에 왓슨은 "4년"이라고 대답했다.

선배들의 반응에는 질책만 있는 건 아니었다. 그 밑에 관용과 믿음,

격려가 깔려 있었다. 대선수로서의 자질을 갖춘 싹이 제 풀에 성장을 멈추지 않게 보듬어야 한다는 사명이 엿보였다.

매킬로이는 얼마 뒤 공개적으로 자신이 경솔했다고 자인했다. 1년 뒤 2012년 디 오픈에 참가할 때는 기자회견에서 "강풍이나 악천후에도 좋은 경기를 할 수 있는 선수가 되려 한다. 그렇게 되려면 유일한 방법은 그런 환경 속으로 들어가 경험을 쌓는 것뿐"이라고 했다.

"방향이 틀어지면 금방 포기해버렸어요. 그러지 않으려고 노력할 겁니다."

바로 성적이 나오지는 않았다. 2012년 디 오픈에서 공동 60위에 그쳤고 2013년 대회에선 컷 탈락했다. 왓슨의 예상처럼 링크스 코스를 이해하고 디 오픈을 정복하려면 정말 4년의 숙성 기간이 필요할까.

2014년 잉글랜드 머지사이드의 로열 리버풀 골프 클럽에서 벌어진 제143회 디 오픈. 4년의 숙성까지는 아직 1년이 더 남았지만 매킬로이는 박차고 튀어 나갔다. 첫 이틀간 내리 66타를 치며 견고한 골프로 4타 차 선두에 나섰다. 3라운드에선 디 오픈 150여 년 역사상 처음으로 선수들이 1번 외에 10번 티에서도 출발했다. 강한 비바람 예보에 서둘러 그날 일정을 마무리하려는 주최 측의 의지였다. 1번 티에서만 2명씩 출발하는 게 전통인데 이날은 두 곳으로 나눠 3명씩 출발했다.

달라지는 건 없었다. 매킬로이는 한때 리키 파울러에게 공동 선두를 허용했지만 14번 홀에서 파울러가 보기를 적은 사이 11미터 거리의 버디를 떨어뜨려 2타 차로 거리를 벌렸다. 이후 이글 두 방을 터뜨려 멀찍이 달아났다. 첫 이글은 8미터 거리의 긴 퍼트, 두 번째는 길지 않은 퍼트였다. 239야드 거리에서 5번 아이언으로 핀 3미터 앞에 떨어뜨려 2타를 줄였다.

6타의 넉넉한 리드를 안고 나선 마지막 라운드에선 세르히오 가르시아의 추격을 받았다. 2타 차로 쫓기기도 했다. 그러나 매킬로이는 가르시아가 깊고 좁은 벙커에서 헤매는 동안 멋진 칩샷에 성공해 타수를 지키며 승기를 잡았고 결국 가르시아와 파울러보다 2타 앞선 채 경기를 마쳤다. 초속 4~5미터의 만만찮은 바람에도 그는 보기를 적으면 반드시 버디로 일어서는 오뚝이 같은 골프를 했다.

합계 17언더파 271타의 와이어 투 와이어 우승. 와이어 투 와이어 중에서도 매 라운드 종료 시점에 단독 선두를 지키는 기록은 디 오픈 사상 여섯 번째였다. 25세 이전에 현대적 의미의 4대 메이저 대회 중 세 곳에서 타이틀을 차지한 것은 니클라우스와 우즈에 이어 세 번째였다. 로열 리버풀이 디 오픈을 개최한 것은 2006년 이후 8년 만이었는데 2006년 대회 우승자가 바로 우즈였다. 허리 수술을 마치고 2014년 처음으로 메이저 대회에 출전한 우즈 앞에서 매킬로이는 생애 첫 디 오픈 우승을 차지하며 클라레 저그를 들어 올렸다. 그리고 감격에 겨운 듯 깊은 숨을 몰아쉬었다. 우즈는 합계 6오버파 69위에 그쳤다.

20대 초반의 우즈가 말했듯 우승이 늘 발전의 바로미터는 아닐 것이다. 하지만 디 오픈은 링크스 코스에 대한 깊은 이해가 없으면 우승이 불가능한 대회다. 날씨 탓을 하던 매킬로이는 분명 발전해 있었다.

스코틀랜드 카누스티 골프 링크스에서 열린 2018년 디 오픈에선 공동 2위를 했다. 이제 그는 디 오픈 때면 늘 가장 기대되는 선수 중 한 명으로 꼽힌다.

진정한 매킬로이의 시대

클라레 저그를 품은 뒤 한 달이 채 지나지 않은 2014년 8월 매킬로이는 또 한 번의 승리를 거둬 메이저 대회 4승째를 달성한다. 14년 만에 켄터키주 발할라 골프 클럽으로 돌아온 PGA 챔피언십이었다. 14년 전 PGA 챔피언십이 열렸던 2000년 대회의 정복자가 바로 우즈였다. 로열 리버풀에 이은 또 한 번의 인연. 2000년에 우즈가 본격적인 타이거의 시대를 열어젖혔듯 2014년은 매킬로이 시대의 선언으로 정리됐다.

마지막 날 선두와 3타 차로 멀어지며 역전패하는 듯했지만 박차고 일어섰다. 마스터스에서 4타 차 리드에도 80타를 치고 10위 밖으로 미끄러지던, 디 오픈에서 첫날 63타를 치고 이튿날 80타로 무너지던 2010년의 매킬로이가 아니었다.

파5인 10번 홀에서 283야드를 남기고 3번 우드로 친 두 번째 샷을 핀 2미터 옆에 갖다 놓았다. 경탄한 관중이 환호를 질러도 매킬로이의 표정에는 변화가 없었다. 간단히 이글 퍼트를 넣어 돌파구를 마련했고 이후 17번 홀에선 페어웨이 벙커에서 친 두 번째 샷을 핀 3미터 앞에 멈춰 세운 뒤 버디를 잡아 쐐기를 박았다. 결국 베테랑 필 미컬슨을

1타 차로 제치고 트로피를 품었다. 동시에 2008년 우즈가 달성한 지 6년 만에 PGA 투어 '3개 대회 연속 우승' 기록도 품었다.

메이저 대회 2연승을 예감케 한 10번 홀은 첫날 아웃 오브 바운즈로 더블 보기를 범했던 홀이다. 다음 홀도 스리 퍼트 보기를 적어 휘청할 뻔했지만 이후 4개 홀에서 연속으로 버디를 잡고 아무렇지 않게 일어났다.

최종일 경기는 폭우로 2시간이 지연돼 마지막 홀에서 플레이할 때는 어둠이 깔리고 있었다. 우승 퍼트를 마무리하고 포효하는 매킬로이의 얼굴로 카메라 플래시 세례가 쏟아졌다.

골프는 모를 일

우즈는 2022년 말 "매킬로이와 그가 한 해 동안 해낸 일들에 존경의 뜻을 표한다"고 말했다. 2022년은 사우디아라비아 자본이 후원하는 LIV 골프 때문에 스포츠계가 떠들썩했던 해다. LIV 골프는 오일 머니를 앞세운 공습으로 PGA 투어가 가진 독보적 위상에 도전했다. PGA 투어 스타들 중 상당수가 거액의 계약금과 상금을 보장받고 LIV로 떠났다. 미컬슨, 켑카, 더스틴 존슨Dustin Johnson, 브라이슨 디섐보, 캐머런 스미스 등이다. 존슨이 2022년 LIV에서 상금과 보너스로 챙긴 돈은 3563만 달러에 이른다. 8개 대회에서 모은 돈이니까 한 번 대회에 나갈 때마다 445만 달러를 번 것이다.

우즈와 매킬로이는 PGA 투어를 지켰다. 특히 우즈는 LIV로부터

7억~8억 달러라는 비현실적인 금액을 제안받았던 것으로 알려졌다. 오래전부터 PGA 투어를 제2의 고향이자 가족이라고 말해온 우즈는 "LIV로 옮긴 선수들은 지금의 그들을 있게 해준 곳에 등을 돌린 것"이라고 했다. 매킬로이는 더 심하게 말했다. 일관되게 LIV의 대회 운영을 비판하고 떠난 선수들을 지탄했다. 선수 유출에 대한 대책 회의에서도 우즈와 함께 주도적인 역할을 했다. 우즈는 경기 일정을 거의 쉬었기 때문에 부담이 없었지만 매킬로이는 경기는 경기대로 뛰면서 코스 안팎에서 싸움의 전면에 나서 PGA 투어의 수호자 역할을 했다.

그런데도 그해 8월 플레이오프 최종전인 투어 챔피언십에서 6타 열세를 뒤집고 플레이오프 최종 우승에 성공했다. 우즈가 존경을 표한 이유다. '플레이오프 3회 최종 우승'은 우즈를 밀어낸 이 부문 최다 기록이다. 1라운드 첫 2홀에서 각각 트리플 보기와 보기로 출발하고도 매킬로이는 끝내 정상을 밟았다. 그는 "첫날 초반만 해도 10타까지 뒤졌지만 골프는 모를 일이었다. 몇 타 뒤지든 앞서든 무슨 일이 일어날지 모르는 게 우리의 일"이라고 했다.

발전의 시작은 인정

2011년 디 오픈에선 그전까지 메이저 대회의 컷 탈락 단골이던 세계 랭킹 111위 대런 클라크Darren Clarke가 우승했다. 43세 나이에 디 오픈 19전 20기를 이룬 그는 5년 전 사별한 아내와 자신의 곁을 지킨 두 아들에게 메이저 대회 첫 트로피를 바쳤다. 비바람을 뚫고 이글을 터뜨렸고 교과서적인 벙커 샷으로 위기를 넘겼다. 궂은 날씨 중에 낯선 챔피언 조에서 경기하는 부담에도 여유를 잃지 않는 모습을 보여 골프 팬들의 박수를 받았다.

클라크는 디 오픈 사상 두 번째 최고령 우승자가 됐다. 그해 유독 40대 베테랑들의 활약이 두드러졌다. 41세 미컬슨이 공동 2위, 40세 토마스 비외른Thomas Bjørn이 4위를 했다. 47세 데이비스 러브 3세가 공동 9위에 올랐고 62세 노장 톰 왓슨은 홀인원을 곁들여 공동 22위에 이름을 올렸다. 클라크는 "북아일랜드에는 로리 매킬로이와 그레임 맥다월Graeme McDowell이라는 환상적인 선수가 있다. (같은 북아일랜드 출신인) 나는 그들 뒤에 자리한 평범한 중년 골퍼"라며 "작은 나라에서 짧은 시간 내에 메이저 대회 챔피언이 셋이나 나왔다. 믿을 수 없을 만큼 놀라운 결과"라고 했다. "나는 겨우 43세다. 여전히 14세처럼 칠 수 있다. 시간이 갈수록 늙지만 동시에 현명해진다"고도 했다.

외부 환경을 묵묵히 받아들이고 때를 기다려 결실을 맺은 클라크의 모습에 대비돼 22세 매킬로이의 발언은 더욱 가볍게 들렸다.

"다양한 코스와 환경에 맞춰 칠 수 있지만 이 정도 조건에서는 아니다. 즐길 수가 없다. 섭씨 25도 정도에 맑고 바람이 적은 조건이면 좋겠다. 아마추어 시절에는 링크스 코스에서도 많이 우승했는데 그때마다 날씨는 비교적 온화했다. 내 골프는 온화한 날씨 조건과 더 잘 맞는 것 같다."

최종 합계로 언더파 스코어를 적어낸 선수가 4명뿐일 정도로 그해 디 오픈이 좀 잔인하기는 했다. 비바람에 우산이 뒤집어지고 선수 모자가 날아갔다. 중계 카메라 렌즈를 때리는 빗줄기에 시청자들은 물이 번진 뿌연 화면에 익숙해져야 했다. 3라운드인 토요일 오전이 최악이었는데 그중에 74타를 친 매킬로이도 있었다. 하지만 같은 조로 나간 또래 리키 파울러는 68타로 잘 쳤다. 역시 오전 조로 나선 왓슨도 72타를 치며 선방했다. 왓슨에게는 34번째 디 오픈 출전이었다. 디 오픈에 17번 출전해 톱 10에 단 한 번 든 미컬슨도 "평소와 다른 샷과 전략을 요구한다. 이것이 링크스 코스에서 경기를 즐기는 이유"라고 했다.

골프의 적이 될 뻔한 매킬로이는 이내 사과하고 잘못을 바로잡으려 노력했다. 그러고는 극복의 의미로 트로피를 챙겼다. 2015년 한 대회에서는 경기 중 홧김에 아이언을 호수에 던져 물의를 빚은 적이 있다. 하지만 방송 인터뷰에서 곧바로 사과한 덕에 2만 5000달러였던 벌금이 5000달러로 감경됐다. 그해 디 오픈엔 아예 나가지 못했다. 친구들과 축구를 하다가 발목을 다치는 바람에 2년 연속 우승할 기회를 날려버린 것이다.

실수할 때마다 매킬로이는 선선히 인정했다. 감추거나 변명을 찾지 않았다. "실수를 통해 깨닫고 똑같은 실패를 피하려다 보면 앞으로 나아가게 되는 것"이라는 말도 남겼다. 그렇게 깨지고 구르면서 매킬로이는 2010년대 최고의 선수를 넘어 2020년대에도 최고의 자리를 다투며 롱런하고 있다.

매킬로이는 아홉 살 때 자신의 우상인 우즈에게 이런 내용의 편지를 보낸 적이 있다. 플로리다 주니어 대회에서 우승한 직후였다.

"이제 시작이에요. 당신을 이기러 갈 테니 두고 보세요."

그는 인기 아역 배우처럼 아주 어릴 때부터 어디를 가나 주목받았다. 그래서 조금이라도 부진하다 싶으면 여기저기서 걱정과 지적이 쏟아져 나왔다. 뒷심 부족, 퍼트 불안, 약한 멘털 등 진단도 다양했다. 테니스 선수인 여자친구의 경기를 보러 다니면 골프에 집중하지 못한다는 비난이 따랐고, 웨이트트레이닝에 빠져 있을 땐 골프에 독이 될 수 있다는 우려가 불거졌다. 그때마다 그는 성적으로 증명해 보였다.

그 바탕엔 지독한 승부 근성이 있었다. 메이저 대회 첫 우승을 한 2011년과 좀 느슨해진다 해도 흥이 아닐 2015년을 비교한 데이터가 흥미롭다. 1년간 뛴 총 러닝 거리를 따져보니 2011년은 439킬로미터, 2015년은 1037킬로미터였다. 사이클은 세 배 더 많이 탔고 수영은 열 배 더 많이 했다. 웨이트트레이닝 강도도 눈에 띄게 높였다. 2015년 한 해 동안 118회 공항을 이용하는 가운데 쉰 날은 18일에 불과했고 골프 코스 안에서 1500킬로미터를 걸었다.

버디 퍼트

마스터 18인의 골프 수업

2023년 5월 26일 1판 1쇄 발행

지은이 양준호
펴낸이 임후성 **펴낸곳** 북콤마
디자인 *sangsoo* **편집** 김삼수

등록 제406-2012-000090호
주소 (413-756) 경기도 파주시 문발동 파주출판단지 534-2 201호
전화 031-955-1650 **팩스** 0505-300-2750
이메일 bookcomma@naver.com
블로그 bookcomma.tistory.com

ISBN 979-11-87572-42-8 03690

⸒ BOOKCOMMA